LA
SCIENCE DES RELIGIONS

PAR

ÉMILE BURNOUF

Directeur honoraire de l'École d'Athènes

QUATRIÈME ÉDITION REVUE ET COMPLÉTÉE

PARIS

LIBRAIRIE CH. DELAGRAVE

15, RUE SOUFFLOT, 15

1885

LA

SCIENCE DES RELIGIONS

LA
SCIENCE DES RELIGIONS

PAR

ÉMILE BURNOUF

Directeur honoraire de l'École d'Athènes

QUATRIÈME ÉDITION REVUE ET COMPLÉTÉE

—

PARIS

LIBRAIRIE CH. DELAGRAVE

15, RUE SOUFFLOT, 15

—

1885

LA
SCIENCE DES RELIGIONS

CHAPITRE PREMIER

LA MÉTHODE

Le siècle présent ne s'achèvera pas sans avoir vu s'établir dans son unité une science dont les éléments sont encore dispersés, science que les siècles précédents n'ont pas connue, qui n'était pas même définie, et que, pour la première fois, nous avons nommée *Science des Religions*. Les travaux qui la préparent se multiplient depuis un demi-siècle dans une proportion croissante : l'Allemagne, l'Angleterre, la France, la Hollande, l'Italie apportent, chaque année, quelques pierres à l'édifice.

Comme la science des religions, sans faire partie de l'histoire, s'appuie sur des faits historiques, une de ses premières conditions est de n'admettre les faits que s'ils ont été discutés et soumis à toutes les exigences de la critique. D'un autre côté, comme elle dépasse de beaucoup les limites de l'histoire, elle touche à des sciences nouvelles qui en sont encore à leurs commencements, et dont elle ne peut accepter les données sans contrôle et sur la foi des savants.

Parmi celles-ci, la linguistique occupe la première place : par elle, on remonte dans le passé fort au delà des plus anciens monuments écrits ; on peut reconnaitre les notions religieuses qui, dans ces temps reculés, furent le bien commun de toute une race d'hommes, et ce que les peuples issus de cette race y ont ajouté plus tard ; mais la linguistique existe à peine comme corps de science ; il n'y a pas un livre où elle soit exposée selon sa méthode et dans ses développements essentiels. Quand on la transporte dans des sujets religieux, par exemple dans la mythologie, on est exposé au double péril d'y apporter de faux principes et de les mal appliquer.

La philosophie, qui n'est pas une science particulière, mais qui domine toute recherche théorique, intervient aussi pour sa part dans la science des religions. Sans doute, les systèmes métaphysiques ne changent rien aux faits et modifient peu les inductions qu'on en tire ; mais la science des religions n'est pas simplement une réunion de faits : comme la philosophie de l'histoire, elle est une théorie, et, suivant les systèmes philosophiques que vous aurez adoptés, vous construirez de façons différentes la partie interprétative de la science. Un homme appartenant à une école sensualiste ne verra dans le dieu des modernes qu'une illusion, dans les dieux d'autrefois que des jeux d'esprit, des figures poétiques ou des mots personnifiés ; un philosophe spiritualiste y verra tout autre chose.

Enfin, on n'abordera pas l'étude dont il s'agit avec des dispositions semblables, si l'on y apporte les idées d'un homme de science désireux de connaitre la vérité

en général, ou si l'habitude de vivre dans un certain
ordre de croyances nous fait désirer d'en trouver dans
la science la confirmation. Un chrétien fervent se scan-
dalisera si l'on vient lui dire au nom de la science que
les dieux du paganisme n'étaient pas des conceptions
fausses, lui qui les a toujours appelés des faux dieux.
Tel philosophe aussi ne comprendra pas que l'on
admette la divinité du Christ. Et cependant, il est certain que les dieux ont été adorés par des peuples qui,
à bien des égards, nous égalaient en civilisation ; d'une
autre part, il y a, même pour le philosophe incrédule,
une manière très-simple de comprendre et d'admettre
la divinité de Jésus [1]. Toute science, celle des religions
plus que les autres, veut un esprit libre et dégagé
d'idées préconçues : comme elle s'adresse aussi bien au
brâhmane dans l'Inde et au Bouddhiste à Siam ou en
Chine qu'au chrétien en Europe, il est de toute nécessité
que chacun garde sa foi dans son cœur, et permette à
son intelligence de suivre les voies que la raison lui
ouvre et qui ne sont ni moins sûres, ni moins obligatoires que celles de la foi. La science des religions n'a
rien de commun avec la polémique religieuse : les
hommes qui depuis plus d'un demi-siècle en élaborent
les éléments ne sont les ennemis d'aucune religion
particulière et n'attaquent aucun culte ; ils ont droit à
la même tolérance. Notre siècle d'ailleurs doit trop aux
sciences pour souffrir à l'égard de l'une d'elles les
anathèmes dont la géologie fut l'objet il y a quelques
années : cette science, comme les autres, s'enseigne

1. On peut en effet, comme nous le verrons ci-après, démontrer que la
notion de Christ est de beaucoup antérieure à l'ère chrétienne, et qu'elle
fait partie du domaine commun des grandes religions. Ramenée à son origine, elle se confond avec celle du feu, de la vie et de la pensée, consi-
dérés dans leur principe éternel auquel il est permis de donner le nom de
Dieu, qu'il soit d'ailleurs réel ou abstrait.

aujourd'hui dans les écoles ecclésiastiques ; elle s'enseigne dans les écoles brâhmaniques de l'Inde. Un jour viendra où celle des religions y aura sa place à son tour et n'y paraîtra ni moins utile ni moins belle que la science des révolutions du globe. Les guerres stériles ne sont plus de mise : une attaque dirigée contre les forces irrésistibles de la vérité tourne toujours à la confusion de celui qui la tente.

Je voudrais essayer de déterminer la nature et les conditions générales de la science des religions, d'en fixer les limites, d'en tracer le plan et d'en exposer les principaux résultats obtenus jusqu'à ce jour. C'est sur la méthode, sur les principes de cette science, que l'attention doit se porter d'abord.

On peut déterminer *à priori* les éléments de toute religion : cette méthode fut suivie presque seule par l'éclectisme moderne, quand il avait encore la hardiesse d'une école naissante qui se croit maîtresse de l'avenir. On fut conduit à une doctrine que l'on nomma la *religion naturelle ;* cette doctrine fut admise par presque tous les disciples de l'école et, dans un temps de lutte, opposée par eux à ce qu'on appelait alors les *religions positives*. Nous n'avons pas à examiner en ce moment la valeur de cette théorie ; mais les faits ont prouvé qu'elle n'a jamais pu descendre jusqu'à la pratique ni devenir une réalité : la religion naturelle n'est pas sortie des livres et de l'enseignement, et comme on admet en principe qu'elle est essentiellement individuelle et que chacun se la fait à soi-même selon sa propre philosophie, il est impossible de dire si elle a exercé sur la conduite des personnes une influence quelconque. Les clergés européens, qui ont combattu cette doctrine comme insuffisante et hors d'état de remplacer l'institution sacrée, étaient, plus que les philosophes, dans la réalité de la vie ; nous voyons aujourd'hui, par les résultats atteints, que la religion naturelle n'a presque plus de défenseurs.

A la faveur du calme qui sous le roi Louis-Philippe suivit la guerre de la philosophie et de l'Eglise, on put s'apercevoir que, si la lutte contre un clergé trop puissant est un devoir dans une société qui veut maintenir son équilibre, le dogme et le culte peuvent être mis hors de cause : il y a des contrées où la religion est florissante et où le clergé n'est rien, d'autres où le clergé domine la société et le prince, sans que la foi y ait plus d'empire sur les âmes. Une fois faite la distinction du sacerdoce et de la religion, on n'était pas loin de la science : car on put, dès cette époque, laisser à l'Etat, intéressé tout le premier à garder son indépendance, le soin de se défendre. Depuis lors, un grand ministre italien ayant donné la formule de l'indépendance réciproque des églises et de l'Etat, le but prochain où tendent toutes sociétés libérales est de la réaliser. Ainsi, retirés d'un combat qui n'est plus le leur, les philosophes et les historiens se trouvent naturellement ramenés vers la théorie.

Or, l'esprit scientifique est aujourd'hui la grande force à laquelle obéit la société : il y règne partout ; les mathématiques étaient venues les premières ; les phénomènes du monde physique ont été étudiés à leur tour ; le monde moral est enfin devenu un objet de science. On entrevoit le lien qui unit toutes ces études, et l'on commence à comprendre que la philosophie ne peut plus prétendre à l'isolement, que ni la métaphysique, ni la science de Dieu, ni la psychologie, où l'éclectisme se retirait naguère comme dans un fort, ne se suffisent à elles-mêmes, qu'il n'y a plus aujourd'hui des sciences séparées, mais diverses parties d'une même chose que l'on peut appeler la Science.

J'ai dû présenter en raccourci ce tableau du mouvement de l'esprit dans ces dernières années, pour faire comprendre comment la science des religions arrive à son tour, quelle place elle occupe parmi les autres sciences et quelle méthode elle doit suivre. Parmi les faits dont l'ensemble constitue le monde moral, les faits religieux ne sont ni les moins nombreux, ni les moins considérables. Il y a des peuples chez qui la religion n'est presque rien : ce ne sont pas, à vrai dire, les plus intelligents ; mais il en est d'autres chez qui l'institution religieuse n'a pas moins d'importance que l'institution civile ou politique. Chez quelques-uns, la philosophie ne s'est jamais entièrement séparée de la religion et n'en a pas moins jeté le plus vif éclat ; chez certains peuples, les faits religieux dominent tous les autres et semblent les absorber. La lecture des textes orientaux et l'histoire, qui commence à s'éclaircir, de la propagation des idées indiennes prouvent que ni la philosophie antique, ni les lettres grecques, ni les croyances modernes ne peuvent être suffisamment comprises, si l'on ne remonte vers l'ancien Orient. Or, l'Inde est la contrée religieuse par excellence : on n'y peut pas séparer la littérature des rites sacrés, ni la philosophie des dogmes religieux. On est donc forcé d'en venir à l'étude des cultes et des dogmes indiens, et quand on remonte à leur origine, on s'aperçoit que là est la source principale de ce qui depuis lors a été cru en matière religieuse dans le monde occidental. Ce sont les études indiennes qui ont engendré dans ces dernières années la science des religions, et c'est sur elles que longtemps encore elle continuera d'être fondée.

La science nouvelle qui nous occupe n'a rien de commun avec la doctrine éclectique de la religion naturelle ; elle n'est pas une doctrine, elle domine toutes les doctrines. Les procédés *à priori* n'entrent pour rien dans sa méthode ; elle est une science de faits. Les lois qu'elle expose, c'est sur l'observation et l'analyse qu'elle les fonde ; c'est par une interprétation des faits, quelquefois hardie, mais toujours prudente, qu'elle les découvre. Ces faits sont de nature diverse. Si l'on envisage les religions modernes, qui procèdent de conceptions métaphysiques souvent très-élevées, c'est au plus profond de l'intelligence humaine que plusieurs de ces faits se sont accomplis et s'accomplissent encore : jamais, par exemple, un homme qui n'est pas métaphysicien ne pourra faire la science des dogmes chrétiens. Combien y a-t-il de gens parmi nous qui se fassent une idée nette de ce que c'est que la trinité, l'incarnation, la grâce, l'eucharistie, la transsubstantiation, et qui puisse dire quelque chose de vrai et de raisonnable sur l'histoire de quelqu'un de ces dogmes ?. S'il s'agit au contraire des anciennes religions de notre race, comme elles ont réellement le caractère *naturaliste* qu'on avait depuis longtemps reconnu en elles, les faits du monde physique occuperont dans la partie de la science qui les concerne une place considérable. Ainsi, pour avoir une idée claire touchant Apollon et Neptune, il suffira d'observer attentivement les phénomènes de la lumière et des eaux.

De plus, les faits appartiennent souvent à l'histoire religieuse : alors ils ne sont pas permanents ; ils varient avec les croyances, les connaissances et les institutions humaines, et cela dans des proportions diverses. Il y a, par exemple, des rites fondamentaux, tels que la prière, qui changent à peine à travers les siècles. Il en est d'autres, comme le sacre d'un évêque ou d'un roi, qui, nés d'un besoin local ou d'une tendance particulière, disparaissent à un moment donné de l'histoire, ou se retrouvent plus tard, modifiés et transformés. D'autres rites, après avoir été partie essentielle d'un culte, s'en sont peu à peu séparés, et ont continué de vivre isolément dans les traditions et les usages populaires : on sait quel parti les frères Grimm ont su tirer des traditions recueillies par eux dans une partie de l'Allemagne, et quelle lumière la connaissance de l'Inde a déjà répandue sur elles. De tels faits, très-nombreux dans toutes les contrées de la terre, sont, pour la science des religions, pareils à ces blocs de pierre que les géologues nomment *erratiques*, et qui, au milieu de terrains d'une autre nature, attestent un ancien état de choses dont ils sont quelquefois les uniques témoins.

Aucun des faits qui se rattachent à l'idée religieuse n'est négligé par la science : elle peut les apprécier ; mais, avant tout, elle les constate, et toujours elle en tient compte ; ceux dont le souvenir nous vient d'un passé lointain et qui sont presque inconnus du vulgaire peuvent avoir plus de valeur réelle que des faits contemporains qui tiennent le monde en suspens. « Les pages les plus anciennes et les plus altérées de la tradition, dit avec raison M. Max Müller, nous sont quelquefois plus chères que les documents les plus explicites de l'histoire moderne. » Tel est le fond solide sur lequel repose la science des religions. Comme on le voit, elle ne le cède point en valeur aux autres sciences d'observation ; elle occupe, par sa méthode, une place marquée près de l'histoire et de la linguistique, touchant d'un autre côté à la philosophie.

Il est une objection à laquelle nous devons répondre dès à présent : les faits religieux, dit-on, sont trop nombreux pour pouvoir être recueillis et scientifiquement analysés. Le nombre des religions qui ont existé ou qui existent encore parmi les hommes est, en effet, plus grand qu'on ne l'imagine. L'habitude de vivre dans une société où il ne s'en rencontre que deux ou trois, fait qu'on ne se préoccupe point des autres. Cependant, quelque peu de valeur qu'aient les religions des peuplades barbares de l'Afrique, de l'Amérique et de l'Océanie, elles doivent entrer comme termes de comparaison dans la science, et servir au moins à la définition générale. Ces religions locales sont nombreuses. Si, dans des pays civilisés où se sont développés de grands systèmes religieux, on comptait les hérésies, les schismes et les sectes qui les divisent, le nombre total serait fortement accru. Il augmenterait encore si l'on remontait dans le passé, et que l'on constatât toutes les formes que ces dogmes ont successivement revêtues. Et ce ne serait pas tout encore, puisque, arrivés au seuil de l'histoire, nous verrions s'étendre devant nous ce long passé de l'humanité primitive, dont on ne peut fixer la durée, et pendant lequel un grand nombre d'ébauches religieuses ont été nécessairement tentées.

L'énumération des faits religieux ne peut donc pas être complète, et, selon toute vraisemblance, elle ne le sera jamais. La science ne s'en fait pas moins : n'est-ce pas là, en effet, la condition nécessaire de toutes les sciences d'observation ? La physique, la chimie et l'histoire naturelle, l'astronomie, qui dépasse toutes les autres en rigueur et en certitude, ont-elles moins de valeur parce qu'elles n'ont pas épuisé tous les phénomènes qui les concernent ? Leurs classifications s'opèrent cependant ; les lois générales qu'elles découvrent s'affirment, se formulent, et les faits nouveaux ne font qu'en rectifier, en étendre et en confirmer l'expression. Dans la nature, il y a des corps, comme le *cæsium* et le *thallium*, dont la quantité est très-petite et le rôle très-borné ; il y a dans l'humanité des religions locales dont l'influence est restreinte. Ces corps n'obéissent pas moins aux lois générales dont la physique et la chimie constatent la réalité ; ces religions aussi rentrent dans les définitions générales et dans les formules de la science. En effet, les classifications des phénomènes, les groupes où on les réunit, ne sont que des cadres logiques où les objets viennent se ranger tour à tour, à mesure qu'on les étudie. Comme la nature ne procède point au hasard et ne connaît pas les lois d'exception, il faut tout un ordre nouveau de phénomènes, auparavant inaperçus, pour augmenter d'une seule unité le nombre des cadres. C'est ainsi que la végétation de l'Australie, malgré l'étendue de ce territoire, n'a introduit dans la botanique qu'un petit nombre de genres nouveaux, et n'a rien changé aux degrés supérieurs de la classification ni aux lois auparavant établies.

Il est donc possible (et ce travail est aujourd'hui fort avancé) de diviser en groupes les religions anciennes ou modernes et de présumer que le nombre de ces groupes ne s'augmentera plus. On peut ensuite réunir ces groupes en catégories plus étendues et moins nombreuses, en appliquant à cet ordre de faits les méthodes ordinaires de l'histoire naturelle et des autres sciences d'observation. Ce travail préliminaire étant terminé, on procède à l'étude pour ainsi dire physiologique des religions, et l'on remarque alors, comme dans la botanique, que les religions réunies dans un même groupe se ressemblent entre elles par leur organisation, par leurs principes constitutifs, par leurs effets généraux, et le plus souvent par le milieu où elles se sont développées. Ces simples observations répandent à elles seules déjà une vive lumière sur l'histoire. Enfin, la comparaison s'étendant, finit par embrasser toutes les religions connues ; dès lors, il devient possible de déterminer leurs éléments essentiels, de suivre leurs développements dans le passé, de les ramener à des formes de plus en plus anciennes et d'approcher par degrés de leur origine.

CHAPITRE II

LES PRINCIPES

Nous sommes loin, comme on le voit, des théories religieuses *a priori* de nos dernières écoles philosophiques. Ces systèmes paraissent bien chancelants, si l'on considère la base immense sur laquelle la science des religions se fonde aujourd'hui. En effet, la première loi générale que cette science reconnaît renverse d'un seul coup la doctrine de la religion naturelle, ainsi que les essais tentés de nos jours, et même dans l'antiquité, pour créer une religion philosophique. Cette loi, qui est confirmée par toutes les observations et qui les résume, s'énonce ainsi : *Toute religion renferme deux éléments, le dieu et le rite ;* par conséquent, toute école qui ne reconnaît pas formellement la réalité d'un dieu est hors d'état de fonder une religion ; et toute tentative de fonder une religion sans rite, c'est-à-dire sans culte, est illusoire et impossible.

Il existe aujourd'hui une grande religion, qui n'a guère moins d'adhérents que le christianisme et qui

semble être sans dieu : c'est le bouddhisme ; mais ceux
qui prennent le bouddhisme pour une école athée ou
une philosophie matérialiste oublient que le panthéisme
est le fond de cette religion comme de celle des brâhmanes. Le bouddhisme reconnaît les mêmes formes suprêmes de la divinité que le brâhmanisme, et il honore
dans Câkyamuni, son fondateur, celui de tous les
hommes qui s'est le plus rapproché de la divinité par
sa science et par sa vertu.

Il est à remarquer que plus on descend vers les religions grossières et infimes, plus le dieu est facile à concevoir, et que plus on monte vers les religions idéales,
moins il est saisissable à la pensée. Le bouddhisme est
aussi élevé parmi les religions orientales que le christianisme parmi celles de l'Occident ; si le dieu des
bouddhistes semble nous échapper, celui des chrétiens
quand on vient à analyser sa nature, est aussi presque
insaisissable. Les docteurs chrétiens sont unanimes à
déclarer que leur dieu est caché et incompréhensible,
qu'il est plein de mystères, qu'il est l'objet de la foi et
non pas de la raison. Au contraire, les dieux grecs et
latins parlaient à l'imagination ; ils avaient un corps
comme le nôtre, quoique plus grand et plus fort ; ils
avaient nos passions ; ils raisonnaient comme nous, et,
comme nous aussi, se trompaient dans leurs raisonne-
ments ; enfin, ils avaient pris naissance, et quelquefois
même ils mouraient. Pour les bien concevoir, il suffisait d'avoir observé les hommes et d'être artiste. Des-
cendez plus bas et jusqu'au dernier degré : une
poupée, un morceau de bois, un caillou, voilà le dieu de
plus d'une peuplade barbare, aujourd'hui même. Cet
objet dont un chimiste peut me dire les éléments, qui
n'a pas même la vie matérielle, c'est pourtant bien un
dieu. C'est lui qui fait que ces hommes de race infime
ont une religion ; il en forme à lui seul la moitié ; des

rites grossiers forment l'autre ; c'est à lui que se rapportent les dogmes tels quels qui la constituent.

Ainsi, la science constate que, si la croyance en un dieu est un des éléments trouvés par elle dans toute religion, il n'importe pas, pour qu'une religion se forme et dure, que l'on ait de ce dieu une idée très-haute. On voit même que, dans les religions les plus belles, chez les brâhmanes, les bouddhistes et les chrétiens, un grand nombre d'hommes se font de Dieu une idée assez basse, sans que pour cela on croie devoir les exclure du nombre des fidèles. Au contraire, une idée de Dieu plus haute que celle des fidèles peut retrancher un homme de leur assemblée, en faisant de lui un hérétique, un impie, un athée, et le mettre à leur égard dans une sorte d'hostilité.

Il est donc bien certain que la conception du dieu est essentiellement et primitivement individuelle ; elle est en proportion de l'intelligence naturelle de chacun et de l'instruction qu'il a acquise. Il n'est pas probable qu'elle puisse s'élever au même niveau chez tous les hommes ; et cependant, la psychologie prétend que la raison, c'est-à-dire au fond l'idée de Dieu, est le caractère distinctif de l'homme, et qu'elle est identique en nous tous. Seulement la science des religions, qui ne procéde pas comme la psychologie, constate des différences dans l'usage que les hommes font de leur raison et dans le degré de clarté auquel la notion de Dieu parvient en chacun d'eux. L'un conçoit l'absolu métaphysique, sans couleur, sans forme, sans attributs définis ; un autre ne peut concevoir Dieu que revêtu d'une figure saisissable à l'imagination ; un troisième ne concevra rien au delà de la réalité tangible et présente, et adorera son fétiche.

La notion individuelle de Dieu serait le principe de la religion naturelle, si celle-ci était possible ; mais comme les hommes vivent en société et n'ont·jamais pu ni·voulu vivre isolés, l'idée de Dieu, telle qu'elle est dans l'esprit de chaque homme, ne tarde pas à être mise au jour sous la forme qu'il croit la mieux adaptée à sa pensée et la plus propre à être comprise. · Ni l'histoire ni l'observation des faits actuels ne signalent une société d'hommes où les choses se soient passées autrement. La linguistique qui remonte beaucoup plus haut que l'histoire dans le passé de l'humanité, prouve que la notion de Dieu fut représentée dans le langage le plus ancien par des termes vulgaires compris de tout le monde, c'est-à-dire par des noms communs, longtemps avant d'être exprimée par des noms propres. Si je prononce les noms d'Athéna, de Zeus, d'Héphaistos, un homme de nos jours n'ayant point reçu une éducation classique entendra des sons qui n'apporteront à son esprit aucune idée. Les Grecs étaient certainement aussi ignorants que lui du sens de ces mots ; mais c'était des noms réveillant dans leur mémoire le souvenir de certaines figures divines représentées dans les temples, et auxquelles ils rattachaient certaines pensées religieuses : en un mot, c'était pour eux des personnes divines, et ces mots étaient des noms propres. Quand on remonte plus haut dans le passé et jusqu'aux hymnes du Vêda, les noms des dieux y sont des noms communs et souvent même des adjectifs, exprimant une idée que tout le monde pouvait avoir : Agni, Sûrya, Vâyu, Rudra sont des divinités ; mais dans la langue usuelle ces mots signifient le feu, le soleil, le vent, le pleureur.

Il est donc certain qu'à une époque reculée les notions individuelles de Dieu furent mises en commun. Dans les temps plus modernes, la notion de Dieu s'éclaira et s'épura dans les esprits par la transmission, c'est-à-dire par la discussion et par l'enseignement. J'ajoute que c'est aussi par ce moyen qu'elle se fixe en quelque sorte et revêt une forme et une expression déterminée dans une société d'hommes : la première question et la première réponse du catéchisme catholique en sont là preuve, puisque la formule qu'on y trouve est destinée à donner à tous les fidèles une notion commune et immuable de Dieu.

Adopter en commun une notion de Dieu et en posséder une formule durable, c'est poser les premières assises d'un édifice religieux ; mais dès lors cette notion cesse d'être individuelle, cette formule fait partie de la langue : l'une et l'autre sont le bien de tous, et personne n'en peut revendiquer la création ni la propriété.

Selon M. Max Müller, les religions ont appartenu d'abord à des familles et à des sociétés d'hommes extrêmement restreintes. Il faut ajouter pourtant qu'une notion nouvelle ou perfectionnée de Dieu se répand vite dans une société tout entière, et devient aussitôt l'objet des réflexions des hommes appartenant à une même génération. Il est certain que les hymnes du Vêda sont attribués à des familles où la transmission de la doctrine sacrée s'opérait du père au fils, sans l'intermédiaire d'aucun corps sacerdotal ; mais on rencontre aussi dans beaucoup de ces hymnes des formules identiques, bien qu'ils soient attribués à des familles contemporaines les unes des autres et habitant des points très-éloignés dans l'Heptapotamie indienne. Selon toute vraisemblance, ces formules, qui ont presque toujours trait à quelque vertu divine, faisaient déjà partie de la religion commune, ainsi que le dieu auquel on les adressait ; il y avait donc eu un accord formel ou tacite entre ces prêtres poètes ou entre leurs ancêtres, accord à la suite duquel ces formules avaient été généralement adoptées.

L'expression mise en commun est la première formule du dogme, et celui-ci commence à se fixer lorsque les

hommes qui l'ont admise reconnaissent qu'elle répond
à toute l'idée qu'ils se font de la divinité. Il n'y a, dans
les évangiles et dans les autres livres canoniques, qu'un
très-petit nombre d'expressions métaphysiques relatives
à la nature divine ; le quatrième évangile fait à peine
une exception ; au contraire, les livres des Pères de
l'Église en contiennent un grand nombre. Parmi elles,
plusieurs sont restées dans leurs écrits, comme énon-
çant des opinions individuelles ; d'autres sont entrées
dans le domaine commun et pour ainsi dire dans le corps
de la métaphysique chrétienne. Si l'on rapproche les
deux époques extrêmes du christianisme, celle des évangiles et la nôtre, la brièveté du dogme dans le premier
cas et son grand développement dans le second frappent
l'esprit le moins prévenu. Par conséquent on est conduit à chercher dans l'histoire les anneaux intermé-
diaires qui forment cette longue chaîne de dix-huit cents
ans, c'est-à-dire les époques successives où l'idée chrétienne a reçu quelque éclaircissement nouveau. On reconnaît alors que c'est dans les prédications, dans les
livres, dans les correspondances privées, dans les réunions des conciles, que ces progrès se sont accomplis.
Dans les deux premiers cas, l'idée personnelle de l'ora-
teur ou de l'écrivain a passé dans le dogme quand elle
s'est trouvée conforme aux principes déjà reçus, ou bien
elle a donné lieu à une hérésie quand cet accord n'a pu
s'établir. Dans les conciles, la discussion, formée d'o-
pinions individuelles se combattant et se contrôlant les
unes les autres, a fait naître des formules qui pouvaient
en apparence n'être l'œuvre d'aucun des docteurs, mais
qui en réalité s'élaboraient par le travail personnel ou
par l'adhésion de chacun d'eux.

La conception du dieu, puisqu'elle est personnelle et
intime, ne constitue pas à elle seule une religion. Si elle
ne sort pas de la pensée, elle y demeure confondue avec

la foule des faits intellectuels. Si elle n'en sort que par
la parole, le plus grand effet qu'elle puisse produire est
d'engendrer la théodicée, qui est une portion de la philosophie, c'est-à-dire d'une science. Au contraire, quelque grossière que soit l'idée qu'un homme se fait de
son dieu, chaque fois que sa pensée s'y arrête, il sent
naître en son âme le sentiment d'une puissance étrangère et surnaturelle, et celui de sa propre infériorité.
Selon qu'il attribue à cette puissance la vertu de faire
du bien ou celle de faire du mal, son sentiment devient
l'adoration ou la crainte. Et comme les hommes attribuent toujours à leur dieu l'intelligence, leur adoration
et leur crainte se transforment aussitôt en prière. La
science n'a pas rencontré jusqu'ici une seule religion
où la prière ne soit présentée comme un acte religieux
essentiel.

Cependant la prière est un acte intérieur de la pensée
qui peut se passer des formules du langage : les saints,
les personnes les plus ferventes pensent que nul langage humain ne répond au sentiment qu'elles éprouvent.
Si toute la religion se bornait à ces ardeurs secrètes de
l'âme, le culte serait inutile et n'eût jamais pu s'établir
parmi les hommes ; mais le même besoin naturel et irrésistible qui pousse un homme à communiquer aux
autres l'idée qu'il a de Dieu, le pousse aussi à leur exprimer ses sentiments, et par conséquent à énoncer tout
haut sa prière. Les ermites ne sont que des membres
détachés d'une société religieuse dont ils emportent les
formules et les rites dans leur solitude. Il y a donc ici
deux séries de faits naturels, deux lois, que la science
retrouve dans toutes les religions : d'une part, la notion
divine est individuelle, puis elle est mise en commun et
engendre les formules du dogme ; de l'autre, l'idée sus-
cite un sentiment religieux individuel d'où naît la prière,
puis la prière est mise en commun et engendre le rite.

Si le sentiment était assez fort pour faire exécuter à un homme des actes extérieurs d'une signification religieuse, il est clair que ces actes constitueraient un culte. Dans un élan mystique, un saint voit son Dieu entouré de ses anges et de ses chérubins, et lui-même, se mêlant à leurs chœurs, compose le *Te Deum*. La plupart de ceux qui ont fondé des ordres pieux, ne faisaient pas autrement : le sentiment qui les animait persistant toujours, leur intelligence s'appliquait à combiner un ensemble de rites embrassant tous les actes de la vie ; ainsi la règle a été personnelle et propre aux fondateurs avant d'être suivie par les disciples.

Ce qui se dit des règles monastiques peut se dire avec la même raison des rites généraux d'un culte, car les nécessités de la vie matérielle, de la vie politique, de la vie civile, et la force irrésistible qui pousse les hommes à se reproduire, et par conséquent à se créer des familles et à les faire durer, sont cause que les rites sacrés ne peuvent occuper qu'une petite portion de leur temps, et qu'ainsi les ascètes et les saints formeront toujours la minorité parmi les hommes. Ceux qui créent un rite capable d'être adopté par toute une société et de passer dans le culte public sont donc moins des hommes d'un sentiment exalté que des personnages d'une intelligence supérieure, en qui vient se concentrer un besoin religieux universellement éprouvé. Lorsque ensuite les disciples développent la pensée du maître et les rites dont il est l'initiateur, s'ils leur font dans la vie une trop large part, les hommes la diminuent, chacun selon ses besoins ; et l'on est forcé dès lors de distinguer les cérémonies obligatoires de celles qui ne le sont pas.

Quand la vie des hommes se complique et ne leur laisse plus pour vaquer au culte que le peu d'instants qu'ils ont pour se livrer au repos, on voit les rites obligatoires eux-mêmes peu à peu abandonnés par les hommes. Les femmes ont plus de loisirs et de dévotion, mais quand les nécessités de la vie courante les ont atteintes à leur tour, on les voit, elles aussi, se retirer du culte public ; les autels sont délaissés, et les rites qui avaient paru d'abord la partie principale de la vie commune semblent n'avoir plus de raison d'être. Enfin, quand le nombre de ceux qui les suivaient s'est réduit à rien, la religion a péri, tant il est vrai que le rite en était un élément essentiel.

La question de l'origine et de la nature des rites partage aujourd'hui les savants. Le dissentiment provient de la diversité des doctrines philosophiques. Ceux qui penchent vers les systèmes matérialistes renouvellent, sous des formes plus savantes, les doctrines épicuriennes de Lucrèce : ils rapportent à des illusions de l'esprit et à une sorte de sentiment poétique la création des rites, comme celle des dogmes [1]. La linguistique apporte à cette interprétation des armes nouvelles, et semble lui rendre l'autorité que la réfutation des systèmes épicuriens lui avait ôtée. Il est certain que, quand la notion de Dieu donne naissance à un culte, elle subit une transformation poétique sans laquelle les rites ne se produiraient pas. L'Être absolu ne peut que difficilement être adoré ou prié ; mais aussitôt qu'il est conçu comme providence, c'est-à-dire comme exerçant dans le monde sa propre activité, un rapprochement a lieu entre lui et les hommes : il devient accessible ; la prière et les actes pieux peuvent cesser de lui être indifférents. Je suppose qu'une société d'hommes n'ait pas de son dieu une notion métaphysique très-élevée, la prière ne peut être alors qu'une rogation, et le rite un hommage qui paie le prix d'une faveur et en prépare de nouvelles. Telle

1. Nunc quæ causa deum per magnas numina gentes
Pervolgarit et ararum compleverit urbes... etc.

est la religion du Véda. Dans une religion conçue de la sorte, le dieu, sa loi, son action, le sentiment religieux, la prière et le culte, tout revêt des couleurs humaines que le langage est parfaitement apte à reproduire. Le linguiste qui ne remonte pas à l'origine de l'idée et n'en considère que l'expression, peut croire que le dieu n'est qu'un terme poétique pris à la lettre et une métaphore réalisée. *Vishnu* est un mot qui signifie *pénétrant*, et qui peut s'appliquer au soleil, dont les rayons pénètrent toutes choses ; dès lors on est conduit à penser qu'avant d'être conçu comme un dieu, Vishnu a été simplement le soleil. Jupiter devient l'époux de Léda, et a d'elle Hélène : or, Jupiter n'est autre que le ciel lumineux (Ζεύς, en sanscrit *dyaus*) : Léda, c'est la Nuit, qui cache toutes choses ; la fille brillante du Ciel et de la Nuit, que peut-elle être, sinon la Lune, que l'on nomme en grec Sélénè ? Le mot Σελήνη est identique au mot Ἑλένη. Hélène, fille de Jupiter et de Léda, a donc été simplement la lune, avant de passer pour la plus belle femme de son temps et pour la cause de la grande guerre de Troie.

Telle est la méthode d'interprétation appliquée par quelques savants aux rites et au dogmes. S'ils veulent dire que l'identité du nom propre d'un dieu avec un nom commun ou avec un adjectif suffit pour expliquer l'origine de ce dieu et son introduction dans le dogme, je n'hésite pas à déclarer que c'est là une doctrine fausse et funeste, car elle réduit la science des religions à une simple application de la linguistique : si Vishnu n'est rien que le soleil radieux, si Jupiter n'est rien que le ciel, je ne vois dans ces êtres divins que des faits matériels revêtus d'expressions poétiques, et dans leurs légendes que le développement naturel de ces faits. Une fois engagé dans cette voie des interprétations grammaticales, on admet nécessairement que toute conception d'un personnage divin peut se réduire à des éléments linguistiques, c'est-à-dire à des métaphores. On en vient à dire, avec M. Max Müller, que « les dieux sont des noms sans être, » ce qui est l'expression la plus nette de l'athéisme appliqué à l'étude des religions. S'en tenir là, c'est ne voir que la superficie des choses, car il restera à savoir comment les hommes ont pu opérer la transformation d'un mot en un dieu.

En vertu de quoi ont-ils pu faire ce changement? Il n'est pas aujourd'hui un philosophe ayant analysé et classé ses idées, qui ne puisse résoudre ce second problème. Tous répondront que pour changer en dieu une notion sensible, il faut avoir d'abord l'idée de Dieu; qu'il est impossible de concevoir comme une puissance un phénomène naturel, si grand qu'il soit, quand on n'a pas l'idée de force, et qu'ainsi les hommes ont dû concevoir les dieux avant de leur donner des noms. Une fois le dieu conçu, les prêtres ou les poètes pouvaient-ils faire autrement que d'emprunter à la langue usuelle les termes communs qu'elle leur offrait, et qui s'adaptaient le mieux à leur pensée? Et de plus, quand la notion qu'ils s'étaient faite les premiers de cet être divin venait à être comprise par les hommes de leur langue, n'était-il pas naturel que le terme adopté par eux perdît peu à peu sa signification commune et finît par devenir le nom propre du dieu?

Les philologues doivent observer que le faux principe qui tend à prévaloir parmi eux n'attaque pas seulement les anciennes religions, d'où il fait disparaître totalement la divinité, mais qu'il est aussi bien applicable aux religions modernes, au Père, au Fils, et au Saint-Esprit, aux noms mêmes de Christ et de Jésus, qu'il transforme en des métaphores, avec cette seule différence que l'objet métamorphosé est peut-être moins matériel.

Enfin, le principe des interprétations grammaticales peut s'appliquer à un grand nombre de catégories de termes, à ceux qui expriment des notions philosophiques comme à d'autres. Le nom de *Dieu* tire son origine du latin *deus* qui est le sanscrit *dêva*. Ce dernier vient de la racine *div*, qui veut dire *briller*, et qui s'applique soit à l'éclat des objets éclairés, soit à celui de la lumière et du ciel resplendissant, de telle sorte que les hommes pourraient bien n'avoir en réalité que l'idée de lumière pendant qu'ils croient posséder la notion de Dieu.

Ces conséquences sont en contradiction formelle avec toute la métaphysique et avec la psychologie la plus simple. Les philologues ne doivent pas oublier que, si un principe faux engendre parfois des conséquences vraies, jamais d'un principe vrai on ne peut tirer des conséquences fausses. Il ne faut donc pas donner aux interprétations grammaticales une aussi grande portée, ni leur demander l'origine première des dogmes ou des rites : elles sont hors d'état de la faire connaître. La linguistique est une science d'observation et, par conséquent, incapable de résoudre par elle-même aucun problème de métaphysique. En y réfléchissant, on se convaincra que l'idée de Dieu naît avant qu'on l'exprime, et que, si elle n'existait pas dans l'esprit, jamais d'un nom commun ou d'un adjectif on n'aurait pu faire le nom propre d'une divinité. Vishnu n'est ni le soleil ni ses rayons ; Agni n'est pas le feu matériel qui brûle, malgré l'identité de leurs noms ; Neptune n'est ni la mer ni l'eau douce. Il n'y a pas, à ma connaissance, un seul texte, ni dans Homère, ni dans le Vêda, qui impose à ces noms la signification étroite et matérielle qu'on leur suppose. Vishnu est une force vivante qui se manifeste dans le soleil aux rayons pénétrants ; Agni est une puissance universelle, intelligente et libre, dont les feux de toute nature ne sont que des signes visibles, qui réside aussi dans les corps organisés qu'elle échauffe, et jusque dans la pensée qu'elle vivifie. Il n'est pas un lecteur du Vêda qui ne le sache et qui ne reconnaisse la spiritualité de cette doctrine panthéiste. Quant à Neptune, bien loin d'être l'eau personnifiée par un abus du langage, il est, comme son nom grec de Poseidôn (Ποσειδάων) l'indique, la puissance qui donne les eaux, par conséquent un être supérieur à la nature, une conception métaphysique, un dieu.

Si telle est la vraie nature d'un dieu dans une religion, il est évident que les expressions qui le désignent ne sont pas de simples métaphores, et que les rites institués en son honneur ont une valeur significative et symbolique.

Plus l'acte extérieur diffère par sa nature du sentiment intime de l'adoration, plus cet acte est symbolique : ainsi la flamme du cierge sur l'autel chrétien est plus symbolique que l'hymne chantée dans l'église : l'hymne est plus symbolique que la prière mentale résidant au cœur de chaque adorateur, et où ce dernier s'entretient face à face avec son dieu.

Quand on fait l'histoire d'une religion, on doit suivre dans leur développement la notion du dieu et le rite, les deux éléments qui la constituent. Le tableau des rapports de cette religion avec la société où elle est née, de la mutiplication de ses sectateurs, des persécutions qu'ils ont endurées, de celles qu'ils ont fait subir à d'autres, de ses défaites et de ses triomphes, ne forme que la partie la plus extérieure de cette histoire. La véritable histoire d'une religion est celle de ses rites et de ses dogmes. Or, voici la loi très-simple à laquelle ils obéissent : leur marche est *parallèle* ; mais *le dogme précède toujours le rite*, comme l'idée précède le sentiment et comme le sentiment précède l'acte extérieur. Les hymnes du Rig-Vêda sont unanimes à désigner par eur nom certains personnages des temps anciens comme fondateurs ou comme réformateurs des rites sacrés. Quant à la conception des dieux, c'est-à-dire à la métaphysique religieuse, les poètes védiques s'en déclarent eux-mêmes et individuellement les auteurs, et ils font des efforts personnels pour y apporter quelque nouvelle lumière. L'histoire du développement des rites indiens et de la métaphysique des brâhmanes sera, quand on pourra la suivre, une des parties les plus intéressantes de l'histoire universelle ; celle du judaïsme ne l'est pas moins, surtout quand on arrive aux grandes révolutions qu'il a subies, suscitées ou engendrées, pour contribuer à la naissance du christianisme et plus tard de l'islamisme : mais l'histoire des dogmes et des cultes chrétiens l'emporte sur toutes les autres, parce qu'elle abonde en documents pour toutes les époques et qu'elle présente des péripéties sans nombre.

Le parallélisme des dogmes et des rites est la loi fondamentale de toute histoire religieuse. Par conséquent, l'inégal développement des dogmes entraîne la séparation des rites. Si une race d'hommes se divise en deux branches, et que celles-ci, soit par l'éloignement des contrées où elles se fixent, soit par toute autre cause, se civilisent indépendamment l'une de l'autre, l'idée de Dieu, qui leur était commune avant la séparation, peut s'épurer ou s'étendre de façons fort différentes lorsqu'elles vivent isolées. Ce qui arrive alors est facile à prévoir et se trouve confirmé par toute l'histoire. Le fond commun et primitif des croyances persistera, ainsi que les rites fondamentaux qui en étaient la manifestation ; mais les développements nouveaux du dogme introduisent chez un peuple des rites qui ne se trouvent pas chez l'autre, et il arrive, au bout d'un certain temps, que deux religions distinctes se trouvent constituées. C'est ainsi que dans l'Inde et la Perse, des dogmes et des rites nationaux, entés sur un même tronc primitif, ont donné naissance à deux religions différentes, celle des brâhmanes et celle des mages. Par une scission analogue, mais avec des caractères particuliers, l'idée chrétienne, se séparant du judaïsme, a produit un culte différent de celui des Hébreux, et qui néanmoins reconnaît la Bible pour un de ses fondements.

La séparation des systèmes religieux ne brise pas seulement la communauté humaine ; elle peut mettre ses parties en état d'hostilité réciproque : ainsi, la religion, qui procède à son origine d'un besoin d'unité dans les croyances et dans les actes pieux, se tourne en une cause de haine, de violences et de guerres. La Perse ancienne ne s'est pas seulement séparée du tronc commun de la race aryenne, comme l'ont fait de leur côté les peuples indiens ; mais quand elle s'est plus tard rencontrée avec ces derniers, elle ne les a plus reconnus pour ses frères : elle n'a vu en eux que les adorateurs des *dêvas*, c'est-à-dire de dieux qu'elle ne reconnaissait plus et qui étaient devenus pour elle les ennemis d'Ormuzd, son dieu suprême. De leur côté, par un travail propre à la race indienne, les brâhmanes avaient dépassé de bonne heure l'antique théorie des *asuras* ou principes de vie, et, tandis que les hommes supérieurs de la caste sacerdotale approfondissaient la notion panthéistique de Dieu, les idées et les rites populaires tournaient de plus en plus au polythéisme. Il en résulta qu'après un certain temps les deux religions parurent être le contre-pied l'une de l'autre, et que les peuples qui les professaient furent ennemis.

Dans des temps plus modermes, un seul point de doctrine, la procession du Saint-Esprit, entendu en Orient d'une certaine manière et d'une autre en Occident, a, dans le christianisme, séparé les Grecs des Latins et suscité entre eux une hostilité qui n'est pas près de finir.

Telle est aussi l'histoire des hérésies dans toutes les religions ayant un dogme établi. On ne peut pas se dissimuler que la religion a toujours produit ces deux effets, d'unir les hommes, puis de les diviser.

Aujourd'hui la science trouve les religions dans l'état de séparation : elle se propose d'en reconstituer théoriquement l'unité primitive. Établir en théorie l'unité des dogmes religieux dans l'humanité, si cette unité n'est pas une chimère, serait le but suprême de la science des religions. Montrer que sous leur variété apparente ces grandes institutions cachent une même doctrine fondamentale, ce serait restituer à chacune d'elles le rôle qu'elles ont joué dans l'histoire et faire disparaître, autant qu'il est possible, l'antagonisme qui les tient séparées, et qui par elles a brisé le faisceau du genre humain.

Plusieurs religions ont totalement disparu et n'ont laissé de traces que dans les livres et dans les monuments du culte ou de l'art, ou dans les traditions populaires. D'autres subsistent encore, après avoir subi des transformations plus ou moins profondes et reçu des développements locaux et successifs. La science a pour point de départ l'état présent des croyances et des cultes chez les différents peuples. Lorsque, les ayant classés, elle commence à en faire l'histoire, elle ne peut avancer qu'en remontant et en restituant à chaque époque ce qui lui appartient, dans le développement des dogmes et dans la transformation des cultes. Les récits de l'histoire prennent les peuples le plus près possible de leur origine et affirment souvent, dans les premières pages, des faits qui ne sont nullement établis : presque toutes les histoires commencent par un roman. Ce serait une faute insigne de commencer de la sorte l'histoire d'une religion. En remontant de l'état actuel à ceux qui l'ont précédé, on procède en quelque

sorte par voie de réduction, comme font les chimistes
et les physiciens. Les parties les plus récentes du culte
et les dernières formules du dogme sont éliminées les
premières ; plus on avance, plus l'un et l'autre se sim-
plifient ; la légende du dieu, s'il en a une, se réduit
peu à peu à ses éléments les plus anciens ; on se trouve
à la fin en présence d'une notion rudimentaire et d'un
rite à peine ébauché. Chemin faisant, on a trouvé dans
les faits eux-mêmes l'explication des développements
locaux d'une religion et des ruptures qui ont pu se
produire dans son sein ; on a constaté les influences
venues du dehors qui l'ont successivement modifiée,
soit par un mélange direct, soit par une sorte de réaction et de lutte contre des idées et des usages qui ne
pouvaient être acceptés. Ainsi marche la science des
religions : elle remonte le cours des temps, et elle ne
fait un pas en avant qu'après avoir assuré celui qu'elle
vient de faire ; mais si l'on descendait le cours des
temps, il faudrait ou établir d'abord une théorie spé-
culative et présenter l'esprit humain comme une table
rase sur laquelle on ferait apparaître tour à tour les
diverses religions, ou commencer par un acte de foi en
une révélation primitive et connue. Dans le second cas,
on se place en dehors des conditions de la science ;
dans le premier cas, on construit l'histoire *a priori*, ce
qui est contraire à la science.

Je sais bien qu'aujourd'hui les recherches des savants
portent à la fois sur toutes les parties de l'histoire des
religions ; mais la science n'en est pas à ses débuts :
les cadres généraux sont tracés, les faits principaux y
ont déjà pris leur place, et les études spéciales ont pour
but de combler les vides qu'ils laissent encore entre
eux. Toutefois, il faut bien reconnaître que les affirma-
tions des savants sont souvent hasardées, soit parce
que l'horizon restreint où ils s'enferment les empêche

de voir l'ensemble de faits, soit parce que l'esprit est
plus prompt à affirmer quand il découvre que quand
il apprend. Mais la science est à ce prix.

Depuis trente ans, par exemple, nous voyons se reconstituer l'histoire d'une civilisation toute religieuse
qui semblait n'avoir pas eu d'histoire. L'Inde paraissait
échapper pour toujours à toute chronologie ; mais les
indianistes ont suivi la méthode des géologues : ne
pouvant fixer des dates, il se sont contentés de reconnaître d'abord les grandes périodes de la littérature et
de la civilisation indienne. Les cadres étant formés,
nous voyons les livres, les faits, les idées, venir s'y
ranger tour à tour ; et, par des synchronismes prudemment établis, les grands faits de l'histoire de l'Inde
commencent à prendre place dans l'histoire générale
de l'humanité. Si l'on avait tenté cette restitution en
commençant par le Vêda, vraisemblablement la science
eût longtemps encore marché au hasard ; mais le bouddhisme, qui est la dernière forme des religions indiennes, a été le premier étudié scientifiquement [1]. Les
grandes dates en on été reconnues avec une approximation suffisante et ont servi de point de départ pour
remonter ensuite le courant brâhmanique ; enfin, le
Vêda a été découvert, et c'est sur lui que les études
portent en ce moment. Or, le Vêda est la forme la plus
antique des religions indiennes et celle qui nous les
montre le plus près de leur berceau. Une suite de hasards heureux a fait connaître aux savants européens
les livres sacrés de l'Orient dans l'ordre le plus favorable à l'étude. Les livres brâhmaniques, où la religion
indienne apparaît dans sa plénitude, ont été connus les
premiers ; ceux du bouddhisme l'ont été plus tard et
ont donné les premières dates historiques ; enfin, les

1. Voyez l'*Introduction à l'histoire du Bouddhisme indien*, par Eug.
Barnouf.

hymmes du Vêda et leurs commentaires sont venus
dévoiler la source de ce grand fleuve, dont on connaissait le cours principal et les dérivations. L'apparition
du Vêda en Europe a produit dans les études indiennes le même effet que produirait la découverte du Pen-
tateuque, si l'on ne connaissait encore que les autres
livres de la Bible et ceux des chrétiens.

CHAPITRE III

LA MÉTHODE HISTORIQUE

Les savants doivent renoncer à l'espoir d'atteindre historiquement à l'origine des dogmes et des cultes. Laissons de côté, si l'on veut, les pratiques grossières de beaucoup de peuplades barbares ; admettons que ces pratiques n'ont pas d'histoire et qu'elles sont telles aujourd'hui qu'elles étaient à leur origine. Le classement des grandes civilisations met au premier plan, parmi les anciens peuples, les Chinois, les Égyptiens, les Sémites et les races âryennes d'Europe et d'Asie. Il n'en est pas un seul dont la science puisse dire qu'elle est en état de découvrir historiquement les origines religieuses.

Il conviendrait de mettre à part les Chinois, qui, appartenant à la race jaune, sont selon toute vraisemblance antérieurs aux peuples blancs, et qui n'avaient pour religion qu'une sorte de fétichisme, avant que des hommes de race âryenne leur eussent communiqué la leur.

L'existence des Chinois paraît en effet remonter à une antiquité supérieure à celle des nations âryennes ou sémites, et l'on sait aussi que la première religion métaphysique pratiquée chez eux a été celle du Bouddha. L'histoire religieuse de la Chine se trouve ainsi réduite à n'être qu'une des branches de celle du bouddhisme, religion essentiellement âryenne. Les mêmes réflexions peuvent s'appliquer aux autres religions qui ont fait quelque progrès dans ce pays : elles appartiennent à différentes branches du christianisme ; elles ne sont que des importations européennes et n'ont aucune racine dans la race chinoise. De plus, quoique le bouddhisme ait été la première religion introduite chez les peuples jaunes, et bien que cette introduction soit déjà ancienne, l'étude des livres chinois a fait connaître les dates précises des missions qui l'y ont prêché et celles de ses premiers établissements ; depuis lors, les chroniques chinoises du bouddhisme ont tenu compte de ses progrès, et l'histoire pourra les suivre jusqu'à nos jours. La question des origines religieuses peut donc à peine être posée à l'égard de la Chine et des autres populations jaunes de l'extrême Orient ; mais il n'en est pas de même des Égyptiens, des Sémites et des Aryens.

Quant à l'Égypte, malgré l'abondance des textes hiéroglyphiques, il n'est pas probable que l'histoire parvienne de longtemps à résoudre le problème de ses origines religieuses. Ceux de ses textes qui ont été traduits jusqu'à ce jour, et dont plusieurs remontent à une haute antiquité, ne laissent à cet égard que peu d'espérance. Au temps des premières dynasties, cinquante siècles pour le moins avant J.-C., l'Égypte était déjà civilisée. Ses plus anciens monuments supposent un passé très-long. On y constate l'existence d'un symbolisme très-antique, revêtu de formes polythéistes ; mais rien de plus obscur encore et de moins pénétrable que la métaphysique sur laquelle il était fondé. Un naturalisme local en paraît avoir été la base, mais à quelle hauteur ce naturalisme s'était-il élevé ? à quelle théologie avait-il donné lieu ? quelle portée générale avaient ces doctrines ? C'est ce que le laconisme des textes ne permettra peut-être jamais de savoir.

Ajoutez que l'écriture hiéroglyphique, assez claire quand elle énonce les faits matériels, l'est beaucoup moins quand elle veut exprimer des idées abstraites. Si elle a paru suffire à des hommes qui en faisaient une étude continuelle et un usage journalier, elle n'est plus aussi intelligible pour nous, qui n'avons, pour en découvrir le sens, que les monuments où elle fut employée. Enfin, quand les hiéroglyphes nous éclaireraient assez sur les dogmes et les cultes de l'ancienne Égypte, on ne pourrait croire, même alors, que l'on en possédât les commencements : l'usage d'une écriture sacrée, quoique ancienne, ne remonte pas aux origines des races qui ont peuplé primitivement la vallée du Nil. Si ces races y sont venues du dehors, elles ont dû y apporter avec elles leurs idées et leurs institutions antérieures. De toute manière, elles ont nécessairement eu une période primitive et totalement inconnue, qui a pu durer pendant des siècles nombreux.

Les Sémites n'ont rien d'antérieur aux plus anciens passages de la Genèse. Les faits qui ont suivi Moïse ont généralement un caractère de réalité qui permet de les classer, sinon parmi les faits historiques, au moins parmi les légendes héroïques dont le fond appartient à l'histoire. Les faits antérieurs racontés par les livres dits mosaïques ne peuvent pas entrer dans le domaine de la science sous la forme où ils se présentent ; ils ont besoin d'interprétation.

Ceux des hymnes du Rig-Vêda, dont l'antiquité peut

égaler celle de la Genèse, si elle ne la surpasse, ouvrent à la science des horizons différents. La cosmogonie de l'Avesta n'est pas non plus la même, et celle d'Hésiode diffère aussi des autres. Il n'y a pas de raisons scientifiques d'adopter l'une plutôt que l'autre ; la science doit les accueillir toutes également, à la condition qu'elles seront scientifiquement interprétées. Les vieux récits mosaïques sont soumis à ses méthodes aussi bien que ceux des Grecs, des Germains, des Perses et des Indiens.

Elle est donc forcée par sa nature de ranger beaucoup de récits mosaïques, notamment ceux que contiennent les premiers chapitres de la Genèse, dans cette grande classe de récits qui portent les noms de symboles, de mythes ou de légendes, récits dont on ne nie pas la vérité, mais dont la forme a besoin d'être ramenée à des expressions plus simples. Or, à ce point de vue, les savants sont d'accord pour limiter la partie historique de la Bible à l'époque de Moïse ou même à celle de David. Au delà de Moïse, il n'y a plus aucun fait qui puisse être scientifiquement accepté et entrer dans l'histoire avec la forme que les récits hébraïques ont adoptée.

Ainsi donc, on ne peut espérer trouver dans la Bible l'origine première des religions. Au moment où Moïse prit en main le gouvernement spirituel de son peuple et fonda la puissante institution religieuse qui dure encore, ce peuple n'était ni sans dieu, ni sans culte. Or, ni la légende d'Abraham, ni celle de Noé, ni, à plus forte raison, le mythe d'Abel et Caïn, ou celui du serpent tentateur, ne peuvent rendre compte de la naissance de l'idée de Dieu et du rite primordial chez les Sémites. Les récits génésiasques font évidemment allusion à des temps fort antérieurs à Moïse et même à Abraham ; mais il n'y a rien de précis ni de scientifique

dans ce qu'ils en rapportent. On peut penser que, quand
ces antiques souvenirs furent recueillis et vinrent former la Genèse, ils n'étaient plus qu'un écho très-affai-
bli de faits et peut-être de doctrines d'une antiquité
beaucoup plus haute.

Certains disciples de l'école philologique voient dans
les premiers récits de la Genèse une reproduction incomplète des mythes âryens, si amplemeut développés
dans le Rig-Vêda, et identifient par exemple le serpent tentateur avec le serpent (*Ahi*) ennemi d'Indra et
personnification du nuage ; mais c'est un point à examiner : il n'est pas dit que tous les serpents mythiques
de l'antiquité procèdent d'Ahi ; les Sémites ont pu,
comme les Aryas, constituer ou recevoir des mythes
et des légendes où cet animal ait pris place.

De plus, il faut historiquement prouver que ces deux
races d'hommes ont eu des relations positives avant
l'époque des rois d'Israel et se sont emprunté l'une à
l'autre des conceptions aussi fondamentales. Le récit
du serpent tentateur est lié à la légende de l'Eden, et
celle-ci à la doctrine sémitique du Dieu créateur. Dire
le contraire, c'est soulever contre soi les Juifs, les chrétiens et même les mahométans, dont les croyances religieuses procèdent de ces récits. Avant d'établir de celles
assimilations, il faut que la science ait résolu séparément les problèmes que font naître les temps primitifs
des Sémites et ceux des Aryas ; et supposé même que
cette partie de la science fût terminée, il est évident
que le rôle de l'histoire s'arrête au point où les faits
cessent d'avoir un caractère naturel,et qu'au delà on est
forcé d'avoir recours à d'autres moyens d'investigation.

Le Rig-Vêda est le livré sacré des peuples de l'Inde
et le fondement de leurs religions. Ce recueil d'hymnes
composés dans la vieille langue sanscrite est peut-être
le plus authentique des textes sacrés, quoique les au-

teurs de ces chants soient le plus souvent fictifs ou inconnus. Toutes les données scientifiques prouvent que l'époque où remontent ses plus anciennes parties n'est pas de beaucoup postérieure à Moïse, et que plusieurs hymnes lui sont probablement antérieurs. Ce point du reste, n'a pas une importance majeure, puisque l'histoire de l'Inde procède par périodes et non par années, au moins pour les temps qui ont précédé le bouddhisme.

Quand on compare l'âge des hymnes védiques à celui des chants homériques les plus anciens, c'est-à-dire de certaines portions de l'Iliade et de quelques fragments épiques publiés sous le nom d'Homère ou d'Hésiode, on voit que les peuples de race âryenne n'ont aucun monument qui égale le Véda par son antiquité. Car il n'est pas possible de citer celle du livre de Zoroastre, pris dans son ensemble, livre dont l'époque semble répondre tout au plus aux premiers temps du bràhmanisme indien. Quelques parties de l'Avesta semblent plus anciennes que le reste du livre, sans toutefois dépasser ou même égaler en antiquité les plus anciens hymnes indiens.

Or, le Rig-Véda est presque entièrement un livre religieux ; la notion qu'on se faisait alors de Dieu et les rites qui en découlaient y sont entourés de toute la lumière qui manque à la plupart des autres textes sacrés. Eh bien, non seulement le Rig-Véda ne nous fait pas assister à la naissance de cette notion et de ces rites, mais il signale lui-même des périodes religieuses antérieures dont il est impossible de fixer la durée. L'état des esprits auquel répondent les Hymnes n'est pas un état primordial : le polythéisme y a des proportions si considérables que, pour arriver à cette mythologie, il a fallu des siècles nombreux à une race occupée surtout de guerres et de conquêtes.

»Cette conséquence se trouve confirmée par la comparaison des divinités védiques avec celles des autres peuples âryens, chez lesquels en effet on les retrouve conçues de la même manière et portant quelquefois les mêmes noms. La présence de ces éléments communs prouve qu'un certain nombre de dogmes existait dans la race âryenne avant que ces branches se fussent séparées du tronc primitif, et lorsqu'elle ne formait encore qu'une seule société d'hommes habitant les vallées de l'Oxus. Les anciens rites sacrés, l'autel, le feu, la victime, l'invocation aux dieux, se trouvaient également chez les divers peuples âryens avant qu'ils eussent subi une influence extérieure. Tous ces faits prouvent moins l'antiquité du Vêda que l'existence d'une doctrine et d'un culte antérieurement à la dispersion des Aryens.

Quoi qu'il en soit, on est forcé d'arrêter au Vêda l'histoire positive des religions âryennes. Si la science veut remonter plus haut, il lui faut d'autres moyens d'investigation que ceux dont les historiens disposent. Mais comme il n'est rien sur terre, au moins jusqu'à ce jour, comme il n'est aucun monument sacré plus ancien que la Bible et que le Vêda, si l'on en excepte les premières inscriptions de l'Égypte, et peut-être quelques textes cunéiformes, là sont les limites où s'arrête l'histoire, appliquée à l'étude des religions. Au delà s'étend un horizon dont les bornes échappent à la science et que l'imagination elle-même ne peut embrasser. On voit bien que les périodes signalées par la Genèse et par le Vêda sous des formes mythiques ou symboliques occupent un passé déjà lointain pour les auteurs de ces livres, et cependant, quand on pourrait déterminer par une voie scientifique quelconque les principaux faits religieux qui s'y sont accomplis, on ne devrait pas, même alors, se croire parvenu aux origines

des religions et des cultes : car, ou bien la première
ébauche d'une religion remonte à l'apparition de
l'homme sur la terre, ou bien elle a été le résultat d'un
travail intellectuel prolongé durant des siècles nombreux. Dans l'un comme dans l'autre cas, les commencements nous échappent.

Si la première idée d'un dieu et le premier essai d'un
rite remontent aux origines de l'homme, la science demande où sont ces origines.

L'anthropologie ne reconnaît pas plusieurs espèces
humaines, mais elle distingue des races, les classe
chronologiquement suivant leur perfection physique
ou morale. Dans l'ancien continent, les blancs, c'est-à-
dire les Aryas, auxquels se rattachent les Sémites et probablement les Accads, les Soumirs et une partie des
Egyptiens, ont apparu les derniers, et forment les nations religieuses par excellence. Les jaunes étaient venus auparavant : ils avaient déjà conquis ou repoussé
les noirs, quand les Aryens du sud-est sont descendus
de la Bactriane vers l'Indus par les vallées du Cache-
mire. Des noirs avaient précédé les jaunes, dont les
annales se perdent dans le passé. Faudrait-il croire, ce
qui est peu vraisemblable, que les blancs reçurent des
peuples jaunes les premières notions religieuses et les
éléments du culte, lorsque nous voyons, au contraire,
les Chinois à peu près dépourvus de religion avant l'arrivée du bouddhisme indien, et lorsque les poètes du
Vêda nous disent des populations qu'ils heurtaient de
front sur l'Indus qu'elles étaient « sans dieu ? » Si l'on
admettait cette hypothèse, que tout contredit et que
rien ne confirme, faudrait-il aussi faire des jaunes les
héritiers des noirs en religion ?

Ce sont là des suppositions gratuites, où la science
perd ses droits. Il se peut que les vieilles populations
humaines aient eu chez elles quelque chose qui ressem-

blât à des religions, le fétichisme ou la croyance aux Esprits ; mais il est aujourd'hui très-vraisemblable que les races humaines autres que la blanche seront reconnues pour incapables de fonder un système religieux de quelque valeur, et que chez les plus infimes d'entre elles on ne trouvera qu'une notion de Dieu à peine ébauchée et des cultes sans théorie. Quand ces propositions seront solidement établies, on en tirera cette conséquence, que les religions métaphysiques ont pris naissance chez les peuples blancs, et que d'eux seuls procèdent un symbolisme éclairé, une dogmatique sérieuse. Or, il restera toujours à savoir comment sont nées chez eux ces théories et les cultes qui en dérivent. Nous voyons que ni l'histoire, ni nos grands monuments sacrés ne résolvent ce problème ; quand la science remonte vers le passé, et qu'elle est arrivée à un point où l'histoire et les autres moyens d'investigation lui manquent, elle ne peut plus qu'interroger les grandes lois de la nature qui président au développement de toutes choses, et auxquelles l'humanité et ses religions sont assujetties.

CHAPITRE IV

L'ÉGYPTE

L'Egypte a joué un rôle important dans l'histoire des religions, moins par les éléments utiles qu'elle y a apportés que par ses conceptions fantastiques, dont une portion dure encore. La diffusion de ses doctrines a été favorisée par sa situation géographique entre l'Orient et l'Occident, par son habileté dans les arts et l'industrie et par son antiquité même. Presque tous les peuples sont venus tour à tour sur le Nil : les Arabes, les Phéniciens, les Pélasges, les Assyriens, les Perses, les Grecs, les Romains, puis de nouveau les Arabes, les croisés et les peuples modernes de l'Occident.

Cinq mille ans avant l'ère chrétienne, l'Egypte était civilisée et comptait un grand nombre de siècles d'existence. Sa religion avait déjà reçu tout son développement au temps où eut lieu l'exode des Hébreux, c'est-à-dire selon toute vraisemblance sous le règne de Ménephta, successeur de Ramsès II (Sésostris). Sa décadence commença à cette époque et ne fut plus retardée que par des restaurations tout artificielles. C'est aussi vers ce temps ou un peu plus tôt que l'on place la période indienne du Véda, qui, selon nous, toutefois, peut être notablement reculée vers le passé. Quant au premier empire Chaldéen, il ne parait pas plus ancien que le Véda ; il est peut-être postérieur aux plus anciens hymnes indiens.

Dans le système des grandes religions, il n'y a donc rien d'aussi ancien que l'Egypte. Sa civilisation paraît être venue la première et avoir précédé celle de tous les peuples âryens ou sémites de l'Asie et de l'Europe. Il est nécessaire de la connaître pour apprécier l'influence exercée par elle sur la marche ultérieure des idées religieuses.

L'Egypte se nommait *Kamt* ou *Kemt* la noire, mot d'où parait être venu le mot grec Αἴγυπτος. Ce nom désignait par la couleur la terre labourable de la vallée du Nil, comme la plaine du Delta s'appelait la Verte. Le fleuve se nommait *Hâpi*.

Les habitants pris dans leur ensemble étaient qualifiés de *Har-Shesou*, adorateurs de *Har* (Horus), épithète qui paraît remonter au delà des premières dynasties. Les populations égyptiennes comprenaient : les *Routou* qui formaient la classe supérieure ; les *Loubou* ou Libyens ; les *Amou* à l'Est, du côté du Sinaï ; les *Purusata* ou Philistins, et les *Phéniciens* ou Kaphtorîm de la Bible. Le fond primitif paraît avoir appartenu à la race Libyenne ; son type, acousé par les plus anciens hiéroglyphes et par les sculptures des premiers temps, telles que le grand Sphinx, se retrouve aujourd'hui chez ses descendants, les Touaregs, et chez un assez grand nombre de fellahs.

Les Routou furent dès l'origine une sorte d'aristocratie venue du dehors, qui fournissait les rois et probablement les prêtres. *Har* est donné comme leur chef et par conséquent comme introduit par eux au temps de

la conquête. Le type royal représenté par les hiéroglyphes n'a rien de sémitique, comme on peut s'en convaincre en le comparant à celui des sculptures assy-
riennes. Le profil est droit et souvent d'une exquise fi-
nesse, tel qu'on le rencontre dans les parties les plus
pures de la race âryenne. L'anthropologie confirme
cette observation. On a tout lieu de penser que les Routou ont été des conquérants âryens, venus d'Asie dans
des temps fort reculés et qui ont apporté en Egypte
plusieurs éléments de religion et de civilisation.

C'est ce que la plupart des savants admettent aujour-
d'hui. Si cette induction est vraie, il faudra en conclure que la race âryenne était parvenue à un certain
degré de développement religieux quand les Routou
fondèrent l'ancien Empire égyptien. Ainsi s'explique-
rait l'identité des noms de *Ménès, Manou* et *Minos,* personnage qui se trouve à l'origine des traditions de l'E-
gypte, de l'Inde et de la Grèce. Cette conséquence est
elle-même d'accord avec une autre tradition souvent
rappelée dans le Vêda, d'après laquelle les auteurs des
hymnes reportent la création de leurs dieux et de leurs
rites à des ancêtres très-reculés.

Il est toutefois certain que la race conquérante était
peu nombreuse, qu'elle n'apportait pas une religion
toute faite, mais seulement une ébauche qui dut s'accommoder avec les cultes locaux. C'est à ce travail d'uni-
fication que furent employés les efforts des princes et
des théologiens pendant vingt siècles et plus. Sa longue durée ne doit pas nous étonner, quand nous voyons
la lenteur des progrès accomplis dans la doctrine chrétienne depuis dix-huit cents ans.

En Egypte chaque dynastie mettait en lumière le
dieu du pays d'où elle venait et le faisait prévaloir. Ce
dieu, avec ceux de son cycle, entrait alors dans la religion commune, soit pour y partager le rôle de ceux

qui s'y trouvaient déjà, soit pour les supplanter. Le panthéon égyptien alla grossissant et finit, sous le nouvel Empire, par admettre même des dieux étrangers.

C'est dans le pays de *Téni* (Thinis) et d'*Abtu* (Abydos), à vingt kilomètres au nord de Thèbe, et dans celui de *Han* (On, Héliopolis) près du lieu où plus tard s'éleva Memphis, que se rencontrent les plus anciennes formes de la religion égyptienne. Les grands dieux sont : *Râ*, *Uasar* (Osiris) et *Har*, avec les divinités féminines *Uasi* (Isis) et *Hathar* (Hathor) ; ils subsistèrent pendant toute la durée de l'ancienne Egypte jusqu'aux temps chrétiens. Il faut y ajouter : *Téti* (Thot) dieu de la Lune, *Nepta* (Nephthys) gardienne des morts et *Anpu* (Anubis), ainsi que *Set*, dieu malfaisant, et le serpent *Apap*. *Toum* n'est guère qu'une abstraction savante de Râ ; *Shou* et *Tefnout* en sont un démembrement. *Seb*, le temps, et *Nou*, la mer céleste, sont un essai d'explication cosmogonique de l'origine des dieux.

Tel est le panthéon des premières dynasties. Il n'offre plus aujourd'hui beaucoup de mystère. C'est un système naturaliste, où chaque dieu représente un phénomène céleste ou une conception de l'esprit. *Râ* est le Soleil de jour luttant contre l'obscurité figurée par le serpent Apap. Il a pour symbole l'épervier. Durant la nuit, cet astre prend le nom d'*Osiris* ; le Soleil meurt chaque soir et, sous ce nom, reste caché dans un monde invisible. A l'approche du matin, son épouse *Isis*, qui est la Lune croissante, annonce la résurrection. Bientôt, en effet, il renaît sous le nom d'*Horus*, fils d'Isis.

Tel est le fait naturel dans sa simplicité. Ce fait ne s'accomplit pas sans une lutte, où Horus, dieu des armées paternelles, combat son frère *Set*, le défait et venge Osiris. Cet Horus prit différents noms suivant les divers moments de sa carrière : *Har-pe-chruti* (Harpocrate) ou Horus enfant ; *Har-machou* (Harmachis) ou Horus à l'horizon ; *Har-se-ise* ou Horus fils d'Isis ; *Har-hut* le dieu de la barque solaire, et d'autres encore. Mais ces titres sont tous postérieurs à celui de *Har-our*, qui est Horus l'ancien, frère d'Osiris et de Râ et maître des Routou. C'est ce Har-our qui est figuré par le Sphinx au corps de lion et à la tête humaine.

Au cercle de Râ se rattachait aussi le dieu *Shou*, sorte d'Horus ailé, les bras levés et supportant le ciel. Le lion ou le chat était son symbole, comme celui de son épouse *Tefnout* était la chatte ou la lionne à la gueule enflammée. Shou était le dieu particulier de *Hut* (auj. Edfou) et fut identifié par les Grecs avec Apollon.

Râ traversait le ciel dans une barque, image empruntée à la navigation du Nil et étrangère au symbolisme aryen. Dans celui-ci toutes les puissances d'en haut étaient figurées comme des êtres ailés volant à travers les cieux. L'idée d'une barque supposait celle d'une onde céleste sur laquelle elle naviguait de l'orient au couchant. Toum, que l'on appelait *Nefer-Toum*, le bon Toum, était une manifestation de Râ, dont il est quelquefois aussi appelé le père ; il habitait l'occident et, chaque soir, il recevait dans sa demeure son fils Râ, qui venait s'y purifier après la traversée.

L'esprit des Egyptiens attacha une extrême importance au culte d'Osiris. Ils ne purent s'expliquer comment sans périr le soleil disparaît à l'horizon du couchant et ils supposèrent qu'il mourait chaque jour, traversait sous le nom d'Osiris le monde invisible et renaissait chaque matin. C'est pourquoi Osiris fut non un soleil nocturne, mais l'âme même du soleil, rentrant chaque matin avec la vie et la lumière dans le corps qu'elle avait quitté. Cette âme passait la nuit dans l'étoile Sirius.

Une semblable périodicité fut aperçue dans d'autres

phénomènes naturels, dans les phases de la Lune, les saisons, les crues du Nil, la végétation, et l'on voyait que tous les êtres vivants étaient sujets à la naissance et à la mort. On en conclut, par une induction hardie, l'immortalité des âmes, leur voyage à travers un monde obscur et invisible et leur future résurrection. Ce n'était pas une doctrine panthéiste, c'est-à-dire une métempsychose ; car l'âme du mort ne passait pas dans un corps différent de celui qu'elle avait quitté.

C'est pourquoi les Egyptiens eurent un soin extrême des tombeaux et en vinrent de très-bonne heure à conserver les cadavres eux-mêmes. Ils les soumirent à l'opération chimique de l'embaumement et les enfermèrent dans des boîtes artistement travaillées. Ils ne furent point exclusifs : appliquant aux animaux le même raisonnement qu'aux hommes, ils remplirent peu à peu d'immenses cavernes d'animaux embaumés, surtout de ceux auxquels la religion attribuait un caractère symbolique.

Cette manière de conclure et d'envisager l'immortalité de l'âme était un abus de la méthode d'induction et une aberration d'esprit. Elle reposait sur l'ignorance où l'on était de la sphéricité de la terre et du mouvement apparent du Soleil autour d'elle. Elle était due à deux causes principales, la médiocrité intellectuelle des Egyptiens et leur vie sédentaire sur une terre étroite et fertile.

Une fois engagé dans cette voie, le sacerdoce égyptien donna plus d'importance et de développement à cette partie de la religion qu'à tout le reste ; les peuples vécurent dans une continuelle méditation de cet autre monde créé par leur imagination. Ce monde portait le nom d'*Amenti*, c'est-à-dire d'invisible ou caché (*amen*). Le mort y était amené par Horus ou, plus tard, par *Ma*, déesse de la vérité. Il était pesé dans une balance par

Anubis, guide des morts, par Thot, dieu de la Lune ou par Horus et conduit devant Osiris, qu'assistaient quarante-deux juges. Condamné, on lui coupait la tête ; on le jetait aux flammes éternelles ; il était anéanti ; c'était la seconde mort, objet de terreur pour les populations. Absous, il franchissait encore quinze épreuves, et il arrivait enfin dans les champs des bienheureux où on lui servait des mets exquis. Il reprenait ses travaux, vivait dans la lumière d'Osiris, devenait lui-même un osiris, traversait l'océan céleste dans la barque de Râ ou devenait une étoile.

. Ainsi la religion égyptienne, après avoir commencé par une observation juste, mais bornée, des phénomènes naturels, aboutit à un dogme entièrement fictif, et ce dogme devint à son tour la constante préoccupation des fidèles. Les divinités introduites successivement par les dynasties royales ne changèrent pas le fond des croyances populaires. Chaque divinité eut à côté d'elle un symbole qui la représentait dans sa nature ou dans son action principale, ou simplement dans l'écriture. Râ et Horus eurent pour symbole l'épervier, Toum le scarabée (Kheper), Thot l'ibis et le cynocéphale, Isis la vache, Anubis le chacal, Seb l'oie, Harmachou le Sphinx et ainsi des autres.

Peu à peu le peuple, qui s'attache toujours aux figures plutôt qu'aux idées, mit le symbole à la place du dieu. Or, de sa nature, le symbole est fixe et ne représente pas les phénomènes dans leur mobilité ; le mythe au contraire est une sorte de drame où les acteurs sont les forces vivantes de la nature. La religion égyptienne devint promptement un système de symboles dépourvus de mouvement, au contraire de la religion des Grecs toute formée de mythologie. Le mythe, avec ses récits variés et circonstanciés, quitta la partie de la religion relative aux phénomènes du monde visible, qui s'accom-

plissent le jour, et se réfugia dans le monde de l'A-
menti. Dans la vallée brûlante du Nil, prise entre la
montagne nue et le désert, l'âme rêveuse de l'Egyptien
se donna carrière sous le ciel étoilé. La religion d'Osiris
fut la légende de l'invisible, le mystère de la sombre
clarté des nuits.

Les symboles furent principalement empruntés au
règne animal. Leur rôle eut une importance croissante
et de là vint cette multitude d'animaux sacrés, véritable
zôolatrie dont le reste de l'humanité n'a pas offert un
pareil exemple. Ce seul fait démontre l'infériorité intellectuelle du peuple égyptien par rapport aux peuples
âryens et peut être attribué avec vraisemblance à la
race d'hommes qui occupait la vallée du Nil avant l'arrivée des Routou.

Pendant que la religion populaire tournait au culte
grossier des animaux et aux terreurs superstitieuses de
l'autre monde, deux faits importants se produisaient :
les dynasties royales apportaient des dieux nouveaux et
la théosophie donnait à ces dieux un caractère de plus
en plus abstrait.

L'Ancien Empire, dont le centre d'action était à l'angle
méridional du Delta, y fonda la grande ville de *Menr-efer*
(Memphis), la bonne demeure. Là se groupèrent plusieurs divinités d'origine diverse : *Ptah*, dont *Sékrou*, dieu
très-ancien, était une autre forme et qui parait avoir
été la souche des Palèques ou Cabires ; *Nat*, écrit aussi
Nèt ou Nit, plus connue sous le nom de Neith, vierge-
mère, d'origine probablement libyenne et dont le culte
principal fut à *Sa* (Saïs) ; *Pacht*, redoutable déesse arabe
à tête de lionne, adorée surtout à Bubastis sous le nom
identique de Bast ; *Chnoum*, dieu architecte, qui paraît
être venu du midi, du pays des cataractes d'où l'on
tirait la pierre à bâtir.

Chacun de ces dieux entra dans le panthéon égyptien,

à côté de Râ, d'Osiris, d'Horus et des autres anciennes divinités. Ptah occupa le premier rang ; c'était un dieu de la terre, peint de couleur verte, générateur ou plutôt » formateur » des êtres. Plus tard il devint dieu de la justice et Seigneur de l'éternité. Son idée, assez abstraite, a pu être fournie par les Sémites phéniciens dont un quartier de Memphis était peuplé.

On a attribué aux rois de la deuxième dynastie l'introduction du culte des animaux, notamment des taureaux sacrés, *Ména* (Mnévis) le taureau blanc et *Hap*[i] (Apis) le taureau noir et blanc ; l'un figurait le Soleil de jour et l'autre le Soleil nocturne, déjà représentés dans la religion par Râ et Osiris. Il est toutefois bien probable que ces rois n'introduisirent le culte d'aucun animal et ne firent que adopter et sanctionner publiquement des usages populaires.

Le Moyen-Empire commença après la sixième dynastie. Son principal centre fut à Thèbe. Les noms des grands rois de cette période indiquent les cultes qui y furent prédominants : Mentouhotep, Amenemha, Usertesen, Sébekhotep contiennent les noms des dieux Mentou, Amoun, Osiris, Sebak. *Mentou* ou Mount était le dieu d'*Han*, ville connue sous le nom d'Hermonthis, c'est-à-dire de Har-mount. Ce nom marque l'identité de Mount et d'Horus et se rapporte à ce fait aujourd'hui reconnu que, dès le second empire, Har devint le titre commun de plusieurs divinités. C'est seulement durant les dernières dynasties que Mount fut un dieu guerrier. — Il en fut de même d'*Amoun*, appelé aussi *Men* ou *Min*, dieu de la fécondité, qui prit le nom de *Khem*, le dominateur. Seulement Amoun était d'abord le dieu de Thébe, comme Mount avait été celui d'Han : quand Thèbe eut pris la première place parmi les villes du Moyen-Empire, Amoun grandit avec elle et tendit à devenir le dieu suprême. — Quànt à *Sébak*, c'était un

dieu éthiopien, dont le culte principal était à Nubiu
(Ombos) à trente-cinq lieues au sud de Thèbe. Son culte
fleurit sous la douzième dynastie, associé à celui des
déesses, probablement sémitiques, *Anit* et *Tanit*. Il
avait une signification toute locale, puisque Sébak fut
avant tout le dieu de l'inondation, figuré par un croco-
dile.

L'invasion des *Shasu* (Hyksos), bergers arabes menant leurs troupeaux sur les confins de la basse et de
la moyenne Egypte, bouleversa les idées religieuses. Ces
hommes avaient une religion très-simple et non polythéiste. Leur dieu *Soutekh*, dont le nom rappelle le Çe-
deq des Phéniciens, fut assimilé à Set, l'ennemi d'Horus, et fut un objet d'horreur pour les Egyptiens. Mais
ces Arabes avaient montré à la vieille Egypte un monothéisme qui semblait lui faire un reproche de la multiplicité de ses dieux. En même temps les Égyptiens
avaient senti qu'il y avait sur terre d'autres peuples
qu'eux-mêmes, avec lesquels il fallait compter.

C'est du Nouvel-Empire que datent pour l'Egypte les
voyages sur mer, le commerce extérieur, la prospérité
industrielle, le besoin d'étendre sa puissance au dehors,
les sciences, les lettres, la poésie. C'est aussi durant
cette période que le dogme atteignit son point le plus
élevé et que d'un polythéisme toujours grossissant se
dégagea la théorie d'un dieu suprême et invisible. On
ne le désigna pas par un nom nouveau ; il fut nommé
Amoun-râ. Le titre de *râ* fut donné à tous les dieux.
Ceux-ci furent partagés en deux catégories : les grands-
dieux, qui furent en effet les formes du dieu suprême,
et les dieux secondaires, qui furent ses anges ou ses
serviteurs.

Les prêtres savants essayèrent une théorie du dieu
suprême. On fit rentrer dans sa vaste unité tous les
anciens dieux, Râ, Osiris, Toum, Khem, Shou, Chnoum,

Mount. Quoique ces dieux ne fussent au fond que des abstractions et non des forces vivantes, on s'efforça de donner à Amoun une vertu productrice. Dieu très-haut manifesté dans le Soleil, il eut trois épouses, *Amount, Mout,* (la mère) appelée aussi Mat-net ou Hathor, et *Apé.* Et l'on forma la triade suprême *Amoun, Mout* et *Khonsou,* père, mère et fils. Celui-ci fut un dieu lunaire et eut en même temps, comme exorciste, prophète et médecin, des fonctions analogues à celles d'Apollon.

Une fois dégagé, si incomplètement que ce fût, Amoun-râ, dieu des gens instruits, laissa subsister bien bas au dessous de lui les dieux populaires et ne fit que déprimer le polythéisme sans l'amoindrir. Durant cette période, qui fut celle des Séti et des Ramsès, le commerce et la guerre attirèrent en Egypte des hommes de plusieurs nations, qui amenèrent avec eux leurs divinités. Ainsi les Syriens et les Cananéens, peuples du voisinage, arrivèrent en grand nombre et introduisirent *Kédesh, Ken, Reshpou, Astarté, Anata,* dont les noms se lisent dans les inscriptions hiéroglyphiques du temps de Séti Ier. En même temps toute la religion prit un caractère moraliste.

Ce double mouvement était complet quand, d'après la légende, les Hébreux sortirent d'Egypte sous la conduite de Moïse.

C'est à cette époque qu'il faut s'arrêter pour apprécier ce qui peut revenir en propre à l'Egypte dans le développement général des religions. Car, à partir de ce temps, elle est envahie par des idées étrangères qu'y apportent les conquérants. Ce sont tour à tour les Assyriens, les Perses avec Cambyse et Darius, les Grecs sous Alexandre et les Ptolémées. L'Egypte devint un vaste Panthéon, où toutes les religions venaient enseigner leurs doctrines et célébrer leurs cérémonies.

La part de l'Egypte doit être cherchée dans l'idée

qu'elle s'est faite de la divinité et dans le culte qu'elle lui a rendu. L'idée a été incomplète, étroite et abstraite. Dans l'origine la religion égyptienne contenait une portion de mythologie que l'esprit local élimina promptement. Les dieux cessèrent d'être des forces vivantes et ne furent plus que la représentation sous une figure humaine, bestiale ou mixte des phénomènes ordinaires observés dans la vallée du Nil. Si les Routou ont apporté en Egypte un élément âryen, il a disparu dès les premières dynasties, absorbé par les religions populaires. Les prêtres n'ont pas saisi la relation qui existe d'une part entre le Soleil, le feu et le vent, de l'autre entre la chaleur, la vie et la pensée, c'est-à-dire entre les trois éléments essentiels de l'univers. Ils n'ont guère aperçu que les phénomènes célestes. Quand ils ont voulu établir l'unité de Dieu, ils ont fait de lui un être abstrait, compris dans une trinité factice. Ce Dieu n'a été qu'un moyen terme entre Râ et Osiris ; car dans Amoun-râ, qui est son nom, Râ continue d'être le Soleil, Amoun signifie l'invisible et répond au rôle d'Osiris.

Aussi la partie imaginaire du dogme, celle qui concerne l'autre monde, a-t-elle subsisté intacte jusqu'à la fin. Comme elle avait frappé les esprits et qu'elle n'était pas en contradiction formelle avec les doctrines âriennes et sémitiques relatives à l'enfer et au paradis, elle fut en partie acceptée par le christianisme qui l'enseigne encore aujourd'hui.

Quant au culte, il reçut en Egypte un grand déploiement de cérémonies. Nulle part on n'a construit plus de temples, ni plus solides ou plus richement décorés. Leur disposition a passé presque sans changement chez les Sémites et se retrouve en partie dans les églises chrétiennes. Dès la quatrième dynastie, un édifice sacré comprenait : 1° des propylées ; 2° une avenue de

sphinx ; 3° une entrée monumentale entre deux pylônes ;
4° une ou plusieurs cours entourées de portiques et
contenant des obélisques, des statues, etc. ; 5° au fond,
le sanctuaire. Dans celui-ci reposait le coffre saint ou
arche portative, voilée par un rideau et gardée par deux
génies ailés qui rappelèrent les *kéroubîm* des Sémites.
Cette boîte était vide et censée contenir invisible le dieu
auquel le temple était consacré ; chez les Juifs on y
mit le Livre de la Loi ; chez les chrétiens, le tabernacle
contient le ciboire avec l'hostie qui est le corps même
du Dieu incarné. Tout l'ensemble de l'édifice était cou-
vert de peintures et d'inscriptions. On y trouve souvent
représentées des tables garnies d'offrandes, de fruits,
de fleurs, de pains, de portions d'animaux ou d'animaux entiers, ainsi que des cérémonies avec leurs cos-
tumes, leur appareil et leurs instruments.

La religion envahit tout par ses fêtes solaires et lu-
naires, royales, agricoles, funèbres. Les tombeaux, les
boîtes à momies, les maisons privées, les objets usuels
s'ornèrent des figures des dieux. Chacune d'elles y eut
sa place déterminée, son rôle invariable. Ce fut un symbolisme universel appliqué à la vie de l'homme sur la
terre et à son existence imaginaire dans un autre monde.
Tout homme fut appelé, suivant sa conduite ici-bas, à
partager après sa mort la vie des dieux et à devenir un
osiris.

A mesure que le sacerdoce, rudimentaire sous l'ancien Empire, acquit plus d'autorité, la destinée du prêtre ressembla de plus en plus à celle des dieux et l'é-
leva au dessus du reste des hommes. Mais les prêtres
ne formèrent jamais une caste fermée, un clergé héréditaire. La science sacrée, aussi bien que l'écriture, ne
fut point un mystère ; chacun fut admis à les acquérir
selon sa capacité. Toutefois l'autorité sacerdotale alla
croissant de siècle en siècle et les prêtres commencè-

rent à usurper par degrés la puissance laïque. Sur la fin du Nouvel-Empire, un véritable clergé se trouvait organisé, qui tint tête au roi lui-même et précipita la décadence politique de l'Egypte.

Il n'y avait pas non plus une caste royale comme dans l'Inde. Il y eut seulement des dynasties. Ma s à mesure que les religions locales d'Abydos, d'Héliopolis, de Memphis, d'Han, de Thèbe et d'une foule d'autres cités riveraines du Nil se groupèrent en un vaste système polythéiste, l'effort des lettrés tendit vers l'unité abstraite d'un dieu suprême. La royauté profita de cette tendance ; le roi parut de plus en plus un symbole vivant de la divinité et l'objet légitime d'un culte. L'Egypte adora ses rois. Dès la première dynastie, elle leur offrit des sacrifices, comme elle en offrit bientôt aux taureaux Hapi et Ména. A la fin, le roi célébra sa propre fête ; sur un hiéroglyphe de Ramsès II, (Sésostris), ce roi est représenté prosterné devant son image.

Cette adoration n'avait du reste aucun caractère panthéiste. Le roi n'était pas une incarnation divine. Comme un mort se partageait en trois éléments, son cadavre, son ombre et son âme, ainsi le roi, faisant abstraction de sa personne humaine, adorait comme homme sa propre royauté.

C'est par sa force d'abstraction appliquée aux phénomènes et par ses inductions sans mesure que l'esprit égyptien se manifesta librement pendant plusieurs milliers d'années. C'est par là aussi qu'il exerça une influence religieuse sur les Sémites et notamment sur les Hébreux, dont la civilisation commença lorsque celle de l'Egypte avait dépassé son point culminant. Quand vinrent les peuples de race supérieure, les Perses d'abord, puis les Grecs et les Romains, l'Egypte prêta quelques titres nouveaux au polythéisme en décadence et favorisa la tendance vers l'unité. Autrement elle ne joua qu'un rôle secondaire dans la formation du christianisme ; aucun de ses dieux n'y put trouver place ; ils disparurent sans retour. Elle donna seulement aux docteurs chrétiens des notions abstraites et quelques conceptions symboliques, que d'ailleurs les religions de l'Asie leur fournissaient également.

CHAPITRE V

LES SÉMITES

I. Soumirs. — Nous ignorons à quelle époque remonte la civilisation des *Soumirs* et des *Accads*, qui a précédé celles de Babylone et de l'Assyrie. Ce peuple établi sur les rives de l'Euphrate et du Tigre était de bonne heure aussi avancé que les Egyptiens et les surpassait en plusieurs choses. Il connaissait mieux qu'eux les phénomènes célestes ; il distinguait les planètes des étoiles et calculait les éclipses de lune et de soleil. Doué de la faculté d'analyse, il était mathématicien et chronologiste ; le système de numération duodécimale, qui n'a pas encore disparu de nos habitudes, doit peut-être lui être attribué. Il avait une écriture cunéiforme et cursive très-supérieure aux hiéroglyphes, qui pourtant avaient été son premier système. Il avait une littérature dans le sens propre de ce mot.

Ce que nous apprenons par les textes accadiens et par leurs traductions en langue assyrienne, c'est que la religion des Soumirs était un polythéisme succédant à la croyance aux Esprits. Il est probable que ces der-niers étaient adorés dans le bas peuple et que les divi-nités d'un ordre supérieur étaient celles des hommes lettrés. Le peuple voyait partout des esprits, dans les phénomènes du ciel et de l'air, dans ceux de la terre, des eaux et du feu, dans les maladies corporelles et mentales ; il croyait aux revenants. Les plus puissants esprits devinrent ses dieux et reçurent un culte solennel.

Les grandes divinités des Soumirs furent : *Ana*, l'es-prit du ciel, avec *Nana*, la déesse mère ; — *En* ou *Elim*, le Seigneur, avec *Nin-ge*, la reine des ténèbres et des morts ; — *Héa*, l'esprit des vapeurs et de l'abîme, avec la dame de la terre *Davkina* ; — *Agou*, l'esprit de la Lune ; — *Oudou*, celui du Soleil lumineux ; — *Im* ou *Bin* appelé aussi *Ni*, l'esprit de l'orage, avec *Sala*, déesse de la terre fécondée ; — *Ninib*, dieu de la guerre ; — *Nirgal*, le grand-roi ; — *Amar-Oudouki*, l'esprit de vie, doué du pouvoir de ressusciter les morts. — A ces divi-nités il faut ajouter *Bil-gi*, l'esprit du feu, manifesté dans la flamme du sacrifice et dans le foyer domesti-que, qualifié de grand-prêtre et donné comme fils de l'esprit des eaux, Héa, et de Davkina. Bel-gi, renfermé dans le roseau comme le feu védique et le feu de Pro-méthée, avait la vertu d'écarter les mauvais génies et de protéger ses adorateurs.

A quelle race d'hommes appartenaient les Soumirs ? Nous l'ignorons. La langue des inscriptions accadiennes n'est pas aryenne. Mais, nous constatons une grande analogie entre leurs conceptions religieuses et les doc-trines les plus anciennes et les plus élémentaires con-signées dans le Véda. Ce peuple a eu de la nature une notion plus analytique et plus complète que les Egyp-tiens. Il y a vu autre chose que les retours périodiques du Soleil, de la Lune, des étoiles et des inondations. Il a pour le moins entrevu le rôle du feu et des autres

éléments dans la production de la vie. Il l'a installé sur
l'autel ; il en a fait le grand Sacrificateur et le centre
de la religion. S'il avait, comme les Egyptiens, construit de nombreux et solides édifices, faits de grandes
pierres et tout ornés de peintures, de symboles et d'inscriptions, on parlerait peut-être des Soumirs autant
que des habitants du Nil.

II. BABYLONIENS ET ASSYRIENS. — Nous ignorons aussi
l'époque où les Sémites envahirent le pays des Fleuves,
Naharaim, auquel les Grecs ont donné le nom de Méso-
potamie, et asservirent les Soumirs. La civilisation ac-
cadienne était plus parfaite que la leur : car ils en
adoptèrent presque tous les éléments. Toutefois, ils
firent subir aux conceptions qu'ils trouvèrent chez les
vaincus une sorte de déchéance qui les rapprocha des
idées égyptiennes. Les Sémites n'ont jamais pu concevoir Dieu autrement que comme une personne ayant
les attributs de l'humanité, agrandis et rendus plus re-
doutables.

Après la conquête, beaucoup de divinités gardèrent
leurs noms accadiens. Quelques-unes prirent un autre
nom, sans pour cela changer de nature. Il n'y eut pas
d'abord un dieu suprême ; mais il se fit avec le temps
une sorte de classement, dans lequel les divinités furent réparties en plusieurs groupes. Les Sémites ad-
mirent en outre quelques divinités dont on n'a pas jusqu'à présent trouvé les analogues parmi celles des Soumirs. L'Egypte aussi fournit son contingent.

Enfin il arriva, comme en Egypte, que le grand dieu
de la dynastie régnante ou de la cité victorieuse devint
le dieu principal de tout le pays pendant la durée de
leur domination et que le nombre des grands dieux ne
fut pas toujours le même. Dans les premières inscriptions babyloniennes le dieu principal est *Anou*, l'Ana

des Soumirs, et l'on vit presque au même niveau que lui, *Bel*, *Sin*, *Dagan*, *Maroudouk* et d'autres. Quand les rois de Ninive succédèrent à ceux de Babylone, on garda ces anciens dieux ; mais au dessus d'eux tous, il y eut *Asour* dont le nom était donné à l'Assyrie. A la chute de l'empire assyrien, Asour tomba avec lui ; les grands dieux du nouvel empire furent *Nabou* et *Mardouk*, ayant au dessus de leur tête un soleil ailé emprunté aux Egyptiens et figurant le dieu suprême.

Voici le tableau comparatif des divinités accadiennes et sémitiques avec leur signification :

Soumirs.	Babyloniens.	Assyriens.
		Asour.
Ana, le ciel.	*Anou.*	*Anou.*
Nana, la mère.	*Antou*, la terre.	*Istar.*
Dingiri.		
En-ge ou Elim le Seigneur.	*Bel*, le ciel nocturne.	*Bel.*
Nin-ge, le monde obscur.	*Bélit*, déesse du ciel étoilé.	*Belit.*
Héa, (Ea), océan céleste, *Davkina*, dame de la terre.	*Dagan*, (Salman, Apsou), *Davkina*, la terre fécondée.	*Héa.*
Agou, la Lune.	*Sin*, la Lune, dieu des armées célestes.	*Sin.*
	Goula, *Aï*, Allat,	
Ourou-ki, celui qui éclaire la terre.		
Enou-zouna, croissance, sagesse.		
Oudou, la Lumière.	*Samas*, le Soleil. *Ouroukh* (Goula?)	*Samas.*

Soumirs.	Babyloniens.	Assyriens.
Im, (*Bin*, *Ni*), l'orage ; *Sala*, la terre féconde.	*Râmanou*, l'orage.	*Râman.*
Ninib, (Nindar), la guerre.	*Ninib*, la guerre. *Laz*.	*Ninib.*
Baal-Chamman, le soleil mourant et ressuscitant.		
Nirgal, le grand prince.	*Nergal*, kéroub-lion.	*Nergal.*
Amar-oudouki, l'esprit de vie.	*Maroudouk*, la vie, *Zarbanit*, la mère.	*Mardouk.*
	Istar, la Lune (?)	*Samouramat.*
	Doumouzi (Tammouz)	
Bil-gi, le feu dans le roseau.		
Nin-ki-gal, reine des ombres.		
Nouskou.	*Nabou*, soleil levant et couchant.	*Nabou.*
	Lachmou, créateur, *Lachamou* créatrice.	
	Sar. *Kisar*.	
	Namtar, la peste.	

Le polythéisme ressort de ce tableau, qui montre l'attribution des phénomènes naturels à des forces divines, indépendantes les unes des autres. Les trinités que le travail du sacerdoce organisé introduisit parmi elles, furent un acheminement vers le monothéisme, rien de plus. La trinité d'Anou, Bel et Dagan comprenait en outre, Antou et les sept esprits mauvais, Belit, Davkina et ensuite Istar. Celle de Sin, Samas et Râmanou comprenait Goula, Aï et Allat, Ouroukh, Mardouk, Zarbanit et Nabou, Ninib, Nergal et Laz. Ninib et Nergal étaient les dieux kéroubim, dieu-taureau, dieu-lion, que l'on plaçait comme gardiens à l'entrée des villes et des palais, analogues à ceux qui, en Egypte, gardaient le coffre saint dans le sanctuaire.

Tout ce polythéisme est celui d'une religion naturaliste ; il n'y a rien d'historique ni d'humain dans ses légendes. On y trouve moins de symbolisme et plus de mythologie que chez les Egyptiens. L'esprit sémitique, en y introduisant une personnalité divine plus marquée que celle des dieux accadiens, a fait de cette religion un moyen terme entre le sémitisme pur et les doctrines aryennes.

Par exemple : Amar-oudouki, chez les Soumirs, était l'esprit de vie répandu dans toute la nature. Devenu Mardouk, il fut l'auteur de la vie, le créateur. Vivant lui-même et mortel, il eut son tombeau dans la ville de *Babilou* (Babylone), comme un roi défunt et divinisé.

La conquête assyrienne mit Asour au dessus de tous les dieux. Les conquérants ninivites étaient de même race que les Babyloniens, mais de race probablement plus pure, parce que ceux-ci avaient mêlé leur sang à celui des Soumirs qui n'étaient pas sémites. La civilisation mésopotamienne déchut encore d'un degré pendant les douze siècles que dura l'empire ninivite. Asour fut un dieu plus personnel que Maroudouk, un maître absolu du monde et des hommes. Il fut mis fort au dessus d'Anou et de Bel. Le roi fut un sultan (sil-tanou), titre assyrien qui veut dire celui qui commande en second : c'est Asour qui commandait en premier ; le roi était son ministre et son lieutenant.

La hiérarchie divine et les fonctions humaines se modelèrent sur cette idée, qui donna naissance à la théocratie la plus violente et la plus impitoyable. Les guerres des Assyriens furent les guerres d'Asour, c'est-à-dire des guerres de religion, comme celles des Sémites modernes et en général des Musulmans sont les guerres d'Allah. Point de merci : l'incendie, les tortures, le meurtre des enfants et des femmes et jusqu'à celui des animaux, le ravage et le désert, voilà ce que conseillait aux Sémites de l'Euphrate et du Tigre la personnalité suprême de leur dieu.

Du reste, ces dieux, dont le nom général était *ilou* (el, elohim, allah) qui veut dire le *Fort*, régnaient sur l'humanité comme des rois absolus sur des peuples asservis : le dieu était le maître, l'homme l'esclave. La puissance du dieu, plus encore qu'en Egypte, se faisait sentir dans tous les actes de la vie, dans la supputation des années, des mois et des jours, dans les constructions publiques et privées, dans les fêtes, dans les ouvrages de l'art et les objets usuels, dans les horoscopes et la divination, dans les noms mêmes des hommes et des femmes.

L'exclusion des dieux étrangers contrastait ici avec la tolérance de l'Egypte qui les admettait tous. Elle entraînait celle de leurs adorateurs. La haine du genre humain fut un des caractères dominants des Sémites assyriens et babyloniens. L'étranger était pour eux un rival impie qu'il fallait asservir ou exterminer.

Tel était l'état religieux et moral des peuples mésopotamiens quand l'Arya Cyrus, en l'année 538, mit fin à ces vieilles dominations exclusives et répandit sur toute l'Asie occidentale un flot d'idées plus justes et de sentiments plus humains.

III. Phéniciens. — *El*, le Fort, est le nom de dieu chez tous les Sémites anciens et modernes. Dans la Phénicie, non plus que dans le pays des fleuves, El ne fut le nom propre d'aucune divinité ; *elohim* est un pluriel qui signifie les dieux.

Il en était de même de *Baal*, nom commun qui signifie seigneur, et de *baalit*, baaltis, qui est une déesse en général. On peut en dire autant de *Mélek* (Melk, molek), roi, et de *Adôn* (Adonis, Adonaï), seigneur, appliqués par les Phéniciens même à des dieux étrangers.

La Phénicie n'a jamais été monothéiste. Elle n'a pas même eu un dieu qui ait occupé le premier rang, comme Asour à Ninive et à Babylone et Amoun-râ en Egypte. Ses cultes étaient locaux et dispersés. A *Çidôn* (Sidon) et à *Çôr* (Tyr), c'était un baal appelé *Hămmân* (Amon ou Mon) dieu solaire de la chaleur, mourant et ressuscitant comme les époques de l'année ; sous le nom de *Melqart* il était le dieu de la cité. — A Carthage, l'*Asthoret* à tête de vache était la Lune, reine du ciel, épouse du baal Hammân. — A *Gebal* (Byblos) le dieu principal était l'adôn (Adonis) nommé *Abobas* ou *Gingras* pendant sa vie, *Tammouz* après sa mort. Les fêtes de la mort et de la résurrection d'Adonis se célébraient au printemps et à l'automne en Syrie, en Chypre, dans le pays de Canaan, partout où il y avait des Phéniciens. Le sommeil et le réveil de la vie dans la nature en formaient le fond. Plus tard on y vit un symbole de l'immortalité. — A *Paphos, Aphrodite* était la divinité principale, représentée par une pierre conique et par une colombe. Le culte de cette vierge-mère était licencieux. — A *Ascalon* la grande déesse *Atergatis* (Dercèto) avait pour époux le dieu-poisson *Oannès*, qui était le Dagan des Babyloniens et l'*Ea* (Héa) des Soumirs. — A ces divinités il faut ajouter *Çédeq* le juste et ses sept fils, qui étaient le Soleil et les sept planètes;

les *Kébirîm* (Cabires) et les *Patakhu* (Patèques), ainsi que les *Pugm* (Pygmées), êtres longtemps mystérieux, que nous savons avoir été les modeleurs qui donnent la forme à toute chose dans l'univers.

Mineurs et fondeurs, navigateurs et commerçants, les Phéniciens n'ont été ni artistes, ni lettrés, ni théoriciens. Leurs religions provenaient d'un fonds plus ancien qu'eux-mêmes, probablement identique à celui des Soumirs. Plus tard ils accueillirent chez eux Osiris, Ptah, Harpechruti, divinités égyptiennes. Ils ne formaient pas un monde fermé comme les Assyriens. Ils furent au contraire, par leurs voyages et leurs nombreux comptoirs, les propagateurs de religions étrangères et de leurs propres religions. Par là ils contribuèrent dans une certaine mesure à la fusion qui s'opéra dans l'est de la Méditerrannée aux temps Alexandrins.

IV. Hébreux.— Il n'en fut pas de même des Hébreux surtout avant la captivité. Quand ils quittèrent le nord-est de l'Egypte (terre de Geshen) où ils vivaient en contact avec les Sémites du désert, ils étaient polythéistes. Ils adoraient *Çédeq* le juste, dieu du feu, le même que le Soutekh ou Set du Delta ; le mélek *Kiyoun* ou Keiwan qui est la planète Saturne ; *Gad,* la planète Jupiter ; *Asher* et *Ashera,* qui fut confondue avec l'Astarté des Phéniciens. Chaque famille avait en outre ses propres idoles qu'elle nommait ses *teraphîm.* Tous ces dieux représentaient des forces de la nature et se rattachaient comme les vieilles divinités des Phéniciens, des Soumirs et de l'Egypte, à une origine qui n'était pas sémitique, à un culte peut-être aryen des esprits.

Yahveh (Jéhovah), dont le nom signifie le « créateur», fut introduit chez les Hébreux pendant le voyage qui suivit l'exode. C'était le dieu du désert, de la tradition kénite conservée au Sinaï. Kaleb, chef de Juda, Réhuel, beau-père de Moïse et Moïse lui-même étaient kénites. Yahveh était un dieu physique vêtu de lumière, brûlant au ciel comme un buisson ardent, soufflant le vent, ayant pour arme la foudre et pour voix le tonnerre. C'était une espèce d'Indra.

Son symbole était purement égyptien : une arche ou boîte fermée entre deux kérubîm. Il eut aussi pour image un serpent, figurant l'éclair. Sa fête était en automne, au retour de la saison des orages et de la végétation. C'était donc le dieu des pasteurs sémites, menant leurs troupeaux dans les maigres pâturages de la Mer Rouge.

Moïse fit de Yahveh le dieu national des Hébreux, qui eut dans la suite à se mesurer avec Asour. Il tenta pour Israël ce que dans les temps modernes Mahomet a fait pour les Arabes. Au désert, Moïse gardait l'arche sacrée sous une tente où lui seul pénétrait. Il faisait avancer cette boîte mystérieuse avec le peuple hébreu, auquel elle assurait la victoire. L'invasion du pays de Canaan se fit au nom de Yahveh. Etablis dans la terre promise, les Hébreux élevèrent des temples en l'honneur de Yahveh à Silo, Bethel, Sichem, Hébron et ailleurs. A Dan, Yahveh eut une statue ayant la forme d'un taureau.

Le sacerdoce fut confié à la tribu de Lévi, caste Yahviste sans territoire. Sur la fin des Juges, Samuël établit la première école de prophètes, c'est-à-dire d'interprètes libres du Yahvisme. David, élevé au trône par une conspiration sacerdotale, resta protecteur des prêtres et des prophètes, transporta l'arche de Silo à Jérusalem, pontifia comme grand-prêtre et immola, pour apaiser Yahveh, deux fils et cinq petits-fils de

Saul. David n'en conservait pas moins chez lui ses propres idoles.

C'est se tromper que de considérer Yahveh comme l'unique dieu d'Israël. Salomon, qui construisit le grand temple de Jérusalem, en éleva d'autres pour Ashtoreth à Sidon, pour Milkom chez les Ammonites, pour Molock dans le Moab, dont le principal dieu était Kamosh. Du reste le temple de Jérusalem n'avait rien d'original; il était phénicien et égyptien à la fois : en avant les deux colonnes ou hammanîm, une cour intérieure pour les holocaustes, un bain lustral en cuivre porté par douze taureaux, une salle avec l'autel des parfums, une table pour les pains, dix chandeliers d'or, un sanctuaire contenant l'arche entre deux kéroubîm.

Avec le schisme des dix tribus commença une suite de guerres dont la religion était la cause, Yahveh luttant contre les dieux locaux, prophètes soufflant la discorde, rois féroces, meurtre des familles royales, adorateurs massacrés dans les temples, statues brisées, temples profanés et rasés.

Dès le temps de Salomon, les nécessités du commerce juif avaient fait naître une sorte de littérature libre. Les guerres de religion et leurs horreurs la poussèrent en avant : l'athéisme apparut dès le temps de Hiskia (Ezéchias) et dura jusqu'au jour où le roi d'Assyrie Salmanasar prit Samarie et détruisit le royaume d'Israël.

Le prophétisme n'en continua pas moins une lutte acharnée contre les dieux et leurs symboles. Amos, Hosée, Zacharie, Yéshahya (Isaïe) en vinrent à prêcher, non plus seulement contre les idoles, mais aussi contre le commerce, la navigation, les arts, le luxe, les femmes et leurs parures, et enfin contre l'Assyrie et l'Egypte, ce qui était plus dangereux. A la suite du Yahvisme effréné de Hiskia et de la réaction polythéiste de

Manassé, un orgueil sans mesure animait les écoles de prophètes ; Nahum annonçait la chute de Ninive ; Çephanyah (Sophonie) disait que Yahveh avait jugé non seulement les Philistins et Moab, mais aussi Koush et Asour, et que Yahveh serait bientôt le seul dieu.

Ce fut alors en effet que, sous Josias, on feignit d'avoir découvert dans le temple le *Livre de la Loi*. On tint une grande assemblée ; on jura fidélité à Yahveh. Puis on brûla tout ce qui se rapportait au culte des autres dieux ; on déposa leurs prêtres dont on détruisit les maisons ; on supprima les cultes privés, les idoles de famille, les autels élevés par Salomon ; on tua plusieurs prêtres de la Samarie et on célébra la *pâque* pour la première fois. En même temps ce *Deutéronome* (mot grec qui signifie la seconde Loi) prescrivait le culte unique de Yahveh, l'exclusion des étrangers, la destruction des symboles, restaurait les Lévites et faisait des Juifs un peuple saint.

Néko prit Jérusalem et déposa le roi. Une partie du peuple juif passa en Egypte. Quelque temps après, Naboukoudourouçour assiégea et prit Jérusalem et emmena captif Zédékia.

Alors commencèrent les soixante-dix ans de captivité pendant lesquels s'introduisirent chez les Juifs et les autres Sémites du nord les idées âryennes, préparation du christianisme.

De ce court exposé des idées religieuses dans le monde sémitique plusieurs conclusions doivent être tirées. Les peuples Sémites appartenant à l'histoire ont tous commencé par le polythéisme. L'unité vers laquelle ils se sont ensuite acheminés n'a pas été l'unité de Dieu en général, mais la prédominance où le règne exclusif d'un dieu local, qu'on le nommât Asour, Yahveh ou de tout autre nom. L'idée d'un dieu universel ne fait que commencer à poindre dans les derniers temps· du prophétisme en Israël.

Les peuples Sémites ont eu des ,cultes symboliques et peu de mythologie. Les mythes qu'ils ont adoptés, comme ceux du déluge, de la création, du paradis et de la chute de l'homme, ils les ont reçus. de peuples qui les avaient précédés en civilisation et qui semblent se rattacher à la race aryenne, chez laquelle ces mêmes légendes se trouvent largement développées. Et ce qui indique l'origine non sémitique de ces récits, c'est que dans les traditions aryennes ils sont toujours donnés comme des mythes, tandis que chez les Sémites ils sont donnés pour de l'histoire.

Il y eut donc un fond probablement aryen de mytho logie sur lequel s'établirent les dogmes sémitiques. Ce fond lui-même s'altéra de plus en plus, au point de disparaître presque entièrement, à mesure que l'idée sémitique prenait plus d'empire. Chaque nation Sémite eut son dieu principal, et tous ces dieux, également appelés Ilou, El ou Allah, c'est-à-dire le Fort, furent des personnes égales entre elles par l'idée qu'on s'en faisait et la puissance qu'on leur attribuait. Elles portèrent, suivant les pays et les langues, les noms d'Anou, d'Asour, Melek, Kamosh, Mardouk, Nabou, Yahveh, et ce fut sous ces noms qu'elles se firent entre elles des guerres acharnées.

En définitive, aucun des peuples qui avaient pris ces dieux pour chefs ne parvint à faire prévaloir le sien. Yahveh lui-même resta le dieu des Juifs rejeté par toutes les autres nations. Allah, dieu des Sémites modernes, asservit au joug musulman des hommes appartenant à d'autres races, mais ne put conquérir que ceux de race inférieure. Les Perses s'enfuirent devant lui jusque dans l'Inde. Il vint se faire battre à Poitiers et à Vienne. Il a été expulsé de l'Espagne et en partie de la Grèce. Le voilà humilié dans l'Inde, en Algérie, en Egypte et jusqu'à Constantinople. Un jour viendra où il le sera par toute la terre, parce qu'une personne, dieu ou homme, qui asservit ses adorateurs pour les mener plus docilement à la bataille, ne peut devenir le dieu du genre humain.

CHAPITRE VI

L'INDE ET LA PERSE

En Asie, l'esprit âryen s'est manifesté par trois productions successives : la dernière est le bouddhisme ; la seconde est le brâhmanisme avec le mazdéisme, religion des Perses ; la plus ancienne comprend la religion du Véda, et les mythologies des Grecs, des Latins, des Slaves, des Germains et des Celtes. L'histoire des révolutions religieuses nous montre les mythologies de l'Occident conservant jusqu'à leur dernier jour leur caractère primitif, ne subissant que des modifications internes et peu importantes, puis disparaissant dans l'espace de quelques siècles devant le christianisme, où elles se sont en partie incorporées.

Pour étudier avec fruit le mouvement spontané des religions âryennes, c'est donc en Asie qu'il faut aller : les mythologies ne s'éclairent que par la comparaison avec les dogmes et les cultes orientaux. Quant aux débris qui s'en sont conservés dans les traditions populaires de l'Europe, ils seraient tout à fait inintelligibles si l'on n'en cherchait l'origine et la signification dans le Vêda. Au contraire, les Aryas du sud-est, depuis leur arrivée dans l'Inde jusqu'à la propagation du bouddhisme, ont vécu séparés de l'Occident.

La chaîne de montagnes qui, vers le noyau central des monts d'Asie, se détache du grand *diaphragme* de Dicéarque et qui descend vers le sud jusqu'à la mer, sépare le bassin de l'Indus des provinces occidentales. Au nord, l'Himâlaya présente une barrière infranchissable. Le seul passage qui permette de communiquer par terre de l'Inde en Occident se trouve vers Attock et débouche dans le bassin de l'Oxus. C'est par là que les Aryas des temps védiques étaient descendus sur l'Indus (la *Sindhu* des hymnes). Par mer, les plus anciennes relations connues de leurs descendants avec les Sémites date des rois hébreux antérieurs au schisme des dix tribus et sont postérieures à Râma, le héros légendaire de l'une des grandes épopées brâhmaniques. Ces relations étaient exclusivement commerciales, et, selon toute vraisemblance, ne pénétraient pas au delà des rivages de la terre ferme et de l'île de Ceylan.

Il y a dans les religions indiennes, à côté des doctrines, un ensemble de rites dont le fond est toujours le même et dont les parties accessoires varient selon la personne divine à laquelle ils s'adressent. Ces rites secondaires ont apparu avec les divinités nouvelles : ainsi, la secte qui adore Krishna suit un rituel qui s'éloigne beaucoup du civaïsme et du culte sévère des adorateurs de Vishnou. Mais outre ces rites secondaires, il y a dans l'Inde certains rites fondamentaux et primitifs fondés sur le Vêda. L'autel, le feu qui y brûle, le pain sacré et la liqueur spiritueuse du *sôma*, que le prêtre consomme après les avoir offerts à la divinité, la prière qu'il chante et qui est toujours une rogation où les biens physiques et moraux sont demandés, tous ces éléments du culte se trouvent dans l'Inde à toutes les époques de son existence. Ces rites essentiels sont antérieurs à l'organisation de la société brâhmanique et à la constitution définitive de sa religion. C'est dans le Vêda qu'il faut les chercher.

Brahmâ et Çiva ne sont pas des divinités védiques. Le mot *brahman* est employé dans le Vêda pour signifier la prière, le rite, la religion, dont les actes s'exécutent dans l'enceinte sacrée. L'autel en est comme la figure : il est quadrangulaire et regarde les quatre points cardinaux, ce qui plus tard a fait représenter Brahmâ avec quatre visages. La conception de ce Dieu s'est substituée insensiblement à celle d'Agni, qui est à la fois le feu physique (latin : *ignis*), la chaleur vitale et le principe pensant, toujours uni à la vie.

Agni est la grande divinité des hymnes védiques. Dans ce recueil le panthéisme ne se trouve qu'en germe et à l'état de tendance ; mais il est déjà tout entier et pour ainsi dire formulé dans les commentaires du Vêda qui furent composés entre la période des hymnes et les temps brâhmaniques. C'est donc à cette époque que la pensée âryenne a pris dans l'Inde une direction définitive. Jusque-là le naturalisme avait été le fond de ses doctrines : les grands phénomènes de la nature avaient seuls occupé la pensée des prêtres, qui étaient en même temps poètes, pères de famille, laboureurs et guerriers. Au delà de ces phénomènes, ils avaient conçu les forces d'où ils émanent, et sans se faire d'illusion à eux-mêmes sur la réalité personnelle de ces puissances, ils leur avaient prêté l'intelligence et la vie.

Dans cette sorte de panthéon mythologique, Agni occupe la première place. Le prêtre, tourné vers l'Orient, l'allume sur l'autel au lever de l'aurore : l'étincelle engendrée par le frottement se communique à des bois secs et légers ; la liqueur alcoolique du sôma et le beurre clarifié répandus sur eux les embrasent. Alors le prêtre appelle les dieux au festin sacré, qui se compose de lait et de gâteaux, quelquefois de fleurs et de fruits, quelquefois même d'un animal immolé. Les dieux arrivent invisibles : aucun des assistants ne doute de leur présence réelle autour du foyer, dans le feu et dans l'hostie. Ces dieux sont surtout ceux du ciel et de l'atmosphère : *Vishnou*, qui habite les espaces supérieurs et qui a pour char le soleil ; *Roudra*, qui agite les airs et a sous son empire la troupe retentissante des *Marouts*, qui sont les vents ; *Indra*, roi des hautes régions de l'air, d'où il combat le nuage, le frappe de la foudre, et fait couler les pluies sur la terre fécondée. Nommons encore *Mitra*, *Varouna* et *Aryaman*. Tous ces dieux portaient également le nom d'Asuras, c'est-à-dire Vivants ou principes de vie.

Quand les prêtres vinrent à réfléchir sur le rôle de Vishnou qui, dans le Vêda, n'est pour ainsi dire que le dieu du Soleil et sa vertu productrice, ils ne tardèrent pas à rattacher à son idée tous les phénomènes de la vie physique et morale. En effet, le développement de la vie physique procède ici-bas de la chaleur du Soleil, dont elle n'est qu'une métamorphose. D'un autre côté, les prêtres, ne voyant nulle part dans le monde la pensée séparée de la vie, en conclurent que le principe de l'une est identique au principe de l'autre. Ainsi l'énergie pénétrante de Vishnou devint le principe même de la génération des êtres vivants et plus tard des incarnations.

Roudra devint Çiva, l'une des trois personnes de la trinité indienne, et, par une transformation insensible, fut conçu comme un être redoutable, destructeur de la vie. Quant à Brahmâ, quoique nous ne puissions raconter son histoire en peu de mots, on comprend que la prière (*brahman*) puisse être considérée comme l'ex-

pression de la pensée dans ce qu'elle a de plus divin, et
qu'étant personnifiée elle donne lieu à une grande divinité mythologique. Ainsi se trouvèrent préparés les
éléments dont la réunion forma plus tard la trinité indienne : Brahmâ représenta la pensée, et avec elle la
science et la religion ; Vishnou, la vie dans son unité
divine et dans ses incarnations ; Çiva, la loi du *retour*
en vertu de laquelle tous les êtres vivants et pensants,
ainsi que les formes inorganiques, disparaissent et retournent à leur origine.

Quant à Agni, ce qu'il y avait en lui de métaphysique n'ayant plus de raison d'être, il ne fut plus que le
feu sacré, portion symbolique du culte, bouche des
dieux, messager qui transmet en vapeurs odorantes à
leur vaste corps l'offrande de ceux qui les adorent. Il ne
restait plus, pour constituer le panthéisme, tel qu'il
existe dans l'Orient depuis tantôt trois mille ans, qu'à
concevoir ces divinités comme des formes d'un même
être absolu, et à ramener cette diversité de figures à
une unité de laquelle toute figure fût exclue. C'est cette
unité qui reçut le nom neutre de *Brahma*.

Essayons de remonter plus haut dans le passé des
temps védiques. Nous n'y trouvons aucune trace de panthéisme ; l'idée de création ne s'y rencontre pas davan-
tage. Les plus anciens hymnes et tout ce qu'ils nous
permettent de connaître des temps qui les ont précédés ne laissent aucun doute sur la nature de ces religions primitives : c'était le polythéisme et rien autre
chose.

Ce fait est considérable dans la science, car il est en
opposition formelle avec ce que croient beaucoup de
gens que toutes les religions procèdent d'un monothéisme primitif ; cette opinion est fausse ; il faut absolument y renoncer. Plus les hymnes du Véda sont anciens, moins ils laissent entrevoir l'idée d'un dieu uni-

que séparé du monde. Les figures divines n'étaient alors que des forces physiques amplifiées et divinisées ; plus tard elles ont servi de vêtement à des conceptions métaphysiques, mais en se transformant peu à peu et quelquefois en changeant de nom. C'est après bien des siècles que l'esprit des Aryas s'est enfin élevé à la conception de l'unité absolue.

Comme ils avaient pris pour point de départ les choses réelles qui tombent sous les sens et les faits non moins réels que la conscience nous dévoile, ils n'ont jamais perdu de vue ces bases solides de leur édifice religieux. La pensée, la vie, la succession indéfinie des formes, qui passent de l'une à l'autre sans intervalle, comme les eaux d'un fleuve qui coulent sans s'interrompre, voilà ce qui les a sans cesse préoccupés, ce qui les a conduits par la voie la plus directe au panthéisme. L'idée d'un dieu suprême individuel séparé du monde n'est nulle part dans les doctrines âryennes, ni à la fin, ni au milieu, ni surtout dans leurs origines védiques.

_ La seconde halte de l'esprit âryen en Asie est marquée par deux grandes religions antagonistes, celle des Perses et celle des Brâhmanes. La première a longtemps vécu de ses propres principes et sans subir, dans son contact avec des peuples non âryens, aucune altération importante : c'est dans les livres attribués à Zoroastre que sa forme originale doit être aujourd'hui cherchée. Le *Boundehesh* et le *Livre des Rois* (Schah-nameh) de Firdouci, qui datent de temps postérieurs, offrent déjà beaucoup de légendes et même de croyances dont l'origine n'est certainement pas âryenne, et qui viennent de l'Assyrie et de la Chaldée, soit même de pays plus méridionaux. Avant que le texte de l'Avesta eût été traduit et commenté par des savants de nos jours, le caractère panthéistique de la religion des Perses n'avait pour ainsi dire pas été aperçu ; on n'avait été frappé que du symbolisme extérieur de son culte et des apparences dualistes que présente le mythe d'Ormuzd et d'Ahriman. Depuis lors on a vu que ce dernier personnage est loin d'être placé sur la même ligne que son rival, que dans sa légende il n'est présenté ni comme éternel, ni même comme immortel, et qu'il est destiné à disparaître un jour. Quant à Ormuzd (*Ahura-mazda*,) la science ne le considère plus uniquement sous la forme personnelle que la légende et le culte lui ont donnée : l'étude des textes zends a prouvé qu'il répond à une conception métaphysique beaucoup plus abstraite, celle de l'Être absolu et universel, tel qu'il se trouve dans tous les systèmes panthéistiques de l'Orient. Ce n'est point par le fond métaphysique des doctrines que le mazdéisme s'est trouvé en lutte avec le brâhmanisme, mais par les symboles, partie des religions plus accessible au peuple, par les cultes, qui naissent des symboles et s'y accommodent, et par la forme particulière qu'un culte donne toujours à une civilisation.

Quant à l'origine de la race et de la religion médo-perses, la science européenne se trouvait en face d'une grande hypothèse. L'introduction dans l'empire romain de cultes persans, comme celui de Mithra[1], semblait

1. *Mithra* (en sanscrit : *Mitra*) est une forme du soleil. Cette forme répond principalement à l'équinoxe du printemps. La figure, adoptée dans l'empire romain, de Mithra tuant le taureau, indique qu'à l'époque où ce symbole fut créé, l'équinoxe avait lieu quand le soleil était dans la constellation de ce nom. On pourrait donc calculer approximativement cette époque au moyen de la précession des équinoxes en raison de 50 secondes par année. On obtiendrait le chiffre de 4200 environ, qui reporte à 2300 ans avant J.-C., date fort acceptable. Mais ce fut la valeur morale du culte de Mithra, considéré comme médiateur et sauveur, qui contribua le plus à le répandre dans l'empire. Quant à l'inscription *nama sabasio*, qui accompagne quelquefois les bas-reliefs de Mithra, elle ne semble pas grecque ; *namas* veut dire *honneur, adoration* ; c'est un mot qui se trouve en tête de la plupart des livres de l'Orient ; la formule signifierait ainsi : adoration à Sabasios.

dire qu'une certaine affinité existait entre cette religion et celle de l'Orient. Mais c'est seulement de nos jours, que l'étude du sanscrit a ouvert la voie, et que la découverte du Vêda a dévoilé les origines du mazdéisme.

Toutefois la littérature zende, même avec ses compléments plus modernes, est tellement bornée qu'elle ne saurait offrir à la science des religions des documents comparables à ceux que l'Inde lui a fournis ou qu'elle lui promet. La somme des livres sacrés de l'Inde brâhmanique formerait une bibliothèque. Quoique l'âge de beaucoup d'entre eux ne soit fixé que par approximation et flotte entre des limites séparées par plus de cinq cents ans, la lumière se fait néanmoins ; il est déjà permis de suivre la marche des doctrines brâhmaniques et de marquer les principaux moments de leur évolution. Le brâhmanisme offre deux traits saillants et en quelque sorte uniques dans l'histoire des religions : il a survécu à une grande religion qu'il avait engendrée, au bouddhisme, et lui-même a subi des transformations internes qui en ont fait comme une suite de religions distinctes. De plus, comme nous l'avons déjà dit, il a contribué pour une part à l'éclosion et à la première évolution des idées chrétiennes, soit en Egypte, soit dans la partie orientale de l'empire romain.

On peut suivre, en remontant l'ordre des siècles, la marche des idées religieuses et le développement des cultes dans l'Inde brâhmanique depuis le temps présent jusqu'à leurs origines. Cette histoire offre la contrepartie des religions sémitiques : leur monothéisme se transmettant de siècle en siècle, n'a subi que des modifications secondaires ; son histoire se réduit en quelque sorte à l'épuration de l'idée d'un dieu individuel, idée qui ne peut ni s'étendre, ni se diversifier, ni rien engendrer hors d'elle-même. Au contraire, une fois née

dans l'esprit des Aryas du sud-est, la conception panthéistique d'un dieu universel résidant au sein de l'univers put recevoir dans la pratique des formes variées
et engendrer des cultes nouveaux.

En effet, l'une des idées fondamentales du panthéisme est celle d'incarnation. Dans la théorie indienne,
poussée de bonne heure à ses limites extrêmes, l'unité
absolue de l'être a été conçue comme la base de la métaphysique : cet être absolu n'est ni créateur, ni père de
l'univers.

Brahme fut comme le pivot sur lequel roula toute la
métaphysique des brâhmanes : son nom est neutre pour
signifier qu'il n'est pas le père des êtres, qu'il n'entre
dans aucune relation vitale et qu'ainsi il est absolu. Les
trois formes qui, dans des temps relativement modernes, composèrent la trinité indienne, *trimûrti*, Brahmâ,
Vishnou et Çiva, peuvent être regardées comme des
personnes divines : on pourrait dire d'elles tout ce que
les philosophes alexandrins ont professé dans leur théorie des hypostases.

Brahmâ, qui est la force active de l'être absolu, vit
et agit dans l'univers, dont il est appelé le *père*, l'*aïeul*,
le *producteur*. On ne doit jamais traduire aucun de ses
noms par le mot *créateur* ; car, l'idée de créer n'existe
pas dans la langue sanscrite. C'est par voie d'émanation qu'il engendre l'univers, comme un père engendre
un enfant ; et c'est par une loi toute semblable à celle
que les Alexandrins nommaient la loi du *retour*, qu'il
retire à lui tous les êtres, en détruisant leurs formes
changeantes. Cette double loi, la littérature brâhmanique la symbolise sous la figure de la veille et du sommeil de Brahmâ.

Pour entrer dans des relations plus étroites avec les
êtres vivants, l'être absolu prend les noms masculins
de *Vishnou* et de *Çiva*, qui dans les temps modernes

représentent, non le principe conservateur et le principe destructeur des choses, comme on l'a cru longtemps, mais la personne divine qui anime les êtres vivants et celle par qui vont se résoudre en Dieu toutes les formes de la vie. Si l'on voulait trouver dans les doctrines indiennes un pendant à la seconde personne de la trinité chrétienne, c'est Vishnou qu'il faudrait choisir ; mais les différences que l'on rencontrerait seraient grandes, puisque Vishnou n'est pas fils de Brahmâ et qu'il fait partie d'un système panthéiste. Quant à Çiva, il n'y a rien dans le christianisme qui lui corresponde, parce que la loi du *retour* ne s'y rencontre pas réellement.

Néanmoins, une fois que les brâhmanes eurent conçu l'unité absolue de l'être, se trouvant en présence de la multiplicité des êtres vivants qui peuplent l'univers et qui sont soumis aux lois immuables de la génération, de la transmission et de l'analogie des formes, ils furent naturellement conduits à la théorie de l'incarnation, qui n'est au fond que celle de l'âme universelle ou de Vishnou. En effet, dans la doctrine de la création, Dieu demeure substantiellement séparé des êtres créés, comme ceux-ci le sont entre eux : l'univers est un monceau de sable. Cette doctrine n'a pas pour conséquence l'incarnation : c'est ce que prouvent la philosophie moderne, qui n'en parle pas, la doctrine judéo-arabe, qui la rejette, et la doctrine chrétienne, qui la présente comme un miracle et comme un mystère. Mais dans le panthéisme, il y a toujours une théorie qui ressemble à celle de l'incarnation ; dans le brâhmanisme, l'incarnation est une conséquence naturelle des principes admis.

Vishnou est la personne divine qui s'incarne : elle ne s'incarne pas une fois et par un miracle ; elle s'incarne toujours et partout. Il n'est pas un être vivant, si infime qu'il soit, qui ne porte en lui-même Vishnou incarné. Dans les hommes, sa présence se manifeste, non seulement par la vie et par les qualités du corps, mais aussi et surtout par celles de l'âme, qui sont la pensée vraie et l'action morale. Quand un homme, par la supériorité de son intelligence et par la droiture d'une volonté énergique, exerce sur ceux de son temps et sur les générations qui le suivent une influence prépondérante, on le reconnaît plus particulièrement pour une incarnation divine : tels furent les deux Râma, tels sont les fils de Pândou dans les épopées sanscrites. Krishna est une incarnation moderne de Vishnou. Le développement de l'idée religieuse dans le brâhmanisme s'opère constamment à travers une série d'incarnations. Comme l'Être absolu ne paraît jamais dans l'univers et qu'il est à peine accessible à la pensée, il ne peut agir que par les énergies personnelles qui émanent de lui, et ces grandes divinités engendrent à leur tour les séries non interrompues de formes sensibles et vivantes que nous appelons improprement les êtres réels. Ces générations ne peuvent se produire sans qu'il y ait, dans leur source même, le dédoublement des sexes, conçu comme la condition universelle de la vie ; de sorte que, dans le brâhmanisme parvenu à sa perfection, chaque dieu a une épouse, une *mâyâ*, qui est son énergie féminine et son lieu de production.

Cette métaphysique domine tout le mouvement des idées religieuses dans l'Orient indien. C'est en la suivant pas à pas que la science peut aujourd'hui se rendre compte des transformations des cultes indiens et des apparences polythéistes qui les caractérisent. Un homme de l'Orient qui viendrait en Italie ou même en France, sans connaître les dogmes catholiques, prendrait nos cultes pour de l'idolâtrie en voyant les statues qui peuplent nos églises et les dehors des cérémonies qu'on y accomplit. Mais s'il lisait les livres ou les dogmes sont énoncés ou interprétés, il verrait se dégager de ces apparences un symbolisme qui lui rendrait ces cultes intelligibles et, par delà ce symbolisme, les doctrines fondamentales de la spiritualité de l'âme, de la trinité et de l'incarnation. Il en est de même dans l'Inde : ni le culte de *Civa-Mahâdêva* et de *Pârvatî*, ni celui de *Krishna*, ni à plus forte raison celui de Vishnou, ni les figures souvent bizarres répandues dans les lieux sacrés, ne constituent une idolâtrie, car tous ces cultes divers, venus les uns après les autres et coexistant sans se nuire, ne font qu'exprimer au dehors une doctrine qui au dedans est spiritualiste, et dont l'unité panthéistique de Dieu forme l'essence. C'est ce que montre la lecture de presque tous les ouvrages sanscrits, non seulement celle des traités de théologie, mais aussi celle des poèmes où la philosophie sacrée occupe souvent une place importante.

Nous ne voulons pas dire qu'il n'y ait dans l'Orient aucune idolâtrie : les cérémonies de Jagannâtha viendraient nous contredire. Il y a partout de telles aberrations. Les statues de saints que l'on descend de leur place pour faire cesser ou tomber la pluie, les madones qui remuent les yeux, les sangs qui se liquéfient et les tisons qui écartent la foudre, qu'est-ce autre chose que les objets d'un culte idolâtre, entretenu par une pieuse cupidité ?

Quand se manifesta, au vi^e siècle avant Jésus-Christ, la réforme bouddhique préparée depuis longtemps, les influences du dehors ne s'étaient exercées sur les religions brâhmaniques que dans des proportions insignifiantes et tout au plus par l'introduction de quelques légendes plutôt poétiques que sacrées, comme celle du déluge. Encore cette dernière se trouvant dans les textes accadiens est-elle peut-être d'origine âryenne. Le bouddhisme fut produit par des causes internes, agissant spontanément dans la civilisation brâhmanique. Au temps du roi Louis XIV, les ambassadeurs siamois qui vinrent à la cour de France étaient bouddhistes : l'attention se porta sur la religion de ces hommes, qui parurent bien civilisés ; on connut le nom de Samanacodom (en sanscrit le *çramana Gautama*), qui n'était autre que le Bouddha. Les ressemblances extraordinaires qui furent remarquées entre la religion des Siamois et le catholicisme firent supposer qu'elle venait d'une ancienne secte chrétienne, celle des Nestoriens. La connaissance des livres bouddhiques de Siam et de Ceylan rectifia une première fois cette erreur ; plus tard, les manuscrits du Népâl apportés en Europe par le baron Schilling et la découverte du bouddhisme tibétain et chinois ne permirent plus de douter que le bouddha Çâkya-mouni ne fût antérieur de près de mille ans à Nestorius, de cinq siècles à Jésus, et de deux siècles à la fondation d'Alexandrie.

Au centre de l'Inde, aux plus beaux jours de la religion brâhmanique, les idées métaphysiques d'une école déjà ancienne, jointes au sentiment moral très-élevé d'un prince en qui se concentre le besoin public d'une réformation des mœurs, donnent naissance à une religion nouvelle [1]. On voit se former une église, *Sangha*, animée d'un prosélytisme ardent au sein d'une société qui n'avait point d'église et où l'on n'avait jamais tenté de convertir personne. La réforme est acclamée par le le peuple, dont elle relevait la condition ; elle est accueillie par les rois, dont elle n'attaquait pas les privi-

---

1. *Çâkya* le *mouni*, c'est-à-dire le solitaire, était le fils de *Çuddhôdhana* roi d'Ayòdhyâ (Oude), roi lui-même et héritier présomptif de la couronne. Il était donc de la seconde caste, celle des Xâttriyas, et n'appartenait point au sacerdoce brâhmanique. Telle est la légende. L'ancienne école à laquelle se rattache le bouddhisme est celle de Kapila.

léges ; elle est acceptée par beaucoup de brâhmanes à cause de la pureté de sa morale. Mais l'égalité de naissance du çûdra et du brâhmane proclamée par les bouddhistes, le sacérdoce accordé indifféremment à tous les hommes, armèrent bientôt contre la religion nouvelle le parti brâhmanique, conservateur des castes, et, après dix siècles d'existence agitée, le bouddhisme fut chassé de l'Inde, où il n'est jamais rentré depuis.

Le bouddhisme cependant n'ajoutait rien à la notion de Dieu, telle que les brâhmanes l'avaient conçue : par conséquent il ne pouvait légitimement introduire des rites nouveaux. Son église et sa forte organisation ecclésiastique ne tendaient pas à l'établissement d'une religion plus parfaite : le Bouddha n'était considéré ni comme un dieu, ni comme une incarnation d'une divinité quelconque. Dans l'Inde brâhmanique, on ne pouvait donc regarder cette réforme que comme une tentative révolutionnaire aboutissant à la suppression ou du moins à l'amoindrissement du régime des castes. Par la substitution d'un sacerdoce recruté jusque dans les bas-fonds de la société au sacerdoce héréditaire des brâhmanes, qui étaient de purs Aryas et dont les familles remontaient aux temps védiques de l'invasion, il décapitait le régime des castes et provoquait dans l'Inde une révolution sociale au prix de laquelle nos révolutions d'Occident n'auraient été qu'un jeu. La réforme des mœurs fut sacrifiée à la raison d'état : le brâhmanisme survécut et dure encore.

Nous avons indiqué le caractère dominant du bouddhisme, né d'une révolution dans les mœurs et non d'un changement radical dans les doctrines. C'est à ce point de vue que la science doit se placer pour apprécier la portée de cette grande religion. Quoique la métaphysique (*abhidharma*), forme une des trois parties de la collection des écritures bouddhiques, connue sous le nom de *Tripitaka*, on ne serait pas plus juste à l'égard du bouddhisme, si on le jugeait à ce seul point de vue, qu'on ne le serait pour le christianisme, si l'on négligeait l'action morale qu'il exerce depuis sa naissance. La théorie du *nirvâna*, dont on a fait la question bouddhique par excellence, n'intéressait pas le peuple, elle appartenait aux brâhmanes longtemps avant la venue de Çakya-mouni ; elle est donc secondaire [1]. Mais il n'en est pas de même des règles de mœurs introduites par le bouddhisme, de la pureté morale, de l'humilité et de la charité universelle, qui en sont les préceptes fondamentaux. Le succès qu'il a obtenu hors de l'Inde, chez les peuples jaunes et en Océanie, les longs rameaux qu'il a jetés vers l'Occident jusque dans le monde grec et, peut-être, par l'Océan oriental, jusque dans l'Amérique du Nord, ne s'expliquent que par la transformation morale qui émane de lui. Son expulsion hors de l'Inde a eu pour motif l'égalité qu'il établissait entre les brâhmanes et les autres castes, le droit qu'il donnait à tous les hommes d'aspirer à la fonction sacerdotale et d'y parvenir.

Du reste, toute la morale du bouddhisme provient de sa métaphysique, dont elle n'était qu'une application nouvelle. Cette métaphysique, c'est le panthéisme, conçu sous sa forme la plus complète et comprenant tous les êtres réels ou idéaux dans une hiérarchie où l'homme peut occuper des degrés différents selon sa science ou sa vertu. Ces deux qualités ne se sont point présentées ar-

---

1. *Nirvâna* signifie extinction ; *jwalam nirvâmi*, j'éteins une flamme en soufflant dessus. Appliqué à l'homme, *nirvâna* peut être entendu comme l'anéantissement absolu de l'être ou comme l'anéantissement des conditions de l'existence individuelle. Dans ce dernier sens, il n'est autre que l'absorption en Dieu par l'extase ou par la mort ; dans le premier, c'est le néant proposé comme terme de l'existence. Remarquons que l'idée de *néant*, aussi bien que celle de *création*, est étrangère à la pensée indienne, comme à toute doctrine fondée sur le principe de l'émanation.

bitrairement, comme celles d'où émanent les caractères
qui distingnent légitimement les hommes entre eux : la
théorie bouddhique ne s'y est arrêtée qu'après des analyses pyschologiques et des considérations éthiques que
les philosophes de l'Europe n'ont point surpassées. C'est
de là que dérivent toutes les conséquences pratiques qui
font du bouddhisme une des religions dont l'action morale est la plus puissante. A mesure que les indianistes
pénètrent plus avant dans la connaissance de l'Orient,
ils découvrent des liens nouveaux rattachant la morale
du bouddhisme à sa métaphysique, et celle-ci aux théories brâhmaniques qui l'avaient précédée. Au point où
la science est parvenue, on admet que la religion du
Bouddha est issue, par une évolution naturelle et sans
influence extérieure, du pur esprit indien, et qu'elle est
une conséquence spontanée du panthéisme.

On ne se fait généralement qu'une idée fort incomplète du bouddhisme envisagé comme institution morale. Qu'y remarque-t-on le plus souvent ? Le grand
développement d'un sacerdoce hiérarchisé, soit au nord
dans le Tibet et la Chine, soit au midi dans les îles et
la presqu'île au delà du Gange, un pouvoir spirituel
analogue à celui du pape et qui, après avoir été uni au
pouvoir temporel, s'en est enfin séparé et nous montre aujourd'hui, par exemple dans le royaume de
Siam, deux rois régnant simultanément dans la même
capitale et exerçant sans conflit ces deux pouvoirs : un
culte dont les splendeurs surpassent souvent l'éclat des
cérémonies catholiques ; une extension de la vie mo-
nastique qui laisse loin derrière elle les couvents de
l'Espagne et de l'Italie ; enfin, un nombre très-grand de
rites et d'usages qui rapprochent la religion du Bouddha
de celle des chrétiens. Ce n'est là pourtant que l'extérieur des choses, ce qui peut attirer les regards du
voyageur le moins attentif. La lecture des *Sûtras* boud-

dhiques, la traduction de plusieurs d'entre eux ont fait pénétrer les savants au fond même des doctrines et nous dévoilent un enseignement moral que l'on peut dire égal à celui des Chrétiens par son élévation, par sa pûreté et par l'empire qu'il exerce dans tout l'Orient bouddhiste.

CHAPITRE VII

Les plus anciens restes de la civilisation des Grecs nous dévoilent une religion polythéiste. Les collections ne renferment aucun objet qui ressemble à un fétiche. Nul texte, nulle tradition ne fait allusion à un fétichisme primitif. Mais la croyance aux esprits est signalée dans Homère et par des écrivains plus récents ; elle existe encore aujourd'hui dans le peuple hellène.

Le polythéisme a pris chez les Grecs un développement qu'il n'a reçu dans aucun autre pays. Il a été puissamment secondé par la poésie et par les arts du dessin, aussi bien que par l'achitecture. Dans les premiers temps il s'alliait à un symbolisme offrant une certaine analogie avec les conceptions égyptiennes et sémitiques. Plusieurs divinités ont été représentés sous les formes mélangées de l'homme et des animaux. C'est ce que confirment les épithètes de *glaukôpis* et de *boôpis* données à Athéna et à Héra, les cornes d'Io et d'Artémis, les ailes adaptées aux pieds d'Hermès et aux épaules d'Hélène, et beaucoup d'autres exemples. Plusieurs êtres mythologiques ont conservé jusqu'à la fin cette double forme, par exemple : les Centaures, les Géants, la Gorgogne, la Chimère, les Sphinx, les Sirènes. Toutefois le goût artiste du peuple grec ne toléra pas longtemps cet accouplement ; il sépara le symbole et le donna comme attribut au dieu. Celui-ci prit simplement la forme humaine la plus parfaite et la conserva. Zevs eut pour attribut l'aigle, Héra la vache ou le paon, Athéna la chouette, Artémis la biche et ainsi des autres.

Il n'est pas nécessaire de recourir à l'Egypte pour expliquer cette part de symbolisme dans la religion des Grecs. On la trouve aussi bien dans l'Inde et la Perse, chez les Germains et les Slaves qui n'ont eu avec l'Egypte aucun point de contact. Le Symbolisme est une des étapes par lesquelles ont passé les religions, celles des peuples âryens comme les autres.

Le polythéisme grec est d'origine âryenne. Dans son fond il est identique à celui du Vêda ; mais il a dû se séparer du centre commun de la race à une époque antérieure aux hymnes de ce recueil ou du moins contemporaine des plus anciens. Quand la langue grecque s'est formée par l'altération de l'ancien idiôme âryaque, plusieurs divinités ont gardé leurs noms primitifs plus ou moins modifiés ; d'autres noms ont été traduits en langue vulgaire ; enfin, à mesure que le polythéisme a reçu de nouveaux accroissements, on a créé des noms pour désigner les nouvelles divinités. Ainsi se trouve expliqué ce fait important que les anciens dieux ont presque tous des noms inintelligibles pour les Hellènes et étrangers à leur langue usuelle, tandis que quelques autres ont des noms tirés du grec. Zevs, Ouranos, Athéna, Perséphate, Hermès, etc., ne sont pas explicables par la langue grecque. Mais comme ces noms existent aussi dans l'Inde et trouvent leurs racines dans la langue védique, *Div, Varuna, Ahaná, Varshavatî, Saraméya,* l'origine âryenne de ces divinités ne laisse plus aucun doute.

A côté des divinités proprement dites, il y eut tout un monde de personnages secondaires appelés *héros,* qui furent le plus souvent donnés comme enfants des dieux et souches des grandes familles féodales du moyen-âge hellénique. Chaque province, chaque ville, chaque centre de population eut sa légende héroïque particulière. A Athènes on eut Cécrops et Erechthée, à Mycènes et à Sparte les Atrides, en Eubée les Abantes, à Thèbes Œdipe. Plusieurs de ces légendes ont trouvé leur explication dans l'archéologie et la linguistique ; les autres seront certainement interprétées tour à tour et ramenées à leurs éléments primitifs. On s'est déjà convaincu que les héros sont des formes secondes et locales des grandes divinités, lesquelles ne sont elles-mêmes que la personnification des forces de la nature.

Ces dieux et la plupart des héros avaient été apportés dans les pays grecs par les familles âryennes, venues de l'Asie centrale. Quand elles se fixèrent sur les divers points de la contrée, elles y construisirent des autels, des sanctuaires et plus tard des temples ; elles y instituèrent des fêtes et des cérémonies analogues à celles qui existaient dans leur pays d'origine. L'offrande des fruits, des fleurs, des animaux, des gâteaux sacrés, la liqueur alcoolique fournie par la vigne, plante qui remplaça le sôma dans les pays où l'asclépias acide n'existe pas, tels furent les éléments matériels de l'offrande. Ils étaient présentés aux dieux par l'intermédiaire du feu sacré. Des chants et des prières accompagnaient la cérémonie.

Les mythes furent ainsi localisés et souvent continuèrent à se développer et à se compléter séparément les uns des autres. La plupart des anciens noms étant devenus étrangers à la langue populaire, la signification des dieux, des héros, de leurs légendes fut oubliée, même des prêtres. Les héros et les divinités communes furent tenus pour des personnes réelles existant dans un monde supérieur ou pour des personnages historiques, auxquels les familles royales se firent un point d'honneur de se rattacher. Ainsi le polythéisme tourna à l'anthropomorphisme : les plus grands dieux, comme les plus humbles héros, furent représentés avec la forme humaine.

Toute la civilisation grecque et romaine a vécu sur cette idée. Et telle est bien la tendance naturelle du polythéisme, puisque, dans des conditions sociales assez différentes, le même fait se produisit, non seulement chez les autres peuples âryens, mais encore chez les Egyptiens et les Sémites.

De là vint pour les Grecs la possibilité d'admettre certaines divinités étrangères, telles que les Cabires et les Pygmées, plus tard Sabazios, Adonis, Sérapis et, dans les temps romains, Mithra. Toutefois à l'origine, l'influence sémitique ou égyptienne avait été très-petite, ne s'était exercée que sur quelques points des rivages et n'avait introduit aucun élément essentiel dans le panthéon grec. On s'est fait à cet égard de grandes illusions. Aphrodite même n'était nullement une Astarté ; née de l'écume de la mer, elle répondait exactement à la légende indienne de Laxmî et des Apsaras ; son nom, tiré de ἀφρός et de δίτη (adjectif du verbe δινῶ, agiter en tournant) rappelait le récit indien du barattement de l'océan.

Purement âryenne, ou à peu près, la religion hellénique ne sortit jamais du polythéisme, qui fut en quelque sorte fixé par une littérature et un art incomparables. Mais dans les siècles qui précédèrent le christianisme, les Grecs furent en contact perpétuel avec les

grandes théories persanes et indiennes, avec le monothéisme des Sémites et la religion égyptienne, d'Amoun-
râ dont la tendance à l'unité de Dieu était manifeste. La
guerre médique (504), suivie des expéditions d'Agésilas,
de Xénophon et d'Alexandre, fut pour eux ce qu'avait
été peu auparavant (538) pour les Juifs la captivité de
Babylone. Cette multiple influence de l'Orient se manifesta dans les œuvres des écrivains et les théories des
philosophes. Zevs, comme Amoun-râ, tendit à devenir
le dieu suprême et à absorber les autres divinités. Pendant que le peuple continuait d'adorer ses dieux et de
célébrer leurs innombrables fêtes, l'unité du principe
divin était déjà adoptée par les hommes instruits. On
ne doit pas oublier que, dès le quatrième siècle, Platon
avait défini Dieu τὸ ἀγαθὸν le Bien, et τὸ ἓν ὂν l'Unité
existante ; et qu'Aristote, quelques années plus tard,
l'avait défini νόησις νοήσεως νόησις, la Pensée qui se
pense elle-même. Le polythéisme alla se discréditant et
les esprits se trouvèrent préparés aux plus hautes conceptions, quand se présentèrent les prédicateurs chrétiens.

CHAPITRE VIII

LA FUSION

J'arrive au problème de l'origine des dogmes secrets et de leur transmission jusqu'à Jésus. C'est par la série des livres nommés *apocryphes* que leur enchaînement peut le mieux se rétablir.

Le premier auteur qui, du temps même de Jésus, s'offre à nous est *le Juif Philon*, dont nous possédons de volumineux ouvrages [1]. Il représente dans la société hébraïque la fusion des idées orientales et des idées occidentales ; son principe est de ne prendre à la lettre ni les écrits des Juifs ni les traditions religieuses de la Grèce et des autres peuples. Du reste, il ne donne point pour nouvelle sa méthode d'interprétation ; il la tenait du Juif alexandrin *Aristobule ;* et nous savons, par l'exemple de plus d'un auteur païen, qu'elle était en usage chez les Grecs depuis longtemps. Le Dieu de Philon n'est pas seulement l'architecte du monde

1. Voyez Ferd. Delaunay, *Philon d'Alexandrie*, et les *Origines du Christianisme*, par le même.

comme celui de Platon, il en est le créateur. Sa première production est le Verbe, image de Dieu, premier-né de toutes les créatures, type de l'homme, Adam céleste. Le Verbe, né avant le monde, est fils de Dieu sans lui être ni égal ni identique. Philon donne la théorie de l'incarnation et du rôle du Verbe dans l'homme à peu près dans les mêmes termes où elle fut donnée après lui. Comme chez les chrétiens, l'Esprit, qui procède du Père et du Fils, est vivificateur, c'est-à-dire auteur de la vie, et de même que le Verbe habite le νοῦς, qui est la raison, l'Esprit habite la ψυχή, qui est l'âme vivante. Philon admet et explique la chute de l'homme et la nécessité d'un sauveur : ce sauveur est donné sans cesse à chacun de nous par la grâce de Dieu ; mais l'accomplissement parfait de la ressemblance de l'humanité avec le Verbe requiert la plénitude des temps, car, pris en lui-même, le Verbe divin ne peut pas descendre sur la terre, et demeure éternellement dans la gloire de Dieu.

Il n'est pas besoin de faire remarquer l'analogie profonde de ces doctrines avec celles que saint Jean tenait du Maître ; mais il est curieux de les voir exposées cent ans avant Philon presque avec les mêmes expressions dans le *Livre d'Enoch*. Cet apocryphe, qu'on ne trouve ni dans la Bible chrétienne de saint Jérôme, ni dans le canon hébraïque de Jérusalem, est un écrit palestinien composé tout à la fin du IIᵉ siècle avant Jésus-Christ. Il ne pouvait pas être inconnu à Philon, car les doctrines qu'on y trouve sont celles qui régnaient de son temps dans deux sectes affiliées, les Esséniens de Judée et les Thérapeutes d'Égypte, sectes qui partageaient les idées de Philon lui-même ; ce philosophe ne faisait que les reproduire, comme les premiers chrétiens, longtemps confondus avec les Esséniens, les reproduisirent à leur tour dans des conditions nouvelles.

Le *Livre d'Enoch* nous conduit très-directement aux apocryphes alexandrins, c'est-à-dire aux livres contenus dans la Bible des Septante et qui ne faisaient point partie du canon hébraïque. Les deux plus importants sont la *Sagesse* et l'*Ecclésiastique*. Le premier a été attribué, mais faussement, tantôt à un ami de Salomon, tantôt à Salomon lui-même [1] ; il est de beaucoup postérieur à ce prince. Le second est plus ancien et fut composé par Jésus, fils de Sirach, qui vivait sous le pontificat de Simon, au commencement du III° siècle avant Jésus-Christ.

Outre ces deux écrits essentiels, il est d'un intérêt majeur de rechercher dans *la Bible des Septante* les passages du canon hébreu altérés par les traducteurs grecs. On s'aperçoit alors que ces altérations ont été faites systématiquement, dans la pensée d'harmoniser les livres hébraïques avec la doctrine secrète des apocryphes. Ainsi, tandis que les livres du canon hébreu ont pour unité idéale la Loi mosaïque, la Bible des Septante cherche son unité ailleurs, dans une doctrine qui, à beaucoup d'égards, est en opposition avec cette loi. La Bible grecque, en effet, tend toujours à séparer Dieu du monde visible et à donner au Messie une nature éternelle et céleste. Cette séparation conduit à la théorie des médiateurs, et le Messie est indiqué comme le plus grand d'entre eux.

Dans la Sagesse et l'Ecclésiastique, ces théories s'accusent nettement. Là, Dieu est déclaré un et invisible ; le premier-né parmi les créatures, c'est l'Esprit, qui est aussi le Verbe, le médiateur, le principe de sainteté et d'immortalité ; le Verbe lui-même, figuré jadis

---

1. Pendant plus de mille ans après J.-C., une foule de livres contenant des règles de sagesse pratique ou même d'arts manuels ont été mis sous le nom de *Salomon*, comme un assez grand nombre d'écrits métaphysiques ou mystiques l'ont été sous celui de *Jean*.

sous le nom de *kabôd* comme une apparition lumineuse au sein d'un nuage qui monte en colonne, devient la *séchina* qui habite le saint des saints, la science créée avant le commencement du monde et qui ne peut jamais défaillir, en communion perpétuelle avec l'homme dont elle n'est point séparée. C'est la théorie panthéiste du Verbe immanent, du « Dieu avec nous, » que les apôtres Paul et Jean ont enfin dévoilée aux peuples occidentaux.

En dehors des Écritures, il y avait aussi dans le Levant une doctrine secrète transmise verbalement dans certaines écoles dissidentes, et dont l'identité avec celle des apocryphes a été mise en lumière. Les gardiens de cette tradition étaient durant les siècles antérieurs à Jésus-Christ, les deux sectes que nous avons nommées, les Esséniens et les Thérapeutes. Les premiers étaient en Judée et habitaient particulièrement les bords de la mer Morte ; ils y étaient nombreux : au temps de Josèphe, malgré les progrès de la nouvelle église, on en comptait encore quatre mille. Ils avaient pour méthode d'interpréter allégoriquement la loi mosaïque, ce qui les conduisait à ne point reconnaître les interprétations officielles des rabbins et à substituer à la caste des prêtres un sacerdoce universel : c'était les bouddhistes du judaïsme. Ils n'enseignaient point en public leur doctrine secrète et ne parlaient jamais que par paraboles ; leur morale avait pour base l'abstinence pour soi-même, la charité pour les autres, l'égalité des hommes et la négation de l'esclavage. Un lien étroit les unissait aux alexandrins : ils connaissaient leurs livres, parmi lesquels il y en avait un, intitulé *la Science de Salomon* qui leur était familier. La doctrine essénienne et sa transmission orale forment donc un passage qui conduit de la doctrine des apocryphes à la doctrine secrète des chrétiens.

Aux Esséniens de Palestine répondaient les Thérapeutes d'Égypte : c'était, comme eux, une sorte d'anachorètes d'un caractère tout à fait oriental. Ils vivaient dans des monastères, s'occupant de commenter la Loi et les prophètes, de composer et de chanter des hymnes; ils faisaient la prière au lever et au coucher du soleil ; dans celle du matin, tournés vers l'orient, ils demandaient d'être éclairés par la lumière intérieure ; ils avaient remplacé l'agneau par l'eau et le pain dans le saint sacrifice, et aboli par là l'immolation sanglante. Ils avaient des symboles profonds et cherchaient la *science du secret*. Eusèbe et saint Jérôme les considéraient comme chrétiens ; mais Philon en fait une secte juive, et Philon devait bien savoir ce qu'ils étaient. On ignore cependant l'origine de ces deux sectes. Nous trouvons les Esséniens dans l'histoire au milieu du iie siècle avant Jésus-Christ ; mais à cette époque ils se présentent comme une secte déjà fort ancienne, opposée aux sadducéens et se donnant pour rôle de conserver une tradition orale et secrète différente de la tradition mosaïque et destinée à la remplacer un jour. Nous savons de plus par Eusèbe, par saint Épiphane et par saint Jérôme, qu'il existait chez les Juifs une pareille tradition orale longtemps avant le iie siècle, transmettant les mêmes idées qui furent adoptées par les Esséniens et les Thérapeutes, et finalement par les chrétiens.

Or, si l'on étudie attentivement les livres du canon hébreu, on n'y trouve aucune trace de cette doctrine, si ce n'est peut-être dans les *Proverbes* attribués, eux aussi, au roi Salomon ; mais ce livre est d'une authenticité plus que douteuse ; il est formé de sentences le plus souvent sans lien ; par conséquent il a pu recevoir toutes les interpolations imaginables. Tous les livres canoniques de l'Ancien Testament, sauf les trois petits prophètes Aggée, Zacharie et Malachie, sont donnés comme antérieurs à la captivité de Babylone. Les vingt-deux derniers chapitres du livre attribué à Isaïe sont contemporains de cet événement, et ont été écrits par un prophète inconnu, au moment où le retour des Israélites allait se faire en l'année 536. Jérémie et Ézéchiel étaient les derniers qui eussent prophétisé, lorsqu'en 606, sous Nabuchodonosor, le temple fut détruit et les Juifs transportés au centre de l'empire assyrien. C'est donc dans la période qui suivit la destruction du temple que se formèrent parmi les Israélites les doctrines secrètes et les sectes par lesquelles ces doctrines se transmirent jusqu'à Jésus.

Cette formation ne peut s'expliquer que de deux manières : ou par un mouvement interne et spontané de l'esprit juif, ou par une influence venue du dehors. La première explication est peu vraisemblable : car, ces doctrines se trouvant en opposition formelle avec la Loi mosaïque, celui qui le premier les aurait émises aurait trouvé des adversaires puissants dans les sadducéens conservateurs de la Loi, et la lutte aurait laissé quelques traces dans l'histoire. Il n'en est pas de même quand l'action venue du dehors s'exerce peu à peu sur des individus isolés, car ils n'en sauraient être responsables. Or, une telle influence a dû s'exercer sur les Israélites pendant les soixante-dix ans qu'ils ont passés en contact avec les peuples de l'Asie centrale.

Nous voyons, par le grand prophète inconnu de la Captivité, que l'édit de Cyrus rappelait les Israélites de tous les points du monde médo-perse où ils étaient dispersés. Quand ce roi eut conquis toute l'Asie occidentale et pris Babylone, il leur apparut comme un libérateur ; ils le jugèrent digne d'être appelé le Christ de Dieu, tandis qu'au même moment ils chargeaient de malédictions leurs anciens oppresseurs. Ainsi un lien d'amitié

et de reconnaissance, par conséquent un échange d'idées
s'établit entre eux et les Perses, non seulement dans
Babylone, centre de la captivité, mais dans les autres
parties de l'empire. Nous voyons que depuis cette époque les relations n'ont plus cessé d'exister entre les Israélites et les Médo-Perses, et ces relations furent d'autant plus suivies que la Judée était sur le passage des
Perses allant en Égypte, pays qu'ils possédaient. Cet
état de choses dura jusqu'à la conquête d'Alexandre,
qui mit en mouvement toute l'Asie, ouvrit des voies
nouvelles où elle se précipita, et concentra bientôt dans
Alexandrie les idées et les doctrines du monde entier.

Puisque la doctrine secrète date de la Captivité et
qu'elle n'est point née d'un mouvement interne et spontané du judaïsme, il ne reste plus qu'à chercher si
dans la société persane il existait alors une telle doctrine. Or, les travaux des orientalistes de notre siècle
ont mis entre nos mains les livres sacrés de la Perse
en vigueur au temps de Darius le Grand, de Cyrus et
de leurs prédécesseurs. Ces textes, dont une traduction
grecque existait plus de deux siècles avant Jésus-
Christ, sont connus de tout le monde sous le nom de
Zend-Avesta, et l'on sait qu'ils sont attribués à Zoroastre, l'antique législateur des Aryas de l'Asie moyenne [1].
La doctrine du secret s'y trouve tout entière, presque
dans les termes employés par saint Jean. Est-il possible de douter qu'elle n'ait passé de là chez les Hébreux
lorsque déjà sous Nabuchodonosor nous voyons le
le prophète Daniel, tout Juif qu'il était, recevoir le titre
de *rab-mag* (maître des mages) et si le récit biblique

---

1. Une première traduction fort inexacte fut donnée à la fin du xviiie siècle par Anquetil Duperron ; Eug. Burnouf a le premier discuté les textes,
donné la clé de la langue zende et commenté une partie de l'Avesta. Une
édition complète avec traduction et commentaire est due à M. Spiegel,
dont les idées ont été critiquées ou complétées par les travaux de M. Mar-
tin Haugh.

n'est pas une fable, occuper la première place parmi les prêtres d'une religion étrangère ? Pourquoi cependant cette religion publique n'a-t-elle produit chez les Hébreux qu'une doctrine cachée et une secte mystérieuse ? Il ne pouvait guère en être autrement chez un peuple dont toute la constitution religieuse, politique et civile procédait de Moïse, et ne pouvait admettre une telle religion sans se détruire : aussi, depuis le temps de la Captivité, les sectaires vécurent-ils à part dans la société israélite, jusqu'au temps où, Jésus ayant donné par sa vie et sa mort un élan irrésistible à leurs idées, on les vit par la bouche de saint Paul prêchées parmi les Grecs et les Romains et, sous la plume de saint Jean et de ses traducteurs, devenir le code de la société nouvelle.

Le *Zend-Avesta* renferme explicitement toute la doctrine métaphysique des chrétiens, — l'unité de Dieu, du Dieu vivant, l'Esprit, le Verbe, le Médiateur, le Fils engendré du Père, principe de vie pour le corps et de sanctification pour l'âme. Il renferme la théorie de la chute et celle de la rédemption par la grâce, la coexistence initiale de l'Esprit infini avec Dieu, une ébauche de la théorie des incarnations, théorie que l'Inde a si amplement développée, la doctrine de la révélation, de la foi, celle des bons et des mauvais anges connus sous le nom d'*amschaspands* et de *darvands*, celle de la désobéissance au Verbe divin présent en nous et de la nécessité du salut. Enfin, la religion de l'Avesta exclut tout sacrifice sanglant expiatoire, et en passant chez les Israélites elle devait nécessairement supprimer le meurtre de l'agneau pascal, remplacé par une victime idéale. C'est en effet ce qui eut lieu d'abord parmi les Esséniens et les Thérapeutes, ensuite parmi les Chrétiens.

Tel est l'ensemble des faits ; essayons de le résumer.

Au temps de la captivité de Babylone, la religion perse dont les dogmes sont contenus dans l'Avesta, fit naître parmi les Juifs une secte cachée dont la doctrine, transmise par la tradition orale, se manifesta de temps en temps, mais incomplètement. La secte paraît au iiᵉ siècle avant Jésus-Christ sous le nom d'Esséniens, et bientôt après en Égypte sous le nom de Thérapeutes, sorte de religieux qui vivaient réunis dans des couvents. La doctrine apparaît d'abord dans l'*Ecclésiastique* de Jésus, fils de Sirach, dans le livre de la *Sagesse* et dans les altérations apportées à la Bible par les traducteurs grecs nommés les *Septante*. Secte et doctrine avaient pris un grand développement sous les Ptolémées, lorsqu'elles appelèrent l'attention par la lutte de *Hillel et de Shammaï*, au premier siècle avant notre ère.

La doctrine secrète avait passé presque entière, mais en s'altérant, dans les livres du Juif hellénisant *Fhilon* qui vivait dans Alexandrie au temps de Jésus. C'est cette doctrine que *Jésus* enseigna secrètement à ses disciples, et surtout à *Pierre, Jacques, et Jean,* leur ordonnant de la tenir en réserve pour des temps meilleurs, tandis que lui-même, par sa prédication, préparait les âmes à la recevoir. Les apôtres la conservaient secrète dans Jérusalem à la façon des Esséniens d'autrefois, lorsque *Paul*, qui la connaissait, se donna pour mission de la répandre parmi les gentils, c'est-à-dire surtout parmi les Grecs et les Romains. Recueillie par saint *Luc*, cette doctrine ne prit pied dans Rome qu'après la destruction de Jérusalem et après la mort de Pierre et de Paul. Cependant l'ignorance où étaient tenus les premiers chrétiens avait fait naître des opinions dissidentes qui attaquaient la doctrine, les unes (*ébionites*) en niant la divinité du Christ, les autres (*marcionites*) en niant son humanité. L'église était solidement établie ; le moment devint propice à la publication définitive du secret, et c'est alors, dans la seconde moitié du ii siècle que fut livré aux fidèles dans leurs langues l'évangile selon saint *Jean*. Le mystère avait donc été gardé pendant sept cents ans : il avait fallu tout ce long intervalle pour que les peuples de l'Occident se missent en état de recevoir les principes de foi légués par l'Asie.

Au point où nous a conduits cette étude, je ne crois pas qu'aucune des conclusions ci-dessus puisse être sérieusement contestée, car elles s'appuient sur les textes les plus précis, les plus variés, les plus authentiques, sur des faits généralement reconnus et sur les données les plus certaines de la science moderne. La conséquence que nous pouvons en tirer, c'est que le christianisme est dans son ensemble une doctrine aryenne et qu'il n'a comme religion presque rien à démêler avec le judaïsme. Il a même été institué malgré les Juifs et contre eux : c'est ainsi que l'entendaient les premiers chrétiens, qui l'ont défendu au prix de leur repos et même de leur vie. Si le christianisme n'était qu'un développement du mosaïsme, son histoire primitive et la destinée ultérieure du peuple juif seraient inexplicables : il serait impossible de comprendre comment les Israélites ont pu si longtemps être mis au ban des nations et surtout des nations chrétiennes. A présent, toute cette longue histoire s'explique jusque dans ses menus détails : la transmission antique, le développement dans Alexandrie et ailleurs, l'incarnation vivante des doctrines dans la personne de Jésus, la vie et la mort de ce grand initiateur ; puis les terreurs et les luttes des apôtres et le mystère dont s'entourait la primitive église ; bientôt après, la haute philosophie des pères grecs et latins, dont la couleur orientale contrastait avec les systèmes gréco-romains ; enfin le prodigieux établissement d'une église qui, par ses dogmes, ses rites, ses constructions, ses institutions et son influence, embrasse depuis plusieurs siècles tout l'Occident.

La science peut discerner ce qui dans le christianisme appartient au courant sémitique ou au courant âryen. Le monothéisme chrétien, avec l'idée de la création, qui en est la conséquence, a certainement une origine sémitique ; car ni l'individualité du principe absolu, ni la doctrine qui fait venir le monde de rien, n'ont paru à aucune époque dans les religions âryennes ; il n'y a même pas en sanscrit un terme qui signifie *créer* au sens que les chrétiens donnent à ce mot [1]. On sait néanmoins à quelle époque et sous quelle influence a été je ne dirai pas introduite, mais discutée et définitivement établie la trinité des personnes divines : ce fut au temps où l'école d'Alexandrie développait sa théorie des *hypostases*, terme qui fut adopté par les philosophes de cette école, comme par les chrétiens pour signifier ce qu'on nomma en latin les *personnes* de la trinité. Entre celles-ci et les hypostases alexandrines, la différence apparente est très-petite, la différence réelle est très-grande. Les docteurs chrétiens ne perdaient pas de vue l'unité individuelle du Dieu créateur, telle qu'ils l'avaient reçue de la tradition sémitique, et les personnes de la trinité ne pouvaient être que des faces diverses de ce dieu, égales entre elles, égales aussi à l'unité fondamentale qui les réunissait. Cette doctrine avait d'ailleurs besoin de s'accommoder avec celle de l'incarnation, que le dogme pur des Sémites était trop étroit pour admettre. La création, la trinité et l'incarnation du Fils sous la figure humaine de Jésus, constituèrent un dogme où l'élément sémitique et l'élément âryen se rapprochèrent sans se confondre.

---

1. Les hymmes védiques adressés à Viçwakarman ne le présentent jamais comme *créateur*, mais simplement comme organisateur ou comme *producteur* des choses, en ce sens qu'il les fait émaner de lui-même. Son nom se traduit littéralement en grec par Παντοκράτωρ, le Tout-Puissant.

La philosophie alexandriné, au contraire, est exclusivement âryenne, car elle procède à la fois du platonisme et des doctrines de l'Inde et de la Perse, qui depuis quatre cents ans fermentaient dans Alexandrie. Le panthéisme n'admet ni l'individualité de Dieu séparé du monde, ni la possibilité d'un acte créateur tirant un être du néant. Mais, d'un autre côté, l'être absolu ne peut passer à l'acte ni se développer en vertu de la loi de l'émanation que s'il revêt d'abord ces formes secondes auxquelles les philosophes donnèrent le nom d'*hypostases*. La diversité de ces hypostases ne permet pas qu'aucune d'elles soit égale à l'être absolu, en qui elles résident ; c'est leur *somme* qui lui est égale. A son tour et en vertu de la même loi, quand une hypostase se développe, aucun de ses modes n'est égal à elle ; mais elle est égalée par la *somme* de ses modes. On voit dans quelles limites la doctrine des philosophes exerça son influence sur les premiers développements de la métaphysique chrétienne, et comment celle-ci se trouva également en opposition avec le panthéisme alexandrin et avec le monothéisme sémitique, tout en ayant des affinités avec l'un et l'autre.

Quant à l'incarnation, elle constitue le point de dogme qui aujourd'hui même sépare le plus profondément le christianisme des religions sémitiques. Dans la Bible, Dieu *inspire* les prophètes ; dans le Koran, il inspire Jésus et Mahomet ; mais pour que Dieu *s'incarne*, il est nécessaire qu'il y ait en lui plusieurs hypostases : doctrine âryenne en opposition formelle avec le sémitisme. L'orthodoxie chrétienne n'a jamais faibli sur ce point : la doctrine de l'incarnation est le premier fondement du christianisme ; celui qui n'admet pas la divinité de Jésus-Christ n'est pas chrétien. L'histoire des hérésies montre avec quelle énergie le dogme orthodoxe s'est dégagé de toutes celles qui ont seulement paru le compromettre. Il faudrait donc que tout l'Occident cessât d'être chrétien pour céder aux Juifs sur un point de cette importance : j'ajoute qu'il faudrait qu'il cessât d'être aryen, ce qui est impossible.

Les deux tendances auxquelles la meilleure partie du genre humain est soumise se rencontrent donc dans la métaphysique chrétienne et ont fait de la religion du Christ une religion universelle. Les croyances sémitiques, au contraire, procèdent exclusivement d'une seule idée, celle à laquelle on a donné le nom de monothéisme, nom mal choisi, car au fond le panthéisme aryen n'admet pas moins l'unité de Dieu que la doctrine des Juifs ou des Arabes ; seulement cette unité est autrement entendue : l'unité de Dieu est absolue dans le panthéisme ; les Juifs, au contraire, admettaient la réalité des dieux étrangers comme celle du leur ; de ce qu'un sultan divin gouvernait le monde israélite, il ne s'ensuivait pas en effet que d'autres sultans ne pussent régner ailleurs.

Ce qu'il y a d'exclusif dans l'idée sémitique a eu deux conséquences qui se déroulent dans l'histoire : en matière de religion, les peuples sémites se sont fermés à toute influence étrangère, et ils n'ont pu propager leurs dogmes au dehors que par la violence. Les Juifs n'ont jamais essayé de convertir les autres nations : ils se sont contentés de se regarder eux-mêmes comme privilégiés et comme supérieurs au reste des hommes. Le développement de l'islâm appartient plutôt à l'histoire politique et militaire qu'à la science des religions. Il s'est étendu sur des peuples d'origine aryenne dans l'Asie centrale et dans l'Hindoustan, ainsi que sur des populations jaunes dans plusieurs contrées de l'Asie ; mais c'est par les armes qu'il a fait ces conquêtes, c'est par la force qu'il les conserve. Chez ceux de ces peuples qui l'ont adopté définitivement, l'énergie violente qui

l'anime est devenue le trait saillant des caractères ; et
ce qui est vrai des races blanches ou jaunes, sémiti-
sées par le mahométisme, l'est à plus forte raison des
peuples noirs.

Le christianisme tient donc sa douceur naturelle de
la race âryenne où il s'est répandu, et non de ce qu'il
a en lui de sémitique. L'intolérance qu'on lui prête
quelquefois n'est pas dans le fond de ses dogmes ni
dans son esprit qui est un esprit de mansuétude. S'il a
usé parfois d'intolérance, c'est son alliance avec le pouvoir temporel qui en a été la cause ; l'étude sincère de
l'histoire ne laisse aucun doute sur ce point.

La dualité d'origine qui s'aperçoit dans les dogmes
chrétiens se trouve également dans les rites. L'histoire
du rituel chrétien n'est pas faite ; la science à cet égard
est loin d'être achevée. Tout ce qui a été dit sur ce sujet avant la découverte du Vêda est insuffisant : nous
ne pouvons nous-même ici que donner des indications et
tracer la voie que la science peut essayer de parcourir :
le livre est à faire.

La science doit nécessairement commencer par un
tableau complet de ce qui se pratique aujourd'hui dans
les églises, classer les rites, distinguer d'après les orthodoxies ceux qui sont accessoires de ceux qui sont
fondamentaux, et ne donner d'aucun d'entre eux que
l'interprétation authentique. On peut alors procéder à
l'histoire du rituel. Cette histoire doit se faire, comme
celle des dogmes, en remontant les années : en effet,
l'état présent des rites est un terrain solide sur lequel
une science peut être fondée. Mais si l'on descendait
l'ordre des temps, il faudrait commencer par la partie
de l'histoire la moins aisée à élucider, c'est-à-dire par
les origines. Si les rites chrétiens procèdent de l'Évangile, les Évangiles eux-mêmes ne sont pas, quant aux
rites qu'ils contiennent, des livres primitifs, puisqu'ils

ont été précédés par tout le développement du rituel
hébraïque. Il faudrait donc partir de la Genèse, œuvre
incohérente et multiple qui répond à la période la plus
obscure et en quelque sorte la plus mythologique du
peuple hébreu. Ajoutez que tout indique aujourd'hui
qu'une portion notable des rites chrétiens vient de sources
qui ne sont ni hébraïques, ni même sémitiques, de telle
sorte qu'il faudrait poser tout d'abord comme certains
des faits qui ne doivent au contraire se présenter que
dans les dernières conclusions de la science. En remontant la suite des années, on opère des retranchements
successifs ; on voit les rites se simplifier, à mesure que
les derniers venus d'entre eux disparaissent ; et
quand on approche des origines même du rituel, il
devient possible de distinguer les sources d'où il
émane.

Cette méthode, appliquée à l'étude des rites chrétiens, conduit à ce résultat que beaucoup d'entre eux,
rapprochés de la Bible et des pratiques des Hébreux,
n'ont pas une origine sémitique. D'autres, au contraire,
étaient pratiqués chez les Juifs et ont passé de leur
culte dans les cultes chrétiens. Ainsi la pâque porte
un nom hébreu, le tabernacle est un souvenir de l'ancienne loi. Mais presque toutes les parties du saint sacrifice, l'autel, le feu, la victime, tout ce qui manifeste
aux yeux le dogme de l'incarnation ou sa légende ;
puis, dans un autre ordre de faits, le temple, la cloche,
plusieurs habits sacerdotaux, la tonsure, la confession,
le célibat, sont autant de symboles ou d'usages dont
l'origine doit être cherchée ailleurs que chez le peuple
juif. Il en faut dire autant des prières et des paroles
qui se prononcent dans la plupart des cérémonies:
celles qui ne sont pas des psaumes ou des citations de
la Bible sont animées d'un esprit qui n'a rien de sémitique; beaucoup d'entre elles ressemblent, et pour le

fond et pour la forme à des chants aryens dont nous possédons les originaux.

Plusieurs documents antérieurs à Jésus-Christ prouvent que le bouddhisme était connu à cette époque dans l'angle sud-est de la Méditerranée : le Bouddha est nommé par le Juif hellénisant Philon ; la doctrine des *Samanai* de l'Inde, qui ne sont autres que les *Çramanas* ou disciples du Bouddha, était célèbre et appréciée dans Alexandrie et dans toutes les parties orientales de l'empire romain. La Bible n'est pas le seul livre étranger dont les savants grecs aient pris connaissance au temps des Ptolémées. La fondation du Musée, suscitée par un professeur célèbre des premiers temps du royaume d'Égypte, par Démétrius de Phalère, avait créé un centre d'études où se déroulaient sans cesse, avec une liberté scientifique que nos écoles ne connaissent pas, les doctrines et souvent les textes sacrés de toutes les religions alors connues. A l'époque où se fondèrent les rites chrétiens dans les réunions souvent clandestines de la primitive église, il y avait quatre ou cinq cents ans que le bouddhisme existait avec sa doctrine complète, ses rites et sa hiérarchie, et que de l'Inde il envoyait des missionnaires dans toutes les directions.

D'un autre côté, il est certain que le Vêda fut connu dans le monde grec avant la venue de Jésus-Christ : il y a, dans les poésies alexandrines publiées sous le nom d'*Orphiques*, des vers traduits mot à mot de certains hymnes du Vêda ; il y a des noms de divinités qui ne se trouvent que dans ces hymnes et qui n'ont jamais paru dans le vrai panthéon hellénique [1]. Les cérémo-

---

1. Ἄττιν καὶ Μῆνα κικλήσκω : Aditi et Mèna des hymnes. Le culte de *Mên*, vers l'époque de Jésus, était répandu dans tout l'empire, depuis la Perse et l'Égypte jusqu'à Sunium et Strasbourg, comme le prouvent de nombreuses inscriptions. — Le culte perse de Mithra ne l'était pas moins ; et ainsi de plusieurs autres, particulièrement de celui d'Orphée.

nies qui s'accomplissent le samedi saint, lors de la rénovation du feu, non seulement ont un caractère védique, mais renferment telle oraison où, pour en faire un hymne du Vêda, il n'y a que les mots *Hébreux* et *Égyptiens* à remplacer par ceux d'*Aryas* et de *Dasyeus* [1]. De tels faits peuvent nous mettre sur une voie nouvelle.

Les rites chrétiens ont donc plus d'une origine et manifestent dans leur évolution les deux tendances qui se remarquent dans les dogmes. Cela ne doit pas nous surprendre, puisque le rite suit le dogme et qu'il en est l'expression sensible.

Le rite hébreu procède des dogmes hébreux : ceux-ci furent fixés peu après le retour de Babylone, et acquirent dès lors une rigidité qui ne leur a jamais permis de se plier aux besoins des autres races. La double origine de ces dogmes et de ces rites, et le besoin de conserver la doctrine supérieure apportée de la Perse, expliquent les invectives des saints d'Israël contre l'introduction des cultes étrangers et principalement contre ceux de l'Égypte. En ne prenant dans le judaïsme que ce qu'il avait d'humain et en le faisant rentrer dans le système des rites aryens, qu'ils pratiquaient et dont le symbolisme grandiose s'accordait bien avec les dogmes nouveaux, les chrétiens primitifs se sont placés sur un terrain neutre ouvert à toutes les nations et ont institué un culte universel.

On conserve au Musée lorrain un bas-relief de l'Orphée chrétien, trouvé à Laneuveville, près de Nancy.

1. Voyez cette prière plus bas, chap. IX.

CHAPITRE IX

LA DOCTRINE SECRÈTE : JÉSUS ET LES APOTRES.

C'est un fait connu de tout le monde, que, dans les premiers temps du christianisme, il. existait une doctrine secrète [1] transmise par la voie de la parole et en partie peut-être par l'écriture ; cet. enseignement mystérieux excluait d'abord ceux qu'on appelait *catéchumènes*, c'est-à-dire les païens convertis, mais non encore instruits dans les choses de la foi et n'ayant pas reçu le baptême. Une fois chrétiens, ils n'étaient pas pour cela initiés aux plus profondes doctrines, car celles-ci se transmettaient en quelque sorte de la main à la main entre les hommes dont la foi était la plus ardente ; à ce titre, ils pouvaient devenir docteurs à leur tour, instruire et diriger la masse des fidèles. Sur quels points de doctrine portait le mystère ? C'est une question qu'il est impossible de résoudre *a priori* et que l'étude des textes peut seule éclaircir : on est néanmoins

1. Voyez E. Bunsen, *The hidden wisdom.*

en droit de penser que le voile du secret couvrait,
comme les mystères d'Eleusis, les parties les plus profondes de la science sacrée et celles qu'il eût été le plus
dangereux de découvrir à tous, au milieu du monde
païen, dans une société chrétienne composée de personnes pour la plupart ignorantes.

Vint-il un temps où la doctrine cachée cessa de l'être?
On s'accorde généralement à dire qu'après Constantin
il n'y eut plus de tradition secrète dans aucune église, ni
en Orient ni en Occident. En reconnaissant la religion
chrétienne comme une des religions autorisées dans
tout l'empire, cet empereur ôta l'une de ses deux raisons d'être à la *discipline du secret* ; en se faisant chrétien, il convia tout le monde romain à faire de même,
et fit naître une émulation qui contribua beaucoup aux
progrès du christianisme. Par cela même, les églises
furent ouvertes à tous ; l'affluence y fut grande ; il devint impossible aux diacres d'arrêter à la porte les catéchumènes ou les païens. La prédication s'adressant
à tous dut perdre en profondeur ce qu'elle gagnait en
étendue, se faire populaire, prendre une couleur de
plus en plus moraliste et pratique. Aussi, est-ce à cette
époque que l'église sentit le besoin de fixer ses principes essentiels dans une profession de foi désormais
invariable, qui les mît à l'abri des attaques de l'ignorance et de l'oubli ; ce fut l'œuvre d'Eusèbe pour la
partie historique et du concile de Nicée (325) pour le
dogme ; l'un et l'autre accomplirent leur tâche sous
l'impulsion et presque par l'ordre de Constantin.

Pour connaître les points de doctrine qui constituaient
l'enseignement secret, il n'est donc pas nécessaire de
consulter les monuments postérieurs au concile de Nicée,
si ce n'est pour y chercher les documents qui peuvent
s'y trouver encore touchant la période primitive du
christianisme. A cette époque, tout ce qui devait être

révélé de la doctrine chrétienne l'avait été en effet.
D'ailleurs les premiers siècles abondent en renseignements de toute sorte. Il y en a de trois espèces, les
livres, les rites primitifs de l'église conservés ou abolis,
et enfin les monuments figurés comme il s'en trouve un
si grand nombre dans les catacombes de Rome. Les
doctrines, surtout quand elles sont mystérieuses, sont
quelquefois exprimées avec plus de netteté dans les
cérémonies du culte que dans les livres ; ceux-ci d'ailleurs peuvent n'offrir que la pensée personnelle de l'auteur ou la tradition comme il l'a comprise : il n'en est
pas de même des prières, des formules de foi et des
autres parties du rituel qui, devant se reproduire constamment dans le lieu saint, peuvent être justement
considérées comme exprimant la pensée commune.
Quant aux monuments figurés, ils sont le plus souvent
symboliques et faits pour parler aux yeux ; ils sont
comme autant de comparaisons ou de souvenirs pleinement intelligibles pour les seuls initiés, et ne livrant
au vulgaire que la partie la plus superficielle de ce
qu'ils veulent exprimer ; rapprochés des livres et des
formules, ils répandent une lumière inattendue ; se répétant de siècle en siècle, ils peuvent quelquefois nous
conduire aux vraies origines de tout un ordre d'idées
ou de faits.

A partir de Jésus-Christ, on voit les monuments
écrits apparaître les uns après les autres dans leur
ordre naturel, à mesure que les événements extérieurs
et le progrès interne de la chrétienté leur permettent de
se produire. Leur étude conduit à des conclusions que
nous résumons de cette manière : le dogme chrétien,
dans ce qu'il a d'essentiel, ne s'est pas *formé* peu à
peu ; il est sorti tout fait de l'enseignement de Jésus ;
mais la mort, qui avait déjà frappé son précurseur et
qui l'avait frappé lui-même, menaçant toujours ses

disciples, la doctrine qu'il avait enseignée secrètement à ses apôtres fut tenue cachée par eux et transmise à voix basse à leurs principaux sectateurs. De cette obscurité où ils la conservaient avec la plus stricte vigilance, elle ne sortit que par fragments, à mesure que les circonstances permirent de la révéler sans péril. Enfin, elle ne fut entièrement promulguée que quand elle fut menacée à son tour de se dénaturer sous l'action des hérésies naissantes.

Les quatre Évangiles, les Actes, les Épîtres et plusieurs autres écrits des temps primitifs de l'église marquent les étapes que la promulgation de la foi eut à parcourir. La discipline du secret dura jusqu'au jour où la manifestation put être regardée comme complète : ce ne fut que vers la fin du second siècle ; alors seulement la publication de l'évangile de saint Jean [1] montra sous sa forme théorique la doctrine confiée par Jésus à ses disciples favoris.

Ainsi près de deux cents ans ont été nécessaires pour que les chrétiens répandus dans l'empire fussent en pleine possession des grandes formules de la foi. La première forme sous laquelle elle avait été proposée est celle qu'employa exclusivement Jésus dans son enseignement public, la forme de la parabole ; c'est celle qui se rencontre à peu près seule dans l'évangile de saint Mathieu, le plus ancien des quatre et celui qui parait reproduire le plus exactement les propres paroles du Christ. La théorie commence à se montrer dans l'évangile de saint Luc, le second en date ; ce nouveau livre fit avec le premier un contraste apparent, car il supprimait d'une façon systématique l'élément juif, que Mathieu, organe de Pierre, avait strictement conservé.

---

1 Nous disons, pour abreger « Evangile de » au lieu de « Evangile selon » sans rétendre que ces écrits aient été composés par les auteurs dont ils portent le nom.

Saint Marc n'apporta presque rien de nouveau ni dans l'histoire du Maître, ni dans l'expression de la doctrine; son évangile fut peut-être publié pour rapprocher les chrétiens judaïsants, dont Pierre était le chef, des chrétiens grecs et romains, pour qui avait été composé celui de saint Luc.

Quel événement s'était-il donc passé, qui eût produit dans l'église naissante cette scission un moment dangereuse ? Un seul : la prédication de saint Paul. Paul n'était pas un disciple de Jésus : marchand juif d'Asie-Mineure, son commerce l'avait amené aux lieux où ses coreligionnaires lapidaient le malheureux Étienne, et lui-même avait pris part à cet attentat. Fuyant à son tour la persécution, il s'était, par une résolution soudaine, tourné vers la religion nouvelle. En possession des mystères, il se donna pour mission de faire parmi les gentils ce que Pierre avait fait parmi les Juifs de Jérusalem ; il les évangélisa. Or, la condition où se trouvait Paul au milieu de la société grecque n'était point celle de Pierre en Judée. Ceux des apôtres qui étaient restés parmi les Juifs étaient tenus par la loi mosaïque et par l'esprit du peuple dans un silence qu'ils ne pouvaient rompre sans être frappés ; mais le monde grec jouissait d'une liberté de penser que pourraient envier plusieurs peuples modernes : depuis la fondation d'Alexandrie et du Musée régnait en matière de religion, comme en toute autre chose, cette indépendance de la parole sans laquelle les nations ne peuvent faire aucun progrès. Paul ne devait donc rencontrer hors des hommes de sa race aucun obstacle à sa prédication. Il pensa que le moment était venu de livrer à tous la science secrète ; il la prêcha « dans les rues et sur les toits. » Dans l'église, dont le centre principal était désormais à Rome, elle fut mal accueillie, parce que les chefs qui la gouvernaient étaient judaïsants et ne concevaient encore le christianisme que comme une application plus complète de la loi de Moïse. Tout le monde connaît la lutte qui s'éleva entre saint Pierre et saint Paul. L'église de Rome était alors constituée comme une synagogue et animée de l'esprit israélite. C'est Luc qui exposa la doctrine de Paul dans cet évangile connu sous le nom d'évangile des Gentils, comme celui de Mathieu était l'évangile des Hébreux. Peu après, les deux grands apôtres Pierre et Paul furent martyrisés ; une menace commune étant suspendue sur les Juifs et sur les chrétiens que l'on confondait dans une même haine, il se produisit parmi les fidèles un apaisement à la faveur duquel fut publié l'évangile de saint Marc, abrégé des deux autres.

Or, le mystère que les apôtres et les docteurs de l'église avaient fait des doctrines du Maître, l'ignorance où le commun des fidèles était retenu, avaient suscité dans l'église naissante des interprétations arbitraires en désaccord avec la doctrine du secret : elles devinrent assez puissantes pour que ceux qui conservaient les dernières formules cachées se crussent obligés de les divulguer entièrement, afin de rétablir la vraie tradition de Jésus et des apôtres. Ceux-ci étaient tous morts ; on était en plein second siècle. C'est alors que parut la première version de l'évangile de saint Jean, ouvrage rempli d'idées aryennes et qui contrastait avec le sémitisme de l'église de Rome, où probablement il fut publié.

On peut dire qu'à partir de cette époque la manifestation chrétienne fut complète, et que l'enseignement caché n'eut plus de raison d'être. Cependant il est hors de doute que cet enseignement dura quelque temps encore ; un livre ne se répandait pas alors aussi promptement que de nos jours ; les églises comptaient déjà un très-grand nombre d'adhérents dispersés dans presque tout l'empire. De plus, l'évangile de Jean peut lui-même être l'objet sinon d'interprétations opposées, du moins d'explications plus ou moins approfondies qu'il fallait mesurer à la capacité intellectuelle des catéchumènes. Les plus ignorants ne pouvaient guère recevoir que l'enseignement populaire contenu dans les récits et les paraboles ; les autres recevaient, avec les symboles figurés, toute la doctrine telle que l'apôtre l'avait exposée lui-même. Cette distinction dura, tant que les réunions des chrétiens furent clandestines ou simplement tolérées ; elle ne cessa qu'après l'édit de Constantin, lorsqu'il fut devenu impossible d'exclure des églises aucun assistant.

On voit par ce court exposé que le dogme chrétien existait tout fait dans la pensée de Jésus, et qu'il ne fut livré que par portions et par des publications successives, volontaires et préméditées. Néanmoins, s'il est vrai que les livres canoniques soient sortis l'un après l'autre du mystère où ils étaient tenus, la forme sous laquelle nous les possédons n'est pas celle que leurs auteurs leur avaient donnée. Ainsi, l'évangile de Jean avait été composé d'abord en araméen ; le texte sorti des mains de l'apôtre, s'il a jamais existé, ne nous est point parvenu ; la traduction qui en fut livrée au public vers la fin du IIe siècle, et que la critique attribue à Jean le Majeur, était-elle la reproduction exacte de ce texte ? Non, car les fragments cités dans les auteurs du Ier siècle ne reproduisent pas tels que nous les avons les textes de cet évangile. Il est donc probable que les textes primitifs ne furent publiés qu'après avoir subi les modifications exigées par les circonstances, c'est-à-dire pour servir de réponse aux opinions dissidentes à mesure qu'elles se produisaient. D'où venaient à leur tour ces altérations de textes ? Évidemment de l'esprit individuel des maîtres, lequel marchait lui-même avec le temps.

Aussi, lorsque les textes canoniques eurent tous été publiés et avec eux la doctrine secrète, l'esprit des docteurs et des pères continua-t-il à s'immiscer dans le dogme fondamental, sinon pour le changer, au moins pour l'interpréter plus librement : car, en réalité, le dogme est exprimé dans les livres saints d'une manière bien succincte et qui appelle les commentaires. Dans l'église catholique, le dogme ne fut définitivement fixé que par le concile de Trente ; encore pouvons-nous dire que depuis cette époque il a reçu quelques nouveaux développements. Quant aux rites, qui font également partie de la religion et dont le sens a été, lui aussi, tenu secret, ils n'ont jamais cessé d'éprouver des changements et de recevoir des additions : ils en reçoivent même de nos jours et sous nos yeux.

Ainsi, la doctrine du Christ s'est transmise secrètement dans la primitive église ; mais il ne faudrait pas dire d'une manière absolue qu'il en a été ainsi de toute la doctrine, et que durant sa transmission elle est demeurée intacte, sans recevoir ni altérations ni développements. Il y a lieu de prendre un moyen terme entre l'opinion qui n'admet rien de nouveau dans le christianisme pendant les deux premiers siècles et n'y voit que la transmission intégrale de dogmes complets, et la pensée de l'école critique, suivant laquelle tout y est nouveau, les doctrines et les livres.

Jésus, comme le Bouddha, eut deux enseignements, l'un public procédant par paraboles et ne livrant du dogme que ce qu'il avait de pratique, l'autre secret ou *ésotérique* donné seulement aux disciples et non pas même à tous dans sa totalité, mais seulement à Pierre, à Jacques et à Jean. Cette science cachée, Jésus ne prétendait pas en être l'auteur ; mais, opposant la religion du cœur à la religion tout extérieure des pharisiens, il leur reprochait de tenir en réserve la science dont ils

avaient le dépôt et de fermer aux hommes le royaume
du ciel. Ce royaume ne pouvait être ouvert à tous que
par le Messie, fils de Dieu ; la filiation divine du Messie
faisait partie de la doctrine secrète, tandis que le commun des Juifs n'attendait qu'un messie terrestre, un
roi-prophète, descendant de David. Or, publiquement,
Jésus ne se donnait que comme fils de l'homme, expression qui ne pouvait s'entendre ni de l'un ni de l'autre
des deux messies. Quand Pierre eut confessé le Christ
en Jésus et que les autres disciples l'eurent aussi reconnu en lui, Jésus leur interdit d'en parler à personne.
A mesure qu'il avance dans sa carrière, son caractère
messianique se montre de plus en plus clairement aux
yeux de ses compagnons ; mais le peuple ne voyait tout
au plus en lui qu'un prophète et un homme d'une
science et d'une puissance extraordinaires. Quant aux
pharisiens, leurs craintes et leur hostilité allaient croissant, parce que, connaissant eux-mêmes par tradition
la théorie du Messie, ils redoutaient de la voir se réaliser en Jésus. Tels sont les faits que la lecture des Évangiles nous révèle.

On se ferait une idée très-fausse du fondateur du
christianisme, si l'on pensait qu'en prêchant sa doctrine
il se jetait dans les hasards et courait volontairement à
la mort ; si le récit en est vrai, il l'a subie, il ne l'a point
recherchée ; la conscience qu'il avait de sa destinée ne
l'a point laissé reculer devant le dernier supplice. S'appliquant à lui-même tout le premier la *théorie du Christ*,
quand il vit qu'il ne pouvait réaliser sa mission sans
mourir, il accepta la mort avec cette douceur ineffable
que nul homme n'a égalée : telle est la légende ; mais,
durant toute sa prédication, ses disciples le virent user
pour lui-même d'une prudence quelquefois supérieure
à la leur, et leur livrer à eux seuls un mystère que le
peuple juif n'était pas préparé à entendre. Ce fut au

dernier moment qu'il avoua presque malgré lui, et en termes équivoques, sa qualité de fils de Dieu, aveu que ses ennemis déclarèrent un blasphème. S'il eût proclamé tout d'abord ce mystère, il est à croire que sa mission eût échoué dès le début. La prudence qu'il montre si souvent dans les Évangiles exclut de sa personne toute exaltation et rehausse encore sa douceur.

Jésus mourut donc sans avoir divulgué la théorie secrète sans laquelle son rôle était inexplicable et sa religion impossible : sur ce point, l'apparence même du doute doit disparaître, tant les textes sacrés sont formels. A partir de ce moment, l'apparition progressive du mystère se déroule comme un drame qui commence à Pierre et ne se dénoue que par l'évangile de Jean. On ne connaissait de Jésus que ses discours publics et ses miracles ; son nom même usité depuis longtemps était un symbole obscur ; sa vie était presque inconnue ; sa mort seule avait frappé d'étonnement ceux qui en avaient été les acteurs ou les témoins. Quant à sa pensée intime, on l'ignorait ; on savait seulement qu'il avait une doctrine mystérieuse dans laquelle un rôle extraordinaire lui était assigné, et dont il avait livré le dépôt à ses plus chers confidents.

Ceux qu'on a nommés *les apôtres*, et dont le nombre a été fixé à onze, si l'on en retranche le traître Judas, ne furent pas les premiers qui parurent en scène après la mort de Jésus. Ils étaient demeurés à Jérusalem : Juifs, frappés de terreur par la mort du maître, relevant d'ailleurs de la loi mosaïque dont l'application était aux mains de leurs ennemis, ils gardaient le secret et ne le confiaient qu'à un petit nombre de fidèles ; publiquement ils affirmaient, Pierre à leur tête, que Jésus n'avait point voulu renverser la loi ; ils assistaient aux cérémonies du temple et reconnaissaient la circoncision.

Étienne, le premier, nia hautement que la loi de Moïse fût la loi nouvelle. Grec, probablement d'Alexandrie [1], il allait disant dans Jérusalem, avec la liberté des hommes de sa race, que l'ancienne loi était une figure, et que le temps était venu où l'image devait faire place à la réalité. Il déclara que Jésus était le Messie, c'est-à-dire le Christ, mais le Christ Verbe de Dieu, et que lui-même avait vu la gloire de Dieu dans le ciel et Jésus-Christ se tenant à sa droite. Cette première manifestation du secret fut mal accueillie : Étienne fut tué à coups de pierres par les Juifs ; Saul, qui fut Paul, était parmi eux.

Quant aux apôtres, ils continuèrent de vivre dans Jérusalem, n'avouant rien de la doctrine secrète, et judaïsant. Cependant les chrétiens dispersés se répandirent hors de la contrée : l'un d'eux, Philippe, Grec aussi sans doute et différent de l'apôtre du même nom, prêcha dans Samarie, fit des miracles et convertit un grand nombre de personnes, parmi lesquelles se trouva Simon, un des disciples de Philon d'Alexandrie. Ainsi, les premiers progrès du christianisme ne furent pas dus aux apôtres, qui restaient paisibles dans Jérusalem.

Cependant, la mort horrible d'Étienne et son angélique prière ayant frappé la pensée de ses assassins, Paul se convertit sur le chemin de Damas et à son tour commença de prêcher la doctrine du Christ. Par quelle voie était-elle parvenue jusqu'à lui ? C'est une question qui n'est pas encore entièrement résolue. Paul ne connut point Jésus et ne vit les apôtres que dix-sept ans après sa conversion ; ils étaient encore à Jérusalem. Il était né à Tarse, ville d'Asie-Mineure, l'un des deux grands centres de philosophie théologique, dont l'autre était Alexandrie. Il avait eu pour maître le rabbin Ga-

1. D'autres prétendent qu'il était juif d'origine.

7*

maliel, que l'on disait avoir été baptisé secrètement par
Jean-Baptiste, et qui défendit les apôtres dans Jérusalem. Gamaliel avait pour père Siméon, fils de Hillel.
Hillel, le premier des trois docteurs de ce nom, était né
à Babylone au commencement du siècle ; il était phari-
sien ; fondateur d'une école restée célèbre, il avait soutenu contre le fameux Shammaï la doctrine orale, qui
se perpétuait par l'enseignement secret en opposition
avec l'Écriture, et dont lui-même avait approfondi l'étude
dans sa ville natale. Ce fut certainement une des voies par
lesquelles parvinrent jusqu'à Paul les théories secrètes
dont nous aurons à parler ; mais comme son commerce
le mettait en relation avec des hommes de toute doctrine
et de tout pays, il est probable qu'il reconnut l'identité
de ce qu'il avait appris de Gamaliel avec la doctrine
dont les apôtres de Jésus gardaient le secret. Cette doctrine, il en avait d'ailleurs saisi quelques formules dans
la bouche du malheureux Étienne.

Paul vit et désapprouva la conduite trop prudente ou
trop résignée des apôtres.

A cette époque circulait parmi les fidèles, sous le
nom de Mathieu, un évangile en langue hébraïque ou
plutôt en syro-chaldéen. Il avait été composé pour les
Hébreux de Palestine, et reproduisait la pensée de Pierre
et sa manière d'enseigner la religion nouvelle. Comme
il n'allait pas au delà des prédications de Jésus, il procédait exclusivement par des récits et par des paraboles, ne pénétrant point au fond des choses et laissant
la doctrine secrète sur un arrière-plan impénétrable.
Nous pouvons nous convaincre, en effet, par notre version de l'évangile selon saint Mathieu, que si le christianisme n'était pas sorti de cette voie, il n'aurait été
qu'une réforme morale dans le judaïsme et ne serait jamais devenu une religion universelle.

C'est ce que Paul comprit, et il se donna la double

mission de proclamer la doctrine secrète « jusque sur
les toits » et de l'annoncer aux Gentils. Il prêcha donc
un « autre évangile, » qui cependant « n'était pas un
autre, » évangile qui devait différer profondément de
la prédication de Pierre, puisqu'il dévoilait une doctrine
« demeurée secrète depuis le commencement du monde, »
et qui pourtant était le même, puisque cette doctrine
était précisément celle que Pierre avait reçue de Jésus
et qu'il retenait par faiblesse ou par obstination. La
prédication de Paul fut comme une seconde apparition
du Christ, dont elle dévoilait la nature, l'origine divine
et la pensée suprême.

De cet antagonisme naquit la lutte que tous les chrétiens connaissent, lutte qui ne se termina qu'à Rome
un peu avant la mort des deux apôtres. Pierre défen-
dait les tendances judaïques ; Paul les attaquait, disant
que les Juifs étaient insensés et que les Grecs seuls
étaient sages, faisant porter uniquement sur les Juifs
la responsabilité de la mort de Jésus et absolvant les
Romains. La question entre eux était donc de savoir si
la doctrine nouvelle resterait enfermée dans Jérusalem
pour y végéter un peu de temps et y mourir, ou si elle
devait en sortir pour vivre et grandir parmi les nations.
Le fait donna raison à saint Paul, car, tandis que Pierre
présidait à Jérusalem une réunion d'hommes qui n'a-
vaient pas encore un nom à eux et que l'on appelait
nazaréens, du nom d'origine de Jésus, Paul fondait à
Antioche la première église véritable, et ceux qui l'en-
touraient prenaient pour la première fois le nom de
chrétiens.

La doctrine de Paul nous est connue par des documents variés, dont les principaux sont ses *épîtres* et
l'évangile de *saint Luc*. Les épîtres sont authentiques,
à l'exception d'une seule, l'épître *aux Hébreux*, due, selon toute vraisemblance, à un Juif converti, l'alexandrin

Apollos, dont l'autorité fut mise en balance avec celle
de Paul lui-même. Luc était le disciple et le compagnon
de voyage de Paul. L'intention manifeste de son évangile est de frapper d'abord de discrédit les écrits antérieurs relatifs à Jésus, puis d'harmoniser entre eux les
récits les plus authentiques, d'en faire sentir l'insuffi-
sance, de les compléter avec la doctrine secrète révélée
par Paul. La lecture comparative des évangiles de Luc
et de Mathieu met le contraste dans toute son évidence.
Tout ce qui dans ce dernier paraît favorable aux Juifs
ou à la loi mosaïque est supprimé dans saint Luc :
Mathieu conserve la pâque, Luc la supprime et la remplace par une autre où un agneau n'est plus immolé et
où la victime n'est autre que le Christ lui-même. Le
royaume du Messie est juif et matériel dans Mathieu ;
il est spirituel et universel dans saint Luc. Le Dieu de
Mathieu, c'est le Père assis dans le ciel, sur un trône,
comme le chef du Peuple choisi ; le Dieu de Luc est
universel, il habite en chacun de nous, et nous-mêmes
habitons en lui. Luc décrit l'aveuglement et l'hypocrisie
des chefs israélites, il n'a point de paroles amères
contre Pontius Pilatus ; par lui, Hérodes et ses soldats
sont substitués aux soldats romains ; ce sont eux qui
livrent Jésus au supplice. Mathieu avait commencé la
généalogie de Jésus à Abraham, et par là en avait fait
un Juif, fils de David par Joseph ; Luc la commence à
Adam, fils de Dieu et père des hommes ; Joseph n'est à
ses yeux qu'un père supposé ; le vrai père de Jésus,
c'est Dieu, qui l'a choisi pour être crucifié par les Juifs.
On trouvait dans Mathieu les mages, l'étoile, la fuite en
Egypte, le massacre des enfants ; dans saint Luc, il n'y
a plus ni mages, ni massacre. Joseph le Juif disparaît
de la scène, et à sa place on voit paraître sur le premier
plan Marie, Galiléenne, de race peut-être étrangère à
Israël, modèle de sainteté et de bénédiction, dont la

vertu purifiante est ressentie par tous ceux qui l'approchent. Cette Marie est aujourd'hui reconnue identique à la Mâyâ des Indiens, qui est le principe féminin universel et qui fut la vierge, mère du Bouddha. Le récit de la naissance de Jésus au lever du jour, de l'approche des bergers, des anges chantant en chœur : « Gloire à Dieu au haut du ciel, » tout cela forme dans saint Luc un tableau d'une harmonie orientale et presque védique, contrastant merveilleusement avec l'esprit étroit des sadducéens et des pharisiens eux-mêmes. C'est en Galilée, parmi les Gentils, que Jésus reçoit le baptême, et que le Christ se révèle à Jean le Baptiseur ; celui-ci, selon saint Luc, baptisait par l'eau en attendant qu'un autre baptisât par l'esprit et par le feu, nouveau rite différent du baptême hébraïque de saint Mathieu. Luc cherche à diminuer l'autorité des apôtres en omettant toutes les paroles de Jésus, qui dans Mathieu la confirment ; il ôte aux douze le mérite d'avoir fondé la religion du Christ, en leur ajoutant soixante-dix envoyés dont la mission est contraire aux usages israélites les plus accrédités. « Allez, leur dit le maître, comme des agneaux parmi les loups ; ne portez ni bourse, ni sac, ni souliers ; ne saluez personne en chemin ; en quelque maison que vous entriez, faites d'abord le *salam*, et demeurez là, mangeant et buvant de ce qui sera mis devant vous. » Luc fait à Paul des allusions évidentes et le déclare le premier des apôtres. Quand Paul fut persécuté, Luc resta fidèle à Paul au moment où tous les autres le trahissaient. Enfin les plus anciens pères de l'église, Irénée, Tertullien, Origène, Eusèbe, Jérôme, identifient la pensée de Luc avec celle de Paul.

Les faits que nous venons de citer montrent clairement que si Jésus fut le fondateur du christianisme, saint Paul en fut le vulgarisateur, et qu'imbu d'idées orientales, il le fit sortir de Jérusalem pour le répandre parmi les nations.

Progrès de la Théorie du Christ, jusqu'à saint Jean.

Nous devons maintenant faire quelques pas en arrière pour reconnaître les opinions dissidentes, nées dans les églises à la faveur du secret où la doctrine métaphysique avait été cachée. Les discussions fondamentales portaient sur la nature de Jésus dans ses rapports avec la *théorie du Christ*. Nous avons vu que chez les Juifs eux-mêmes le futur règne du Christ était compris de deux façons : les uns attendaient un roi de la souche de David, destiné à étendre sur la terre la puissance de la théocratie mosaïque et à placer le peuple d'Israël à la tête d'un vaste empire dont ce roi serait le chef. Les autres, et parmi eux les pharisiens, entendaient le règne du Christ dans un sens idéal. Cette question avait été fort agitée pendant le dernier siècle entre les docteurs juifs Shammaï et Hillel; l'apparition de Jésus, sa prédication, sa vie et sa mort la compliquèrent. Les uns reconnaissaient en lui un fils de David, un futur roi des Juifs; mais comme il était mort sans avoir établi aucun royaume, ils étaient déconcertés dans leurs espérances et attendaient ce second avènement de Jésus glorieux dont lui-même les avait une fois entretenus. Les autres se sentaient confirmés dans leur doctrine : en regardant Jésus comme le Christ, ils voyaient surtout en lui le fils de Dieu et marchaient peu à peu vers la suppression de sa nature humaine.

On voit par l'évangile de saint Mathieu, par la réaction paulinienne et par le témoignage des homélies qui, sous le nom de *Clémentines*, retracent la doctrine des apôtres, que la première doctrine était celle de Pierre et des judaïsants. C'est au temps de saint Paul que la seconde se manifesta. On en trouve le premier symptôme dans l'épître *aux Hébreux*, vulgairement attribuée à Paul, mais écrite sans doute par Apollos aux Juifs chrétiens d'Alexandrie. Dans cette ville régnait une liberté de pensée qui altérait aisément le canon des Écritures et introduisait souvent dans la doctrine de Jésus des interprétations individuelles. Nous ne connaissons presque rien de la primitive église d'Alexandrie, si ce n'est qu'elle contribua pour une part considérable aux accroissements du christianisme et au progrès de ses dogmes. Apollos ne rompt pas seulement de la façon la plus nette avec la loi mosaïque, mais évoquant la doctrine indo-perse des incarnations, il soutient que le Christ n'a rien d'humain, qu'il est simplement le fils de Dieu apparu sous des formes humaines. Il reproche à saint Paul de ne pas dire tout le secret, et d'en garder pour lui-même la partie la plus importante. C'est donc dans cette épître *aux Hébreux* que se trouvent les premières formules de la doctrine nommée plus tard *docétisme*, d'un mot grec qui signifie sembler, parce que le corps du Christ n'avait, selon elle, qu'un semblant de réalité. Elle se produisait ainsi en pleine période apostolique.

L'épître faussement attribuée à *Barnabé* marque la seconde étape du docétisme ; elle est postérieure à l'épître *aux Hébreux*, antérieure à l'évangile de Jean. L'auteur appartenait à l'église d'Alexandrie ; il regardait, ainsi qu'Apollos, le christianisme comme une nouveauté sans racines dans le judaïsme, niait que Jésus fût un fils de David, et ne reconnaissait point son humanité.

Cette doctrine antisémitique ne resta pas concentrée dans Alexandrie; elle se répandit promptement dans d'autres églises. La pensée d'Apollos, portée à Corinthe, y produisit un véritable schisme. Déjà Paul avait, pour la réfuter, écrit sa *première aux Corinthiens*: mais sa propre opinion n'ayant point prévalu, ils reçurent bientôt une seconde lettre de l'évêque Clément de Rome, constatant et déplorant la division qui régnait parmi eux, les prévenant contre les faux maîtres qui ne reconnaissaient ni Paul ni Pierre, et les engageant à imiter ces deux apôtres, qui, après avoir été divisés quelque temps, s'étaient enfin réconciliés. La *lettre de Clément* prouve qu'à la fin du Ier siècle, époque où elle fut écrite, le docétisme régnait dans certaines églises d'Orient; mais elle prouve en même temps que l'église de Rome en était exempte, et que, si la doctrine de Paul n'y était pas encore seule en vigueur, du moins l'influence juive en avait à peu près disparu.

Le Pasteur, composé par Hermas, frère de Pie évêque de Rome, parut vers les années 130 ou 140. Il fut comme une suite de la lettre de Clément et de l'évangile de saint Luc. Quoiqu'il n'avançât pas beaucoup au delà de saint Paul dans l'exposition des doctrines secrètes, il avait l'avantage de les répandre dans l'église, de les préciser sur un grand nombre de points, de les approfondir et surtout de les poser nettement en face de ceux qui niaient soit la divinité du Christ, soit son humanité. Irénée, Clément d'Alexandrie, Origène considérèrent cet écrit comme canonique, et nous pouvons le regarder comme formant dans la manifestation du secret un anneau de la chaîne qui unit saint Paul à saint Jean.

Nous ne voulons pas, malgré l'intérêt du sujet, obliger le lecteur à nous suivre à travers les écrits d'Ignace, de Polycarpe, de saint Justin, ni à travers ces *récogni-*

tions et *homélies* qui portent le nom de *Clémentines* et retracent la doctrine des apôtres. Nous arrivons à cette belle œuvre d'un auteur contesté, qui a pour titre *Epitre à Diognète*. Elle est à peu près contemporaine du *Pasteur* d'Hermas. La forme en est belle, surtout quand on la compare aux écrits des premiers chrétiens. L'éloquence y est constamment soutenue par une élévation de pensée et une précision de doctrine que le *Pasteur* n'atteignait pas. Si Marcion en fut l'auteur, il faut avouer que ses opinions avaient beaucoup changé à l'époque où dans Rome, en présence d'une église déjà fortement constituée et de dogmes que saint Paul avait définis clairement une première fois, il devint le chef d'une école où l'on niait absolument l'humanité du Christ et sa réalité charnelle; car la lettre à Diognète porte un caractère tout à fait évangélique, le docétisme n'y paraît pas : elle n'est qu'une affirmation nouvelle de la science secrète enseignée par Paul; enfin elle est une véritable introduction à l'évangile de saint Jean.

Trente ans s'étaient à peine écoulés, qu'un docétiste de Babylone, Tatien, publiait l'*Harmonie des quatre Evangiles*. L'évangile de Jean était donc connu à cette époque, et son apparition doit être placée entre les années 160 et 170 de notre ère. Dans l'intervalle, Marcion, se posant comme l'antagoniste de Polycarpe, évêque de Smyrne, soutenait, avec une grande apparence de raison, que le Dieu des chrétiens n'est pas celui des Juifs, que le Christ n'est pas leur Messie, que le Messie leur est particulier, tandis que le Christ est universel. Mais il ajoutait que le Christ ne s'était point incarné, si ce n'est en apparence; que les Juifs à Capernaüm n'avaient vu devant eux qu'un fantôme; qu'il n'avait pas souffert sur la croix et qu'il n'avait pu mourir. Marcion ne connaissait pas l'évangile de Jean, mais, il adoptait celui de Luc en l'altérant selon ses propres idées. Une grande partie des chrétiens se ralliait aux opinions de Marcion, rendues vraisemblables par un style élégant et une éloquence persuasive ; là doctrine du secret était menacée dans ses fondements.

C'est alors que parut l'évangile selon Jean, le dernier et le plus métaphysique des quatre récits qui composent le canon évangélique. Tout paulinien a pu l'écrire ; mais il est plus probable qu'il existait déjà, et qu'il était connu des docteurs chrétiens, car plusieurs phrases sont citées dans les *Clémentines* et dans les écrits théologiques de l'évêque Hippolyte [1], du premier Tatien, disciple de saint Justin, du philosophe chrétien Athénagore et de Théophile, évêque d'Antioche, dont l'*Apologie* fut composée au milieu du IIe siècle. Pierre, Jacques et Jean étaient les trois plus chers disciples de Jésus, et nécessairement ses trois plus intimes confidents ; mais, comme disciple bien-aimé, Jean dut être celui à qui Jésus confia le secret tout entier. Son évangile, écrit en araméen, dut être traduit pour être compris de ceux qui suivaient les doctrines de Marcion, d'Ébion ou de Cérinthe. Comme la vie supérieure du Christ était un mystère divin, Jean avait pu la raconter en cette langue en se plaçant déjà à ce point de vue élevé ; mais le temps où elle pouvait être comprise n'arriva que quand les controverses eurent préparé les esprits, et que la vie réelle de Jésus eut pris les aspects fantastiques que donne un passé déjà lointain.

C'est donc dans l'Évangile de saint Jean qu'il faut chercher les formules définitives de la métaphysique chrétienne, formules que saint Paul lui-même n'avait qu'incomplètement révélées et dont la couleur asiatique n'échappera à personne. Il est nécessaire pour la suite de ce travail de les résumer en peu de mots.

1. Voyez sur *Hippolyte* une étude de M. A. Réville, dans la *Revue des Deux-Mondes* du 15 juin 1865.

Jean admet que le Verbe divin était connu longtemps avant Jésus, qu'il existe éternellement, qu'il éclaire tout homme venant en ce monde, qu'il fut pour Dieu le médiateur de la création, qu'il s'est fait chair et qu'il a placé *en nous* sa demeure (*habitavit in nobis*). Dieu est un et indivisible. Le Verbe est son fils unique, sa *gloire*, sa lumière; il dévoile aux hommes les choses du ciel. L'esprit est Dieu; incarné, il devient le Christ, premier-né des créatures, organe de sanctification pour les hommes. C'est l'amour divin qui est le sauveur universel, car c'est par lui que Dieu a donné au monde son fils unique; par leur communion avec ce fils, les hommes deviennent, comme lui, enfants de Dieu. La justification s'opère par la grâce de Dieu, c'est-à-dire par son action directe en nous, et l'expiation s'opère, non par les œuvres de la loi, mais par la justice. Le consolateur que Jésus a promis à ses disciples n'est pas autre que l'Esprit de Dieu, qui, sous le nom de Christ, habitait avec eux, mais non encore en eux, et qui, après le départ du Christ, quand ils seront livrés à eux-mêmes, demeurera en eux, et fera que par eux les hommes continueront à accomplir les œuvres de l'Esprit. C'est dans saint Jean que se trouve, pour la première fois exposée sous sa forme authentique, la *théorie du Christ éternel*, antérieur à Abraham et à Adam; mais à côté de cette doctrine se trouve nettement affirmée l'humanité du Christ, son incarnation en Jésus et la réalité de sa vie et de sa mort.

CHAPITRE X

LES RELIGIONS MODERNES

L'idée de Dieu et le rite sont les seuls éléments dont la science constate la présence dans toutes les religions. Il y a eu des religions sans morale, il y en a eu sans clergé. Quelques développements sur ces deux points marqueront l'état actuel de la science.

Quant on remonte l'histoire des religions, on s'aperçoit que l'application des principes dogmatiques à la conduite de la vie est un fait moderne, qui caractérise les dernières venues d'entre elles, celle de Mahomet, du Christ et du Bouddha. Dans le Koran, la métaphysique ne tient presque pas de place et se réduit en quelque sorte à l'affirmation de l'unité personnelle de Dieu, en opposition avec l'idée chrétienne du Père et du Fils. Au contraire, les règles de conduite, les prescriptions morales s'y rencontrent à chaque pas sous les formes variées du précepte, du récit et de la parabole. Suivez le développement du mahométisme, soit en Orient, soit en Occident : vous reconnaîtrez l'extrême faiblesse de la philosophie musulmane comparée à la puissance de la métaphysique chez les Grecs et chez les Indiens. Il est

permis d'attribuer cette exiguité scientifique des religions fondées sur le Koran moins peut-être au caractère
particulièrement moral de la révolution musulmane
qu'à la nature de l'esprit sémitique, toujours inférieur,
en matière de science, au génie des peuples âryens.
Cette opinion, depuis longtemps répandue parmi les
savants, se confirme de plus en plus chaque jour et tend
à devenir un point de doctrine incontestable. Il est certain en effet qu'il n'y a presque pas de philosophie
théorique dans les livres sémitiques qui ont précédé
le Koran, c'est-à-dire dans la Bible et dans les autres
écrits des Hébreux. Si l'on n'avait sous les yeux que la
suite des religions procédant exclusivement du mosaïsme, la loi qui nous montre les religions ne prenant un
caractère définitivement pratique qu'après avoir été
pour ainsi dire étrangères à la morale ne pourrait pas
être établie ; mais il est certain que les religions purement âyrennes se sont développées suivant cette loi.

Le bouddhisme dans l'Inde est resté pendant plusieurs
siècles confondu, quant à sa partie métaphysique, avec
certaines écoles des brâhmanes. Plus tard, soit quand il
s'est séparé d'elles, soit quand il a quitté l'Inde pour se
rendre dans le Tibet, dans l'île de Ceylan et chez les
peuples de race jaune, il a conservé, quoique en les
modifiant, la plus grande partie des symboles brâhmaniques. Au contraire, dès le premier jour, le Bouddha
s'est présenté aux hommes comme instituteur d'une
doctrine morale fondée sur la vertu et sur la charité.
Quand ses disciples se sont réunis en concile pour composer la primitive église bouddhique (*sangha*), le seul
but qu'ils se sont proposé d'atteindre a été, non d'enseigner aux hommes une métaphysique nouvelle, mais
de changer leurs mœurs qui étaient mauvaises, d'ôter
de leur âme les passions qui avilissent, et de les réunir dans un sentiment universel d'amour (*maitrêya*).

De là sont nés ce prosélytisme, cette abnégation sans mesure, qui ont fait de ses apôtres les civilisateurs de peuples auparavant barbares, comme ceux du Tibet et de la Presqu'île au delà du Gange. Ces peuples sont restés de très-mauvais métaphysiciens, mais ils ont vu leur mœurs s'adoucir, et ils font dater du bouddhisme le commencement de leur civilisation. De là aussi cet esprit d'association religieuse qui a donné dans tout l'Orient un si grand empire aux églises bouddhiques, qui a fait de la prédication un des premiers devoirs des prêtres, de la confession une pratique ordinaire, et qui poussant beaucoup d'hommes à la recherche d'une pureté morale presque impossible, a peuplé de couvents (*vihâras*) une portion de l'Asie et nous montre aujourd'hui des villes populeuses entièrement composées de monastères [1].

Le brâhmanisme est loin d'avoir donné à l'institution morale la même universalité que le bouddhisme. Nous voyons, il est vrai, dans un temps déjà ancien, la conduite des hommes préoccuper les brâhmanes qui ont rédigé les Lois de Manou ; mais ce livre, qui est le code brâhmanique moderne, a bien plutôt pour objet de fixer les bases de la constitution sociale et de l'organisation politique de l'Inde que de conduire tous les hommes, sans distinction de castes et de races, dans la voie de la vertu. La loi de Manou exige bien peu en cela des hommes de condition inférieure : elle est plus sévère pour les seigneurs de caste royale ; elle n'impose la pureté morale et la perfection qu'aux hommes et aux femmes de la caste sacerdotale. D'autre part, la métaphysique occupe une place importante dans les Lois de Manou : elle en remplit presque à elle seule le premier et le dernier livre. Il y a plus de théorie dans ce seul

1. Voyez le Père Huc, *Voyage en Chine et au Tibet*, et *Hiouen Tsang* traduction de Stanislas-Julien.

ouvrage sanscrit que dans toute la littérature bouddhique [1].

Remontez plus haut dans le passé. Le Vêda précède
le brâhmanisme et lui sert de point d'appui. Or la morale
est à peu près étrangère aux hymnes du Vêda.
C'est donc dans l'intervalle compris entre la période vê-
dique, longue de plusieurs siècles, et l'établissement de
la constitution brâhmanique, que les Aryas du sud-est
ont commencé à tirer de leurs doctrines les conséquences morales dont elles contenaient le germe. Le brâhmanisme, venu plus tard, a fécondé ces données primitives et formulé en quelque sorte les premières pratiques, mais sans jamais perdre de vue la diversité des
castes, des aptitudes et des fonctions. Ce fut seulement
au cinquième ou au sixième siècle avant Jésus-Christ
que les prédications bouddhiques donnèrent à la morale
pratique son caractère universel et en firent la loi commune de tous les hommes. Elles poussèrent si loin ce
principe qu'elles allèrent jusqu'à annoncer pour un
avenir lointain le règne définitif de la morale et du sentiment parmi les hommes. Il existe en effet une prédic-
tion bouddhique relative à la venue d'un bouddha futur
qui doit s'appeler *Maitrêya*, c'est-à-dire Charité.

Pendant que ces faits s'accomplissaient en Orient,
les anciens peuples de la race aryenne, Grecs, Latins,
Germains, n'étaient pas encore sortis de la période vê-
dique et ne subissaient pas les mêmes révolutions morales que ceux de l'Inde. Lorsque nous cherchons à distinguer aujourd'hui la partie morale des religions appelées payennes, nous sommes étonnés d'aboutir à une
négation. Il est certain que, chez les Grecs, ce ne fut
pas l'enseignement religieux qui donna aux hommes
la règle de la vie et leur fit connaître la vertu ; ce fut

---

1 Voyez *Lois de Manou*, traduction de Loiseleur-Deslongchamps.

les philosophes : leur biographie, telle que Diogène de
Laërte nous la fait connaître, prouve qu'une partie notable de la philosophie grecque, la morale surtout, venait de l'Orient, où les savants allaient la chercher.
Quant à la religion, elle demeurait une institution publique à laquelle beaucoup de pratiques individuelles
s'ajoutaient ; mais elle n'avait de valeur réelle que par
le symbolisme mythologique qui en était le fond.

Quand le christianisme pénétra dans le monde occidental, il fut le premier à y prêcher la morale au nom
de la religion et à faire de la règle de vie une portion
du dogme. Ce que les chrétiens d'alors reprochaient
à la religion payenne, c'était non seulement d'être étrangère à la morale, mais souvent même de lui être contraire en offrant aux hommes l'exemple du vice : ils affectaient de ne pas voir le côté symbolique de ces prétendus exemples, et ils dénonçaient la fable comme
une école d'immoralité. L'enseignement verbal ou écrit
des philosophes ne pouvait sortir d'un cercle borné
d'hommes instruits et passait en quelque sorte par dessus le peuple. Le christianisme n'eut donc pas d'antécédents moraux chez les peuples de l'Occident. C'est
une tentative stérile, et qui n'a rien de scientifique, de
vouloir montrer que toute la morale chrétienne se trouvait dans les écrits des philosophes grecs ou latins antérieurs à Jésus, Cela n'a rien de surprenant ; et je né
vois pas même pourquoi l'on n'admettrait point avec
saint Jérôme que les moralistes chrétiens ont dès l'origine puisé dans les dissertations des philosophes [1].

1. « Les gens qui m'attaquent ne lisent pas plus la Bible qu'ils n'ont lu
Cicéron. Ils auraient trouvé *dans Moïse et les Prophètes* plus d'une
chose empruntée aux livres des gentils. Et qui peut donc ignorer que Salomon proposait des questions aux philosophes de Tyr et répondait aux
leurs ? L'apôtre *Paul* lui-même n'a-t-il pas cité dans son *Épître à Titus*
un vers d'Épiménide sur les menteurs ? Et que dirai-je des docteurs de
l'Église ? ils sont tous nourris des anciens qu'ils réfutaient. » (Saint-Jérôme, *Lettre à Magnus.*)

Mais, cela fût-il démontré, il n'en demeurerait pas moins que le christianisme fut en Occident une révolution morale qui s'étendit à tous les hommes, et que cette révolution procéda par la voie religieuse et non par celle de la philosophie. C'est là toute la question.

Il est certain qu'avant le christianisme il n'y avait pas, dans le monde occidental, un enseignement moral populaire se présentant sous une forme religieuse et constituant une partie de la foi. Il n'y eut pas dans l'état religieux du monde gréco-romain une période d'élaboration morale correspondant au brâhmanisme ; le christianisme, venu du dehors, y succéda sans transition aux anciens cultes, à peu près comme si la prédication du Bouddha était venue sur la fin de la période védique. Le christianisme eut donc dès l'origine le caractère d'une révolution morale ; c'est ce qu'atteste l'évangile de saint Mathieu. Plus tard, vers la fin du second siècle, il commença à développer sa métaphysique, qui, dans les discussions des Pères avec les philosophes d'Alexandrie, atteignit à la hauteur où ces disciples de Platon et de l'Orient la portèrent eux-mêmes. Mais quelle qu'ait été et quelle que soit encore aujourd'hui la métaphysique chrétienne, la véritable influence du christianisme et sa véritable grandeur résident dans l'action morale qu'il exerce.

Ainsi, plus on remonte la série des temps, plus on voit chez les peuples âryens la religion étrangère à la morale. Quand on s'arrête soit au Vêda, soit au polythéisme des peuples occidentaux, on ne trouve presque plus dans la religion que ses deux éléments essentiels : le dieu, le rite.

La même réduction s'opère relativement au sacerdoce. Il n'y a pas de système social où l'ordre des prêtres ait été constitué suivant une hiérarchie plus solide

que dans les trois religions modernes, le mahométisme
le christianisme et le bouddhisme. Le sacerdoce brâhmanique doit sa durée non à sa constitution particulière,
qui est nulle, mais au régime des castes, dont il est
pour ainsi parler la clef de voûte. Les brâhmanes sont
égaux et n'ont jamais, depuis leur origine, reconnu
pour chef aucun d'entre eux. Leur commune origine,
figurée par la bouche de Brahmâ, les rend indépendants les uns des autres ; nul d'entre eux ne peut imposer à un autre une obligation ni lui donner un ordre ;
si quelque brâhmane acquiert avec les années une autorité qui manque à d'autres, il la doit à sa science et
non à une supériorité de fonction.

Cette égalité hiérarchique des prêtres a pour conséquence la liberté dans les doctrines : s'il y a eu dans
l'Inde une orthodoxie, ce n'est pas l'autorité d'un chef
ou d'une réunion quelconque de brâhmanes qui l'a
fixée, c'est uniquement sa conformité avec le Vêda, c'est-
à-dire avec la sainte écriture. Là donc il y a toujours
lieu de discuter un point de doctrine, sans que l'on
puisse être accusé ni condamné par aucune puissance
sacrée ; la liberté de penser est absolue dans la caste
sacerdotale.

Si l'on remonte au delà des temps brâhmaniques, on
ne trouve plus ni sacerdoce régulièrement constitué, ni
clergé d'aucune sorte ; il n'y a plus de prêtres se dis-
tinguant du reste des hommes ; tout père de famille est
prêtre au moment où il remplit la fonction sacrée,
comme il est soldat à la guerre et laboureur aux champs.
C'est seulement à la fin des temps vêdiques que l'on
voit la fonction sacerdotale se fixer dans certaines familles, comme le pouvoir royal et le commandement
militaire se fixent dans certaines autres. Mais la société
âryenne avait jusque-là conçu ses dieux et pratiqué ses
rites sans l'intermédiaire d'aucun sacerdoce organisé.

La lecture attentive de l'Iliade nous montre le même état de choses chez les anciens Grecs. On y voit des sacrificateurs attachés à certains temples, et quelquefois transmettant à leurs fils la fonction sacrée ; mais, à côté, les rites sont le plus souvent accomplis par des mains qui tiennent l'épée, et la prière est prononcée par une bouche qui, un moment après, va pousser le cri de guerre : Agamemnon est, selon la circonstance, guerrier, juge ou sacrificateur. La fonction sacerdotale n'avait donc pas alors la fixité qu'elle eut plus tard : et si nous la trouvons si peu définie au temps des poésies homériques, ne devons-nous pas penser qu'à une époque antérieure, elle était telle que nous la trouvons dans les plus anciens hymnes du Vêda ?

Le développement du sacerdoce s'était fait progressivement dans l'Inde : sortant de l'état d'ébauche où il est dans les hymnes, il avait pris la forme d'une caste dans le monde brâhmanique ; dans le bouddhisme, la caste avait fait place à une puissante hiérarchie dont Siam, Ceylan, le Tibet et la Chine nous offrent encore des exemples. En Occident, à la faiblesse du sacerdoce hellénique, qui ne reposait ni sur une caste ni sur une hiérarchie, succéda brusquement l'organisation des églises chrétiennes, organisation que l'on croirait calquée sur celle des églises bouddhiques, si l'on ne savait que chez les peuples de langue latine, elle eut en partie pour modèle cette sorte de religion politique dont l'empereur romain était le souverain pontife, et qu'elle naquit du besoin d'unité qu'éprouvait la société chrétienne quand elle n'était encore qu'une société secrète et souvent persécutée. Nous n'avons pas à rétracer ce que tout le monde peut voir ; les églises chrétiennes et, par dessus toutes l'église catholique, offrent un sacerdoce dont la hiérarchie a été se fortifiant d'année en année, à mesure que l'autorité du chef était mieux reconnue comme la source unique de tous les pouvoirs sacrés.

Ainsi donc la morale et le sacerdoce, qui sont deux parties importantes des religions modernes, se montrent de plus en plus restreints à mesure qu'on remonte la série des siècles.

Il semble au premier abord que l'Egypte fasse exception à cette loi, puisque les prescriptions morales forment une partie notable de ses anciens textes sacrés. Mais l'Egypte répond, dans l'histoire de l'humanité, à une période qui allait finir au moment où celles dont je viens de parler commençaient. On ne doit pas oublier que, dès la sixième dynastie, les dogmes, les rites, les figures symboliques, la hiérarchie sacerdotale et les prescriptions morales étaient en grande partie fixés. Cet état de choses suppose un passé très-long, parce qu'il ne peut se produire qu'à la suite d'une très-lente élaboration. L'Égypte a pu, dans une certaine mesure, contribuer au développement religieux des peuples plus modernes, comme furent les Hébreux. Mais les grandes religions âryennes étaient fondées, soit en Orient, soit en Occident, avant qu'elle ait pu exercer sur elles une notable influence. La loi reste donc ; et l'on peut dire que la morale et le sacerdoce apparaissent à un certain moment de l'histoire, qui n'est pas le même pour tous les peuples. Au delà, on ne trouve plus comme éléments essentiels des religions qu'un fait intellectuel, le dogme, et un acte extérieur, le culte.

Comme la science des dogmes et des cultes ne peut se faire qu'en remontant le cours des années, elle a pour point de départ, comme nous l'avons constaté, l'état présent des religions. Le premier chapitre de cette science est une simple exposition de ce qui existe ; le second fait partie de l'histoire. Or, les faits présents ne peuvent trouver leur explication que dans ceux qui les ont immédiatement précédés, à moins que l'on ne considère l'histoire de l'humanité comme une série interrompue de miracles, ce qui est contraire à la science. La raison humaine, réduite à sa formule la plus simple, par la psychologie moderne, n'est au fond que l'idée de Dieu, c'est-à-dire de l'absolu : seulement, cette idée ne peut parvenir à toute sa clarté que par une suite d'analyses, qui la dégagent peu à peu du milieu où elle est enfermée. Ces analyses ne se font pas en un jour ; elles demandent au contraire beaucoup de temps : chaque philosophe les exécute pour lui-même suivant des méthodes connues; mais l'humanité met des siècles à réaliser la moindre d'entre elles. A chaque pas qu'elle fait, elle se donne à elle-même une définition de Dieu, plus exacte que celles qui avaient précédé, mais à laquelle elle ne saurait s'élever si celles-ci n'avaient pas été données auparavant.

Celui qui n'admet pas ce principe d'expérience ne peut rien comprendre à l'histoire des religions : car elles sont soumises, comme toutes choses ici-bas, à la loi de la succession et de l'enchaînement. Une découverte ne peut avoir lieu que si elle succède à une découverte antérieure, à laquelle elle se trouve liée comme le foyer enflammé à l'étincelle qui l'a fait naître. L'idée de Dieu marche à travers les siècles, toujours identique au fond, mais recevant dans son expression des rectifications toujours nouvelles. Les dieux des hymnes védiques ne répondent plus à l'idée que nous avons de Dieu, quoiqu'ils aient été adorés pendant bien des siècles et que les poètes d'alors les considérassent comme supérieurs à ceux qu'on adorait avant eux. Le dieu matériel des premiers chapitres de la Genèse n'a presque rien de commun avec le dieu des chrétiens, qui est un esprit pur et parfait. Cependant les plus savants métaphysiciens de l'Orient reconnaissent le Vêda comme le fondement de leurs doctrines ; les chrétiens voient dans la Genèse le plus ancien de leurs livres sacrés et celui duquel par tradition ils ont reçu la notion de Dieu. Il est donc évident, et ici la foi est d'accord avec la science, que la croyance d'aujourd'hui a sa raison d'être dans la croyance d'hier et que pour construire la science des dogmes, il faut repasser par toutes les étapes que l'humanité a franchies. Mais les accroissements successifs des conceptions et des institutions religieuses ne peuvent s'expliquer que si l'on a sans cesse devant les yeux le fond métaphysique qui constitue la raison humaine.

La science des religions n'est pourtant pas celle des philosophies. Celles-ci vont beaucoup plus vite et semblent se précipiter en comparaison de la marche lente et non interrompue des dogmes sacrés. Les systèmes philosophiques sont des œuvres de savant et ne sortent pas du cercle étroit de quelques hommes livrés à la méditation ; ils ne répondent qu'à un besoin de l'esprit et n'intéressent que de loin la vie réelle. Les grands mouvements religieux s'opèrent à la fois dans la société lettrée et dans celle qui ne l'est pas ; ils remuent les masses populaires et mettent en branle les sentiments qui les animent ; une révolution philosophique paraît un jeu au prix d'une révolution religieuse. La science de l'une ne peut pas être la science de l'autre.

Mais comme les philosophes vivent au sein d'une société religeuse, soit qu'ils reconnaissent ses dogmes, soit qu'ils les nient, les questions qu'ils agitent ont leur retentissement dans le milieu où ils vivent ; les solutions qu'ils proposent font leur chemin à travers les hommes, à mesure que les conséquences pratiques qui en découlent intéressent un plus grand nombre d'esprits. Il est certain que ni Socrate, ni Platon, ni Aristote n'exercèrent aucune influence immédiate sur les peuples grecs de leur temps ; mais leurs doctrines s'étant peu à peu répandues, éloignèrent par degrés les hommes du polythéisme et en préparèrent la ruine. Il fallut plusieurs siècles pour qu'elle fût consommée. Elle le fut enfin. Voici comment.

La somme des idées individuelles constitue la croyance d'un peuple. Ces idées sont elles-mêmes produites par les actions complexes et minimes de mille causes variées. Quand la somme des idées nouvelles surpasse celle qui constituait la croyance publique, l'équilibre se rompt ; celle-ci cède la place et peu à peu disparaît. Il ne faut pas croire que le paganisme ait été promptement remplacé par la religion du Christ. Celle-ci était déjà montée sur le trône impérial depuis plus de deux cents ans, que l'on sacrifiait encore aux dieux dans plusieurs temples de la Grèce ; nous-même avons constaté dans ce pays que beaucoup de saints ou de personnages chrétiens n'ont succédé aux dieux d'autrefois que parce qu'ils portaient des noms pareils aux leurs, ou pouvaient être l'objet de cultes analogues. Saint Hélie a succédé à Hélios, le soleil ; saint Démétrius à Déméter ou Cérès ; la Sainte-Vierge à la vierge Minerve, qui fut l'Aurore, et ainsi de beaucoup d'autres. Des traces nombreuses des anciens cultes existent encore au sein du christianisme, qui n'a jamais pu les effacer entièrement. Tous les faits recueillis dans ces dernières années, soit en Allemagne, soit en France ou ailleurs, prouvent que les religions ne font pas table rase quand elles se succèdent l'une à l'autre, mais qu'elle se pénètrent en quelque sorte, comme les deux formes successives d'un insecte qui se métamorphose, la forme nouvelle se substituant par degrés à l'ancienne et ne s'en débarrassant tout à fait qu'avec le temps.

Ces lois générales ont pour conséquence que plus une religion est moderne et universelle, plus sont nombreux les éléments qu'elle a réunis et qu'elle renferme dans

son sein : en d'autres termes, plus sont diverses ses
origines. Le christianisme ne tire pas exclusivement son
origine des livres juifs : car non seulement la doctrine
chrétienne n'est pas tout entière dans la Bible, ma s au
contraire, elle a beaucoup emprunté d'abord aux idées
grecques et latines, et plus tard à celles qui avaient
cours au moyen âge dans la société féodale. Si du
dogme on passe au rite, on voit que la majeure partie
de ses éléments ont une source orientale et une signification symbolique, par laquelle ils se rapprochent des
cultes antérieurs. Au delà du christianisme et de la
prédication du bouddha, on voit les grandes religions
vivre isolées les unes des autres sur la terre dépourvue
de chemins, ou ne se pénétrer réciproquement que dans
quelques-unes de leurs parties. Enfin, quand on est
parvenu aux plus anciens monuments sacrés que nous
possédions, si l'on y ajoute encore les faits antérieurs
les mieux établis par la linguistique, on voit apparaître des religions primitives, indépendantes, comme les
races humaines chez qui elles ont été en vigueur.

Beaucoup de chrétiens supposent que toutes les religions de la terre procèdent d'une révélation adamique,
primordiale, dont elles ne sont guère que des corrup-
tions diverses. Ce n'est pas là sans doute un article de
foi ; mais c'est une idée qui s'est beaucoup répandue
depuis l'époque où Bossuet composait son *Histoire universelle* avec des données insuffisantes. Depuis lors, la
science a marché ; il n'est pas un savant aujourd'hui
qui ne considère cette opinion comme fausse ; elle est
contredite à la fois par la connaissance des textes, qui
ne montre aucun élément ayant passé des plus anciens
livres hébraïques au Vêda ; par l'étude comparée des
langues, qui sépare dans leurs origines comme dans
leurs systèmes les idiomes sémitiques des idiomes âryens ;
par celle des races humaines, que l'on voit se succéder

les unes aux autres suivant leur ordre de perfection ; par l'impossibilité philosophique de tirer les croyances grecques et surtout celles de l'Inde du monothéisme sémitique ; enfin, par cette simple réflexion dominant tous les faits, que, quand l'humanité s'est trouvée en possession d'un principe vrai, il n'y a pas d'exemple qu'elle l'ait laissé périr.

Depuis que l'étude de l'Inde et surtout celle du Vêda ont mis la science en possession du plus ancien livre sacré de la race âryenne, on a pu commencer à reconnaître la marche d'ensemble des religions, et l'on a renoncé définitivement à l'idée de Bossuet.

En réalité, le monde religieux est soumis à deux tendances dont ni l'une ni l'autre n'est épuisée. L'une d'elles est sémitique ; elle a sa plus proche origine dans les livres de Moïse, qui semblent à leur tour avoir été en partie inspirés par l'Égypte ; elle se continue dans le christianisme moderne. L'autre est âryenne : sa plus ancienne expression est dans le Vêda ; sa dernière est le bouddhisme. L'immense majorité des hommes civilisés se partage entre ces deux doctrines : le nombre des chrétiens est évalué à deux cent quarante millions, celui des bouddhistes à deux cent millions. De plus, les sociétés où sont nées ces deux religions dominantes n'ont pas entièrement quitté leurs anciennes croyances : les israélites ne se rallient que lentement aux idées et aux cultes chrétiens : la société indienne est restée presque entièrement brâhmanique, après avoir expulsé le bouddhisme de son sein et n'en avoir conservé la trace que dans la secte moderne des *jâinas*. De la tendance sémitique est en outre issu le mahométisme, qui, après avoir été fait pour les Arabes, a rayonné par la conquête sur une partie considérable de l'ancien continent.

Les deux courants religieux issus des sources génésiaques et védiques, ou, pour parler plus exactement, du sud-ouest de l'Asie et des vallées de l'Oxus, ont été continuellement traversés par trois systèmes philosophiques, celui de la création, celui de l'émanation et l'athéisme.

Par la négation absolue, non seulement de Dieu, mais encore de tout objet spirituel, l'athéisme n'a jamais exercé aucune influence sur les dogmes religieux, ne s'y est mêlé dans aucune proportion et n'a modifié en rien ni l'idée de Dieu, ni le rite.

C'est une doctrine négative constamment repoussée dans les sociétés religieuses où elle s'est fait jour.

Il n'en est pas de même des deux autres systèmes philosophiques, celui de la création et le panthéisme. L'un et l'autre ont suffi pour animer de grandes religions, dans le sein desquelles il se sont librement développés. De plus, comme ils ne sont pas de tout point incompatibles, l'histoire nous montre d'une part des religions fondées sur le système de la création, vivifiées dans quelques-unes de leurs parties par des doctrines empruntées à des systèmes panthéistes, et de l'autre des peuples entiers, qui avaient été nourris dans une religion panthéiste, recevant du dehors des doctrines issues de l'idée de création. Ainsi, non seulement les religions successives se sont en partie fondues les unes dans les autres ; mais de plus les deux grandes voies qu'elles ont suivies ont eu des points de rencontre où leurs systèmes métaphysiques se sont rapprochés.

La science a constaté que la tendance originelle des peuples aryens est le panthéisme, tandis que le monothéisme est la doctrine constante des populations sémitiques. Voilà les deux grands lits où coulent les deux fleuves sacrés de l'humanité. Mais les faits nous montrent, en Occident, des peuples d'origine aryenne en quelque sorte sémitisés dans le christianisme : toute l'Europe est à la fois aryenne et chrétienne, c'est-à-dire panthéiste par son origine et par ses dispositions naturelles, mais habituée par une influence venue des Sémites à admettre le dogme de la création.

Les Arabes et les Juifs forment dans l'humanité une section dont la race, pure ou mélangée, n'a emprunté aux peuples étrangers que la partie extérieure de ses religions ; le monothéisme le plus exclusif est le fond de leurs croyances. Dieu, pour eux, n'est pas seulement unique ; il est un individu totalement séparé du monde et dont l'unité personnelle est absolument indivisible, même en idée. C'est la seule race humaine qui ait conçu Dieu avec de tels caractères.

Lorsque l'idée monothéiste est sortie de la race sémitique pour se répandre dans le monde âryen, chez les Grecs, les Latins et plus tard parmi les peuples du Nord, elle a perdu entre leurs mains sa rigueur extrême et son inflexibilité. Quand les docteurs chrétiens, quand les Pères grecs et latins ont développé et constitué la métaphysique chrétienne, ils ont parfaitement compris que la production du monde et son gouvernement ne sont intelligibles que si l'on fait de Dieu un être plus voisin du monde et par conséquent plus conforme à l'idée qu'en avaient toujours eue les hommes de race âryenne. Il est donc vrai de dire, que le christianisme tient quelque chose du judaïsme et quelque chose aussi des autres religions. La métaphysique chrétienne est née de la rencontre et du mélange des deux grands courants religieux qui portent l'humanité, le courant sémitique et le courant âryen.

CHAPITRE XI

UNITÉ HISTORIQUE DES RELIGIONS

L'examen d'une religion, prise au hasard, nous la montre s'isolant de toutes les autres et affirmant son autochthonie ou tout au moins son originalité. Cette affirmation est le plus souvent absolue. Quelquefois cependant une religion consent à se rattacher à une religion antérieure ; mais ce n'est que sous certaines conditions et même à titre onéreux. La religion qui a précédé n'est pour celle qui la suit qu'une préparation et un travail de déblaiement, destiné à nettoyer le sol où doit s'élever l'édifice définitif. Ainsi la religion chrétienne ne se considère pas comme issue du judaïsme, mais elle regarde l'ancienne loi comme une figure et comme une préparation de la loi nouvelle. Le Coran adopte Jésus comme un prophète inspiré ; mais en même temps la doctrine de l'Évangile n'est pour lui qu'une ébauche imparfaite de celle dont le Prophète devait être le véritable promulgateur. Une fois promulgué, l'islâm n'a plus besoin du christianisme, qui lui devient au contraire un obstacle ; de même, la doctrine chrétienne une fois annoncée, le judaïsme n'était plus pour elle qu'une puissance hostile, dont il fallait s'affranchir. Les rapports que ces grandes religions semblent consentir à garder les unes avec les autres rompent entre elles toute parenté et prêtent à chacune d'elles une originalité en apparence presque absolue.

Quand on va plus loin vers le passé ou vers l'Orient, la prétention des vieilles religions à l'indépendance est plus positive encore. On ne saurait regarder comme une croyance populaire de la Grèce ancienne que les dieux fussent venus d'Égypte dans ce pays ; c'est une opinion d'Hérodote, et rien de plus. Des recherches si multipliées de l'archéologie il résulte que les cultes grecs étaient locaux et indépendants les uns des autres, qu'ils ne conservaient point le souvenir d'une origine étrangère et lointaine, et que, dans chaque lieu, on racontait une légende établissant l'autochthonie de la religion qu'on y pratiquait. Le plus loin que l'on remontât, c'était la Crète ou la Thrace, qui avaient été en effet deux centres de rayonnement ou de diffusion pour les cultes des Pélasges et des Hellènes ; mais personne ne disait que ces cultes fussent venus de la Haute-Asie s'établir en Occident. Au contraire, on racontait comment Jupiter avait été nourri dans l'île de Crète ; et cet Orphée que la science moderne croît reconnaître dans le Ribhou du Vêda, on le faisait naître dans un pays européen et partir de là, avec les Argonautes, pour la conquête de la Toison d'or. Chaque divinité grecque était regardée comme la fondatrice de son propre culte, Junon à Argos, Apollon à Delphes et à Délos, Neptune et Pallas à Athènes, et ainsi des autres.

Chez les Perses, la religion était attribuée à Dieu comme à son auteur. Ce dieu « principe de la vie et de la science » qu'ils appelaient *Ahura-Mazda*, mot dont les Grecs ont fait Ὀρομάζδης, et les Persans modernes Ormuzd, avait lui-même dicté à son fidèle serviteur

Zoroastre les formules sacrées sur lesquelles·devaient porter la religion et la civilisation du monde. Plus tard, quand les Perses se trouvèrent en contact d'une part avec les Indiens, de l'autre avec les Grecs, il ne virent dans les religions des uns et des autres que des cultes étrangers et hostiles. Les Grecs leur parurent des barbares livrés à une odieuse idolâtrie ; la vieille Égypte fut jugée de même par Cambyse ; quant aux Indiens, l'Avesta témoigne que les Perses jugèrent sacrilège cette nation qui avait pris pour ces dieux les êtres qu'eux-mêmes appelaient des démons, et qui avait plongé aux enfers ces *ahuras* [1] qui pour eux étaient les formes suprêmes de la divinité. Les Perses lancèrent donc de toutes parts leurs bataillons contre les impies, coururent renverser les idoles et brûler les temples partout où la politique de Darius et la fureur de Xercès les conduisirent.

Quant aux brâhmanes, leur plus antique monument est le Vêda ; la vérité leur a été enseignée par Manóu, à qui Dieu lui-même l'avait révélée. Ils pensaient n'avoir rien emprunté à personne, et ils n'ont aperçu entre leur religion et celles des peuples de l'Occident aucun lien de parenté. Ils savaient en effet qu'elle s'était développée régulièrement sur le sol de l'Inde avant qu'aucune influence étrangère eût pu la changer ; leurs livres et leurs traditions la leur montraient se dégageant du Vêda par le travail assidu de leurs ancêtres, soit dans la solitude des forêts, soit dans les colléges de pontifes. Sur ce point, il ne pouvait y avoir pour eux, non plus que pour nous du reste, aucun douté

---

1. En Perse, on donnait le nom d'*ahura* non seulement à Ormuzd, mais aussi à tous les autres amschaspands ou esprits purs, et même aux puissances d'un ordre inférieur. Ce mot vient de *ahu*, la vie, et de la terminaison d'ajectif *ra* ; il signifie *qui a* ou *qui donne la vie*, celui cui est un principe de vie pour soi-même et pour les autres. C'est-là mot védique *asura* ; les *asuras* sont devenus les diables cornus chez les Indiens.

sérieux à élever ; mais comment la source de la tradition s'était-elle enfermée dans le Vêda ? D'où venait ce Vêda ? Qui y avait mis cette doctrine antique que les brâhmanes en faisaient découler « comme d'un réservoir à mille canaux ? » La réponse est toujours la même : Brahmâ était celui qui avait composé le Vêda. Les chantres humains qui l'avaient récité devant l'autel n'avaient été que « les bouches » dont il s'était servi pour le faire entendre aux Aryas : en réalité Brahmâ était « le poète, l'objet de la théologie, la théologie elle-même et le théologien. » Nulle part la révélation divine et l'originalité absolue d'une religion n'ont été énoncées en termes aussi formels qu'elles l'ont été chez les brâhmanes.

Le christianisme est à cet égard moins affirmatif. Quoiqu'il se rattache uniquement à la prédication de Jésus, et que pour les chrétiens le Christ soit fils de Dieu et Dieu lui-même, une parenté tout humaine l'unit dans la tradition à la famille de David, non seulement par le Charpentier son père, mais aussi par sa mère Maria. Seulement ce n'est point cette parenté qui fait de lui un christ, titre déjà donné à Cyrus, et qui lui transmet son autorité comme fondateur de religion ; c'est uniquement sa procession divine, laquelle est immédiate, absolue, et ne souffre avant elle à aucun degré la génération humaine. C'est cette divinité du Maître qui rompt toute alliance entre sa doctrine et celles des Juifs ou des autres nations, car il devient par là impossible qu'un homme se considère comme chrétien s'il ne croit pas à la divinité du Christ, et il est impossible d'y croire et d'être en même temps d'une autre religion. L'abîme qui sépare le christianisme des autres cultes est donc infranchissable.

Ce point étant établi, l'originalité que s'attribuent toutes les religions anciennes et modernes étant cons-

tatée, la question inverse se pose d'elle-même. C'est
une des premières et des plus simples règles de la critique, et en général des sciences d'observation, qu'il
faut renverser les problèmes et renouveler les expé-
riences dans des conditions opposées. Ainsi, tandis que
les religions affirment leur propre originalité, les recherches scientifiques, poursuivies sans parti pris d'a-
vance et avec la seule pensée de découvrir les lois de
la nature, font que l'homme d'étude se demande à lui-
même s'il n'y a eu en effet aucune filiation réelle entre
les religions. Or, les travaux de tout genre accomplis
sur cette matière durant le siècle où nous sommes ont
abouti pour elles toutes à une affirmation contraire à
la leur. Les faits constatés sont aujourd'hui si nombreux et tellement d'accord entre eux, que toute illusion à cet égard est scientifiquement impossible. *Les
religions ont procédé les unes des autres.* Non seulement
les formes du culte ne sont originales chez aucune
d'elles, non seulement les symboles ont passé des unes
aux autres et l'appareil extérieur dont elles se sont ser-
vies s'est transmis à travers les siècles, ne subissant
que des altérations superficielles; mais encore la doctrine mystique ou, si l'on veut, métaphysique, qui se
cache sous ces voiles, ce que nous pouvons appeler
l'élément divin des religions, est demeuré le même depuis les temps les plus anciens jusqu'à nos jours, animant tour à tour ces figures idéales, ces rites et ces
formules qui en sont l'élément sensible.

Il est aujourd'hui démontré que les cultes si variés
de l'ancienne Grèce sont pour la plupart, sinon tous,
originaires de l'Asie. Comment sont-ils arrivés sur le
continent de l'Europe? quels chemins ont-ils suivis?
C'est là une question importante, mais secondaire, qui
n'est point encore résolue, bien qu'il soit déjà visible
que la Crète, les îles de l'Archipel et les pays au nord

de la Grèce ont été comme trois routes qui ont conduit les dieux sur la terre des Hellènes. La distinction, toute récente encore, faite par l'archéologie entre les dieux des Pélasges et ceux des Hellènes est illusoire et ne répond pas à deux périodes que l'on puisse historiquement séparer. Chaque année qui s'écoule voit quelqu'un de ces dieux rattaché à son origine par des liens qu'il n'est plus possible de méconnaître. Cette origine n'est pas égyptienne ; elle est asiatique. En Asie sauf une ou deux exceptions ce n'est ni chez les Sémites, ni même chez les Indo-Perses qu'on la trouve ; c'est dans un centre plus antique, primitivement occupé par la race âryenne, et d'où les Perses, les Indiens et les Grecs sont également venus.

De ce même centre sont parties, soit à deux époques différentes, mais peu écartées, soit peut-être en même temps, les religions de la Perse et de l'Inde. Non seument les analogies les plus frappantes existent entre les doctrines et les symboles les plus anciens de l'Avesta et du Vêda, mais le premier de ces deux livres sacrés a conservé le souvenir de l'origine septentrionale du mazdéisme persan. De plus, il est possible de reconnaître en lui un recueil d'écrits appartenant à des époques différentes ; et l'étude des fragments les plus anciens montre une identité presque complète entre les doctrines religieuses qu'ils renferment et celles qui sont contenues dans le Vêda. Cependant il n'y a aucune raison de penser que la doctrine attribuée à Zoroastre tire son origine de ce dernier ; il faut donc admettre que l'un et l'autre sont issus d'une source commune. Cette source, l'Avesta la nomme et en donne la situation géographique [1]. Les hymnes du Vêda n'en parlent pas ou n'y font que des allusions équivoques ; mais les com-

____

1. Il la place aux pays de Çugda et Bâgdhi, qui sont la Sogdiane et la Bactriane.

mentaires du Véda, qui sont eux-mêmes d'une époque reculée, sont plus explicites et nous montrent les populations âryennes de l'Inde venant du nord-est avec leurs croyances et leurs dieux. Ces dieux sont identiques à ceux que l'on trouve dans le livre de Zoroastre, et la notion métaphysique qui anime ces figures est aussi la même. Plus la science pénètre ces matières encore nouvelles, plus la commune origine du parsisme et du brâhmanisme se manifeste clairement. Au point où l'on est parvenu aujourd'hui, le doute à cet égard a totalement disparu.

Plus on avance dans l'étude des vieilles religions germaniques et scandinaves et des traditions populaires encore répandues sur toute la surface de l'Europe, plus on voit apparaître les liens qui les rattachent à l'Asie. Les religions qui se sont succédé dans les contrées occidentales n'ont pas fait disparaître ces légendes de la race âryenne. On en a découvert un grand nombre en Allemagne ; il en existe en France, qu'il serait temps de rassembler. Il est même probable que toutes les grandes montagnes de notre continent en ont conservé dans leurs gorges profondes avec des débris des anciennes langues, et qu'il serait possible encore de les recueillir.

La Grèce aussi, malgré la longue durée des cultes païens et l'énergie de ses croyances chrétiennes, garde et redit dans ses chants populaires des légendes qui remontent peut-être au delà des temps helléniques, et se rapportent, selon toute apparence, aux premières migrations âryennes venues d'Asie[1]. Les montagnes qui coupent l'Europe de l'est à l'ouest paraissent en conserver des plus curieuses et des plus significatives[2]. Il se-

1. Voyez Μελέτη, etc., par N. Politis. Athènes, 1871.

2. Telles sont les légendes du Rhodope, découvertes par M. Werkovitch et étudiées par M. Dozon.

rait utile de les réunir en un seul corps, comme les archéologues réunissent des médailles ou des inscriptions. On aurait, à la surface du monde actuel, un ensemble de points de repère et de jalons qui permettrait de tracer la carte des plus anciennes migrations âryennes, et de suivre la marche de nos idées religieuses depuis leur berceau. Quoi qu'il en doive être, il n'est plus douteux aujourd'hui que cette diffusion s'est produite à une époque reculée, et que tous ces vieux cultes appartiennent, aussi bien que ceux de la Grèce classique, de l'Italie, de la Perse et de l'Inde, à un même système ou plutôt à une même unité primordiale.

Les doctrines judaïques semblaient appartenir à un autre ordre d'idées et de faits.

De ces travaux de la critique, il résulte manifestement que le judaïsme ne doit plus prétendre à l'originalité. Non seulement toute la première période des traditions juives est regardée comme un ensemble de mythes dont on doit chercher la signification ; mais la seconde période, qui s'étend de Moïse à David, n'a pas un caractère purement historique et présente un mélange de faits réels et de légendes d'un caractère idéal. On arrive ainsi à distinguer, dans les livres hébreux, les deux périodes qui se trouvent au commencement de tous les anciens peuples : l'une simplement mythologique, l'autre héroïque.

Quant à la doctrine religieuse contenue dans les livres antérieurs à la captivité de Babylone, elle se concentre dans une lutte entre le monothéisme représenté par Jéhovah et les tendances polythéistes du peuple hébreu. L'influence étrangère s'est exercée puissamment pendant la captivité et a continué d'agir après le retour des Juifs dans leur pays : toutefois elle n'a jamais été pleinement acceptée par eux. Représentée au sein de la société israélite par une minorité intelli-

gente, mais faible par le nombre, elle a soutenu jusqu'à l'époque de Jésus une lutte dont les livres de la
Bible retracent les émouvantes péripéties. Prise en
elle-même, elle apparaît comme un emprunt fait à
l'Asie centrale et particulièrement au mazdéisme.

Reste la religion chrétienne, religion récente en apparence, et qui ne semble dater que de dix-huit siècles.
C'est de toutes les religions celle dont les vraies origines
peuvent être le plus facilement et plus sûrement reconnues. Quoique son premier siècle ne nous ait laissé que
peu de livres et qu'elle-même n'ait eu pendant de lon-
gues années qu'une existence sociale mystérieuse et
péniblement soutenue, nous avons trois sources de documents tels que n'en a laissé aucune des religions de
l'antiquité : ce sont les rituels, les dogmes écrits ou
discutés et les monuments figurés, dont les catacombes
de Rome offrent à elles seules une collection presque
inépuisable. Jusqu'à présent les dogmes chrétiens sont
la seule de ces trois choses dont la science ait tenté
d'établir l'origine. Quant aux rites, nous ne sachons pas
qu'ils aient fait l'objet d'aucune étude ayant un caractère scientifique. Enfin, l'archéologie chrétienne n'a
guère remonté jusqu'à présent au delà des premiers
temps du christianisme, de sorte que l'origine de presque toutes les figures symboliques est encore à trouver.

Toutefois, il est bon de se souvenir que les rites et
les symboles ne sont jamais que l'expression sensible
de la doctrine, et que, par conséquent, ils cheminent
avec elle à la surface de la terre et partagent sa destinée. La doctrine nécessairement les précède, puisque
sans elle ils n'auraient aucune signification, aucune
valeur, aucune autorité, et sembleraient des chimères.
Plus tard, au contraire, par l'enseignement, les rites et
les symboles se transmettent encore, lorsque déjà la
doctrine est oubliée ; et ils continuent de régner en

vertu de la puissance mystique que la doctrine primitive leur avait communiquée. La grande question des origines s'applique donc principalement aux dogmes ; quand l'origine des dogmes est découverte, on peut dire que celle des rites et des symboles est bien près de l'être. Or, nous avons constaté que les dogmes chrétiens existaient longtemps avant l'époque de Jésus, incomplétement ou en secret chez le peuple juif, pleinement et ostensiblement chez les Perses. On assiste aux tentatives qui furent faites successivement, depuis le temps de Darius et de Xercès, pour introduire des dogmes âryens dans le monde hellénique, tentatives qui eurent lieu tour à tour dans la Grèce, en pleine Athènes, puis en Égypte au temps des Ptolémées et qui ne réussirent que quand l'équilibre des idées put être rompu au profit des croyances orientales. Ce temps fut celui où parut en Judée le Maître qui fonda la religion du Christ.

CHAPITRE XII

PRINCIPE D'UNITÉ DES RELIGIONS

Une même loi préside à la naissance, à l'accroissement et à la destruction de toutes les religions. Les faits religieux d'aujourd'hui sont les conséquences nécessaires de ceux d'hier, lesquels forment avec ceux qui les ont précédés un enchaînement non interrompu ; les ténèbres qui couvrent les rituels, ainsi que le symbolisme, et même à beaucoup d'égards les dogmes présents, ne se dissipent qu'à mesure qu'on remonte vers les formes antérieures et qu'on approche de l'origine. C'est la connaissance approfondie et toute récente de l'Orient qui nous fait pénétrer jusqu'aux origines de ces choses.

La linguistique est venue apporter à la méthode historique un appoint d'une utilité incontestable. Les noms et les termes usités dans les religions n'ont en effet, aujourd'hui, presque aucune signification étymologique dans les langues qui les emploient: une personne qui ne sait pas le latin et même un peu de grec, ne comprend rien à la plupart des mots en usage dans l'église romaine. Parmi ces mots, il n'en est presque pas qui viennent de l'hébreu ; et pourtant il y en a un certain nombre qui ne sont ni grecs ni latins. D'où viennent-ils ?

Les termes sacrés usités chez les Latins et les Grecs de l'antiquité sont presque tous dans le même cas ; les noms des divinités grecques ne sont presque jamais grecs, les noms des divinités latines ne sont pas latins. Il faut donc en chercher ailleurs l'étymologie.

Ces mots représentent des choses et des idées. Si ces idées et ces choses eussent été des productions spontanées des peuples chez qui elles se trouvent, ces peuples ne seraient pas allés chercher au loin des termes pour les exprimer : ils l'eussent fait d'autant moins que ces langues anciennes avaient une facilité merveilleuse pour créer des mots nouveaux. Les mots sont donc venus avec les choses et avec les idées qu'ils représentaient. D'où sont-ils venus ?

Quand on songe que pour l'antiquité classique, ces mots d'origine étrangère composent presque tout le domaine de la langue sacrée, on conçoit quelles lumières la linguistique prudemment et méthodiquement pratiquée peut jeter sur les origines des religions. Or, les voies par lesquelles la force de la méthode l'a conduite aboutissent presque toutes à l'Asie centrale et au Vêda. C'est donc dans cette contrée et dans ce livre que l'on doit principalement chercher les commencements des rites, des symboles et des doctrines. Toutefois, si là même les termes sacrés se trouvaient être, comme ailleurs, étrangers à la langue commune, il est évident qu'il faudrait pousser la recherche plus loin et que la marche de la linguistique vers le passé n'aurait encore atteint qu'une étape reculée. Mais il n'en est rien : ici, les mots portent leur signification avec eux, les symboles sont expliqués ; on assiste à la naissance des rites et des doctrines. Il est donc impossible qu'une grande lumière ne sorte pas de l'étude des hymnes du Vêda, pris comme centre de toutes les recherches relatives à l'histoire des religions âryennes.

Mais la linguistique et l'histoire appliquées aux choses religieuses, c'est-à-dire l'archéologie sacrée, sont des méthodes anatomiques, méthodes d'analyse et tout au plus de comparaison. Cette analyse se préoccupe beaucoup des formes et très-peu de la signification des mots.

Or, les religions sont des organismes vivants. S'il en était autrement, il faudrait admettre sans restriction la célèbre formule *nomina numina*, et regarder les conceptions religieuses comme des jeux de mots. Il deviendrait alors inexplicable que des peuples entiers et souvent plusieurs peuples, les uns à la suite des autres, aient adopté de pareilles inanités pour en faire les objets de leur culte, fondé leurs plus grandes institutions sur des illusions pures et encensé des mots. La religion est un acte d'adoration, et l'adoration est à la fois un acte intellectuel par lequel l'homme reconnaît une puissance supérieure, et un acte d'amour par lequel il s'adresse à sa bonté. Ces actes ne sont point des abstractions et ne peuvent s'expliquer par des abstractions scientifiques. Ce sont des réalités, où l'homme est acteur depuis les temps les plus anciens ; ce sont des œuvres qu'il n'a cessé d'accomplir aux époques de haute civilisation comme aux époques de barbarie ou de décadence. Il faut donc admettre, à moins d'accuser d'insigne folie le genre humain tout entier, que les formules sacrées, ainsi que les rites et les symboles, couvrent quelque chose de réel, de vivant et de permanent, qui donne à toutes les religions leur durée et leur efficacité. Cet élément doit jouer dans leur longue et multiple histoire le même rôle que la vie dans les corps organisés. Si la notion mystérieuse qui se cache sous les formules sacrées est négligée, ni l'archéologie ni la linguistique ne peuvent rendre compte de la naissance et du développement des religions, non plus que de leurs analogies entre elles. Ce fonds commun, qui persiste à travers l'humanité, leur échappe ; les mythologies ne paraissent plus que des amusements ou des inventions des poètes ; et ce fait immense de l'empire exercé par les religions sur les hommes, de cette puissance mystérieuse qui a rempli d'autels les cités, chargé des générations entières de labeurs exécutés par elles avec allégresse, souvent aussi armé les nations les unes contre les autres, bouleversé les états, renversé les dynasties, et qui aujourd'hui même tient l'Orient et l'Occident en suspens, ce fait demeure sans raison d'être, la science est muette devant lui. L'explication donnée par Épicure, si hardiment reproduite par Lucrèce et à laquelle la science aboutirait encore, n'explique rien. Si grand qu'on imagine le « fantôme qui montrait du haut du ciel son horrible tête, » ce spectre sera lui-même une production de la pensée humaine et aura besoin d'être expliqué.

Il y a donc dans les religions une idée fondamentale qu'il faut avoir sans cesse présente à l'esprit quand on parcourt les faits constatés par la linguistique et par l'archéologie, car c'est cette idée qui donnera l'interprétation des faits. La science cesse alors d'être une pure analyse et prend sa place dans l'ordre des sciences physiologiques. Cette idée, qui répond, comme je le disais tout à l'heure, à celle de la vie dans la physiologie animale et végétale, n'est plus un mystère aujourd'hui. Elle peut se lire, énoncée cent fois en termes simples et sans formules dans le Véda ; puis, une fois qu'on l'y a saisie, on la retrouve partout dans les religions des temps postérieurs : elle y anime les céré-

monies du culte, se cache sous les symboles, donne aux
expressions dogmatiques leur sens, leur portée, et leur
unité, s'épanouit enfin en doctrines morales, en pratiques et en conséquences de toute sorte, dont le génie
des peuples et la nature des milieux suffisent pour expliquer la diversité.

Trois phénomènes ont frappé l'intelligence des Aryas,
dès le temps où ils n'habitaient encore que les vallées
de l'Oxus : ce sont le *mouvement*, la *vie* et la *pensée*. Ces
trois choses, prises dans toute leur étendue, embrassent
tous les phénomènes naturels sans exception, de sorte
que, si l'on découvrait un principe qui les expliquât, ce
principe devait donner à lui seul l'explication universelle des choses. Il faut seulement observer que la première condition à remplir était que ce principe fût une
force réelle et non une abstraction ou une conception
imaginaire, puisque les faits appartiennent tous à la
réalité.

En regardant autour d'eux, les hommes d'alors s'a-
perçurent que tous les mouvements des choses inanimées, qui s'opèrent à la surface de la terre, procèdent
de la chaleur ; la chaleur se manifeste elle-même soit
sous la forme du feu qui brûle, soit sous la forme de la
foudre, soit enfin sous celle du vent. Mais la foudre est
un feu caché dans le nuage et qui s'élève avec lui dans
les airs ; le feu qui brûle est, avant de se manifester,
renfermé dans les matières végétales qui lui serviront
d'aliment ; enfin, le vent se produit quand l'air est mis
en mouvement par une chaleur qui le raréfie ou qui le
condense en se retirant.

A leur tour, les végétaux tirent leur combustibilité
du soleil, qui les fait croître en accumulant en eux sa
chaleur, et l'air est échauffé par les rayons du soleil ;
ce sont ces mêmes rayons qui réduisent les eaux terrestres en vapeurs invisibles, puis en nuages portant la

foudre. Les nuées répandent la pluie, font les rivières, alimentent les mers, que les vents agités tourmentent. Ainsi, toute cette mobilité, qui anime la nature autour de nous, est l'œuvre de la chaleur, et la chaleur procède du Soleil, qui est à la fois « le voyageur céleste » et le moteur universel.

Entendons ici que le mot chaleur est un terme abstrait, et que la réalité des phénomènes ne peut s'expliquer par une abstraction ; aussi la chaleur ainsi comprise est-elle une conception scientifique et non religieuse. Les Aryas nommèrent, non pas chaleur, mais *feu* (*agni*), le principe réel auquel ils rapportèrent tous les mouvements des corps inanimés.

La vie aussi leur parut étroitement liée à l'idée de feu. Si l'on envisage les végétaux, les grands changements périodiques qui naissent pour eux des saisons manifestent une connexité invariable entre le feu et la vie. Quand la chaleur arrive avec le printemps, toutes les jeunes plantes commencent à croître, se couvrent de verdure et de fleurs, fructifient, et se trouvent enfin grandies et fortifiées ; puis, à mesure que la chaleur se retire, la végétation s'alanguit, s'arrête ; il semble que les forêts et les plaines soient frappées de mort. Le grand phénomène de l'accumulation de la chaleur solaire dans les plantes, phénomène que la science a depuis peu mis en lumière, fut aperçu de très-bonne heure par les anciens hommes ; il est plusieurs fois signalé dans le Vêda en termes expressifs. Quand ils allumaient par le frottement le bois du foyer, ils savaient qu'ils ne faisaient que le « forcer » à rendre le feu qu'il avait reçu du Soleil, et le feu prenait alors le nom de « enfant de la force ».

. Quand leur attention se porta sur les animaux, l'étroit lien qui unit entre elles la chaleur et la vie leur apparut dans toute sa réalité : la chaleur entretient la vie ; ils ne trouvaient pas d'animaux vivants chez qui la vie existât sans la chaleur ; ils voyaient au contraire l'énergie vitale se déployer dans la proportion où l'animal participait à la chaleur et diminuer avec elle. Le froid produit d'abord un engourdissement de la vie et enfin la mort ; ce qui reste après, ce sont les matériaux que la chaleur vitale avait rassemblés et modelés, et qui dès ce moment retournent à leurs similaires et rentrent dans le vaste corps des choses inanimées. D'un autre côté, la vie est aussi la condition de la chaleur dans les animaux, car un animal frappé de mort se refroidit par degrés et ne diffère plus de la terre et des eaux dont son corps avait été formé.

Quand deux choses sont réciproquement la cause l'une de l'autre, cela revient à dire qu'elles sont identiques. Le feu, qui est le moteur des choses inorganisées, est donc aussi l'agent de ces mouvements d'une nature particulière qu'on appelle *la vie*, « *âyur âyavê* ».

Remarquons toutefois que l'idée se complique à mesure que l'ordre des faits observés s'élève. Le feu s'introduit dans les animaux et y entretient la vie de plusieurs manières, directement en s'échappant du soleil et en se répandant sur eux, indirectement avec les aliments dont ils se nourrissent et qui déjà le contiennent, enfin par le vent qu'ils respirent. Privés d'aliments ou suffoqués, les animaux se refroidissent et meurent. Il en est de même des végétaux. La vie n'existe donc et ne se perpétue sur la terre qu'à trois conditions : il faut que le feu pénètre les corps sous ses trois formes, dont une réside dans les rayons du soleil, une autre dans les aliments ignés et la troisième dans la respiration, qui est l'air renouvelé par le mouvement. Or, ces deux dernières procèdent, chacune à sa manière, du Soleil (*sûrya*) ; son feu céleste est donc le moteur universel et le *père* de la vie ; celui qu'il engendra le premier, son *fils* éternel, c'est le feu d'ici-bas (*agni*), né de ses rayons ; et son second coopérateur éternel est l'air mis en mouvement, qu'on appelle aussi le vent ou l'*esprit* (*vâyu*).

Quant à la pensée, nulle part elle ne se manifeste sans la vie. De plus, elle ne se voit que chez les êtres où la vie se rencontre à un degré supérieur d'énergie, chez les animaux. Or, quand un animal est atteint par la mort, ses membres fléchissent, il tombe à terre, devient immobile, perd la respiration et la chaleur ; avec sa vie, sa pensée se dérobe. Si c'est un homme, tous ses sens étant anéantis, il n'est plus possible de tirer de sa bouche pâle et glacée aucune parole, de sa poitrine affaissée aucun son exprimant la joie ou la douleur ; sa main ne presse plus celle que lui tend un ami, un père, un enfant ; tout signe d'intelligence et de sentiment a cessé. Bientôt son corps se décompose, se fond, s'évapore, et il ne reste sur la terre qu'une tache noire et des os blanchis. Quant à la pensée, où est-elle ? Si l'expérience la montre indissolublement attachée à la vie, de telle sorte que la pensée cesse là où la vie s'éteint, on peut croire que la pensée a la même destinée que la vie, ou plutôt que le principe qui pense est identique au principe vivant et ne forme jamais avec lui une dualité ; mais la vie, c'est la chaleur, et la chaleur tire son origine du soleil. Le feu est donc à la fois le moteur des choses, l'agent de la vie et le principe de *la pensée.*

Son action est double, car il est à la fois chaleur et lumière. Si le « père céleste » retirait sa lumière et que le monde tombât dans les ténèbres, l'intelligence serait amoindrie au point de n'être presque plus rien, car les êtres qui pensent, c'est-à-dire les animaux et les hommes, tirent de la vue presque toutes leurs idées.

Par ces deux chemins, les hommes d'autrefois furent

conduits à penser que le principe des choses est unique
et universel et qu'il peut porter le nom de *feu*. Nous
qui venons longtemps après eux, nous pouvons dire que
le feu ainsi conçu doit être caractérisé par trois épithètes répondant à ses trois fonctions : dans le premier
cas il est *physique*, dans le second il est *physiologique* ou
vital, dans le troisième il est *métaphysique* ou divin.

Parvenus à cette dernière conception, les Aryas de
l'Inde et de la Perse, mais surtout les premiers, entre-
prirent sur les phénomènes de l'intelligence une série
d'analyses d'une extrême profondeur, que nos philosophies occidentales sont encore loin d'avoir égalées.
Nous n'en parlerons pas ici, parce que la plupart d'entre elles, quoique faites par des prêtres, n'entrèrent jamais dans le domaine de la religion et demeurèrent libres à côté d'elle. Il faut seulement remarquer que,
l'agent de la pensée ayant été identifié avec l'agent de
la vie et du mouvement, il y avait lieu de distinguer encore dans la pensée des éléments de nature diverse et
pour ainsi dire des degrés.

Il y a en effet un très-grand nombre d'idées sur lesquelles les hommes sont en désaccord, parce qu'elles
sont nées en eux des points de vue particuliers où ils
se sont trouvés par rapport aux choses, points de vue
qui sont toujours divers. Il y en a d'autres, au contraire, sur lesquelles les hommes sont toujours d'accord,
parce que les objets en sont d'une nature simple, universelle, et ne peuvent être aperçus que d'une seule
manière. Ces dernières forment ce que les modernes
appellent le domaine de la raison ; elles sont innées,
elles éclairent la pensée individuelle pendant le cours
de la vie et ne souffrent ni accroissement ni déclin. Tout
le reste de la pensée est sujet à la naissance et à la
mort. Parmi ces idées éternelles, il en est une qui est
le centre de toutes les autres et dont celles-ci ne sont

que des formes diverses : c'est l'idée de l'absolu. Elle est le principe de la science pour tous ceux qui le conçoivent. Le travail de l'esprit qui s'efforce de l'élucider constitue la *science* (*vêda*). La parole qui l'exprime est la plus haute et la plus compréhensive de toutes les paroles : c'est le mot, le *verbe* (*vâk*) par excellence ; et la voix qui l'énonce rend un chant sacré. Ce chant, ce mot, cette parole, cette science, cette raison, cette idée, voilà donc l'élément persistant de tout ce qui existe ; cet élément est en même temps l'agent de la vie et le premier moteur. Tous ces caractères réunis appartiennent à un même être qui n'a rien d'abstrait, ni rien qui soit individuel à la façon humaine. Chaque science, chaque culte, chaque langue le nomment à leur manière ; mais son vrai nom est Dieu, père universel et auteur de la vie, *Ahura*, *Brahma*.

Par la courte exposition que nous venons de faire de la doctrine fondamentale commune aux grandes religions âryennes, aussi bien à la nôtre qu'à celles des Indiens et des Perses, on voit que le feu, conçu d'abord comme un agent physique, s'anime quand il s'agit d'expliquer les phénomènes de la vie, et devient un être métaphysique, quand on le conçoit comme pensée suprême et absolue.

Les religions n'ont pas toutes attribué la même importance à chacun des trois rôles du principe igné. Les moins élevées ont fait prévaloir le premier ou tout au plus le second : telles ont été les religions grecques, latines et germaniques, connues sous le nom de religions païennes. Le mazdéisme des Perses et le brâhmanisme ont laissé une part considérable aux deux premiers rôles du feu dans l'interprétation de la nature ; mais, en appuyant plus encore sur le troisième, ils ont pris rang parmi les religions les plus spiritualistes. Le christianisme, sans oublier entièrement les deux premières fonctions du principe divin, a donné pourtant une importance en quelque sorte exclusive à la troisième ; la nature métaphysique de Dieu a presque absorbé toute l'idée ; à force de l'envisager dans ses attributs définis, la plupart des docteurs chrétiens l'ont détaché du monde et lui ont donné une personnalité excessive.

Dans la triple idée que l'on se fit des fonctions divines, chacune d'elles pouvait être prise pour symbole de celle qui venait immédiatement au-dessus. Le feu physique devint le symbole de la vie, et le feu vital devint le symbole ou la figure de l'être métaphysique ou de Dieu. Ce symbolisme fût l'élément le plus apparent et en quelque sorte le plus ostensible de la doctrine, et constitua cette partie des religions qu'on appelle le culte. Entrons dans quelques détails empruntés aux hymnes du Vêda.

On alluma sur un tertre de terre, en vue des assistants, un feu qui fut l'image de l'agent universel de la vie et de la pensée. Tout dans la cérémonie eut un caractère symbolique, c'est-à-dire une signification cachée aux impies, mais claire pour les initiés. Ce feu était tiré, par le frottement, de deux pièces de bois (*arani*) qui le renfermaient éminemment, c'était sa « nativité. » La faible étincelle vivante, souvent appelée « *le petit enfant*, » était portée sur une poignée d'herbe sèche qu'elle enflammait aussitôt, et le feu se communiquait aux branches entassées sur l'autel ; mais, parvenu aux branches supérieures, il était menacé de s'éteindre : le prêtre alors répandait sur lui le beurre clarifié (*ghrita*) et le sôma, et dès ce moment le feu était surnommé *oint* (*añjana, akta, agni*) ; il déployait une puissance souveraine et illuminait le monde de sa splendeur. Tous les êtres étaient invités à venir contempler ce spectacle de la vie concentrée en quelque sorte dans un petit espace et développant toutes ses énergies sur un terrain de quelques pieds.

Le lecteur, en effet, remarquera que *le beurre* du sacrifice et le sôma représentent ici toute la nature animée ; car, chez les Aryas de l'Asie centrale, la vache était prise par excellence pour le type et le représentant des animaux, son lait pour le type des aliments, la crème pour la partie excellente du lait, le beurre pour la partie la plus pure de la crème, et le beurre fondu ou clarifié pour l'essence même du beurre ; répandu sur le foyer enflammé, il s'y consume entièrement et ne laisse après lui aucun résidu ; il est donc la matière animale la plus combustible, celle qui peut le mieux servir d'aliment au feu et en manifester l'énergie , c'est le feu lui-même prenant un corps et s'alimentant de sa propre substance, *tanûnapât.*

Le *sôma*, remplacé en Occident par le vin et dans le pays du Nord par la bière, jouait le même rôle parmi les matières végétales. C'est une liqueur alcoolique : le suc de l'asclépias acide, fermenté pendant trois jours, se changeait en un liquide spiritueux qui, répandu sur le feu, en faisait jaillir des flammes resplendissantes. Bu par les hommes, il leur procurait cette chaleur interne qui accroît l'énergie et enflamme le courage. Le sôma fut donc aisément adopté comme le type végétal des aliments liquides et des matières combustibles, c'est-à-dire comme un parfait réceptacle du feu et un profond symbole de la vie.

Depuis les époques les plus anciennes, le feu n'a plus cessé d'être allumé sur les autels et d'y présenter aux yeux l'image de la vie et de la pensée. Dans les temps primordiaux et même encore dans beaucoup d'hymnes du Vêda, le feu ne jouait pas toujours un rôle symbolique ; mais, à mesure que la religion devint plus spirituelle, ce rôle s'accrut. Chez nous, le feu qui brûle sûr les autels et qui se renouvelle chaque année au temps de Pâques, le cierge, le vin, l'huile de certaines cérémonies, ne sont que les symboles d'une métaphysique profonde, plus ou moins bien interprétée par les docteurs, et dont les formules invariables sont conservées dans les rituels.

Le fait, aisé à constater, que chaque fonction inférieure du feu devint le *symbole* de sa fonction supérieure, est d'une extrême importance pour l'histoire des religions et pour l'appréciation de leur efficacité. L'homme n'a guère d'action sur la vie que par le moyen de la chaleur et des sources qui l'alimentent ; il en dispose à son gré, mais il ne parvient à les faire agir, qu'en s'appliquant à les connaître et à découvrir les lois auxquelles la vie elle-même est soumise. Ainsi, la supériorité appartient toujours aux hommes chez qui la force métaphysique de l'intelligence est la plus pénétrante et la plus productive. Ceux-ci devenaient donc nécessairement les premiers dans les sociétés religieuses, au temps où la science ne s'était pas encore sécularisée. Les autres ne concevaient que les rôles inférieurs du principe igné ; ils ne s'élevaient guère au dessus des symboles et des cérémonies du culte ; moins leur esprit était éclairé, plus la partie matérielle de la religion prenait d'importance à leurs yeux. Si une société tout entière venait à perdre de vue l'élément métaphysique de la religion, elle perdait peu à peu le fruit de l'institution et elle retombait dans la barbarie, jusqu'à ce qu'une religion nouvelle lui rendît un meilleur avenir et « la ressuscitât d'entre les morts. »

Il y a eu de grandes nations, dans l'antiquité, chez qui la métaphysique religieuse a été presque ignorée du peuple et ne s'est conservée que dans le secret des sanctuaires, et encore dans quelle mesure, nous l'ignorons. L'archéologie et la linguistique démontrent que

ces nations, âryennes comme nous, avaient possédé
dans leurs commencements la doctrine fondamentale
et ne s'étaient séparées du berceau commun qu'à une
époque où cette doctrine avait déjà ses principaux éléments arrêtés. L'examen des causes qui la firent perdre
de vue aux Grecs, aux Latins et aux peuples du Nord
appellerait des développements étrangers à la question
générale qui nous occupe.

C'est aussi un sujet d'une importance majeure que la
recherche des causes en vertu desquelles la doctrine
s'est intégralement conservée chez les deux grands
peuples de l'Orient. Enfin, comment les Juifs n'en ont-
ils eu qu'une partie? comment, dans quelles circonstances et par quelles causes a-t-elle reparu, au temps
de Tibère, sur les côtes du Levant, pour se répandre de
là, sous le nom de christianisme, dans tout l'Occident?
Ces problèmes appartiennent à l'histoire des religions.

On a observé ci-dessus que trois ordres de faits sont
à considérer. Avec les dogmes seuls, les religions ne
seraient que des philosophies. Outre la doctrine il y a
les symboles et les rites, c'est-à-dire les représentations
figurées des dogmes et les pratiques qui en découlent.

Les monuments figurés de l'Orient sont loin d'être
tous connus. Ceux de l'Occident sont sous nos yeux,
et appartiennent surtout au christianisme ; les catacombes de Rome en fournissent un très-grand nombre ; mais plusieurs anciens sanctuaires, soit en Italie,
soit dans le reste de l'Europe, soit même dans l'Asie
occidentale et en Égypte, en renferment aussi de très-
précieux. Ces monuments sont presque toujours symboliques et appellent une interprétation ; celle-ci est
quelquefois donnée par les auteurs chrétiens ; mais le
plus souvent leurs livres ne suffisent pas pour résoudre
les problèmes : ainsi aucun livre chrétien ne donne l'o-
rigine du *signe de la croix*, par ce simple motif que ce

signe est antérieur au christianisme ; il faut donc
s'adresser ailleurs.

Or, il existe toute une classe d'écrits dont les exégè-
tes de notre temps ne se sont guère préoccupés : ce sont
les rituels. Il existe une classe de faits qui s'accomplissent tous les jours parmi nous et qui semblent passer
inaperçus : ce sont les rites, les pratiques du culte, en un
mot les cérémonies des églises.

Les éléments du culte chrétien sont presque tous antérieurs à Jésus. Si l'on remonte au délà de notre ère,
et qu'on lise la Bible, on verra que presque aucun d'eux
ne se rencontrait dans le judaïsme ; que là où il paraît
y avoir analogie, l'élément chrétien s'est séparé de l'élément mosaïque et s'est mis d'ordinaire en opposition
avec lui, de peur que la confusion ne devînt possible ;
on en conclura que ce n'est pas chez les Juifs qu'il faut
chercher l'origine des rites et des symboles chrétiens,
mais ailleurs, dans une civilisation étrangère aux Sémites.

Or, si l'on excepte la religion de l'ancienne Égypte,
il n'y a, en dehors des Sémites, que les Aryens. Seulement, l'étude approfondie des symboles ne rattache pas
le christianisme à la Perse aussi exclusivement que l'ont
cru quelques savants : le livre de Zoroastre ne les explique pas suffisamment ; il faut aller jusque dans
l'Inde pour trouver cette explication, cette « clé de la
science, » comme dit l'Évangéliste. J'ajoute que, parvenue à ce point, la science voit se dérouler devant elle
tout un horizon nouveau, occupé par les Indiens, les
Perses et les chrétiens, et sur lequel le peuple Juif, rendu
à ses proportions naturelles, n'occupe plus qu'un point
imperceptible ; au delà des Indiens et des Perses apparaît non le Buddha, ni Zoroastre, ni même le Véda,
mais une doctrine âryenne primordiale d'où le Véda,
et Zoroastre, et après eux le christianisme, sont égale-

ment issus. C'est ce grand fait que nous allons mettre
en lumière.

Admettons comme démontré que les dogmes chrétiens
procèdent de l'Asie , et que les livres de Zoroastre en
donnent les formules : il reste à savoir si la doctrine des
mages offre la plus ancienne forme connue de la religion âryenne. Le contraire est aujourd'hui démontré.
La doctrine du Zend-Avesta est née d'une réforme et
par là s'est mise à certains égards en opposition avec
les anciennes croyances des Aryas. Tout le monde sait
aussi que ces anciennes croyances ont été portées dans
l'Inde par les Aryas du sud-est et qu'elles y ont engendré la religion brâhmanique. Le Vêda, qui les renferme,
peut bien ne pas être antérieur en date à la plus ancienne partie du Zend-Avesta ; mais il n'en représente
pas moins les vieilles croyances antérieures à Zoroastre.

Pour se rendre compte de la valeur de la réforme attribuée à ce législateur, il faut mettre son livre en parallèle avec le Vêda et marquer les éléments nouveaux
qu'il a introduits dans la foi des Aryas. Or, si l'on établit cette comparaison, non pas avec le Vêda tout entier, mais avec ses plus anciens hymnes, on voit que
l'*Ahura-mazda* de Zoroastre n'est autre chose que l'*Asura*
des anciennes croyances. Cet asura, c'est le Soleil, qui
par sa chaleur et sa lumière engendre la vie et la pensée. Seulement, la doctrine médo-perse a spiritualisé
cette notion primitive ; elle a substitué à un objet matériel une conception idéale ; elle a fait du soleil et du
feu le symbole et la production première d'un être supérieur et invisible, auquel elle a conservé le nom
d'Ahura; et ce mot n'a plus signifié que *Vivant* ou *Principe de vie*. D'autre part, elle a gardé à peu près tous
les anciens dieux âryens, mais en les classant dans une
hiérarchie régulière; à la tête de laquelle elle a placé cet

Ahura suprême. Ces déités, anges ou génies, portent aussi dans le Zend-Avesta le titre d'ahura, comme dans le Vêda les dieux sont aussi des asuras.

L'extérieur des croyances, en prenant la forme médoperse, n'a donc presque pas été changé. Mais la réforme même et la lutte d'où elle est née attestent qu'une scission, qu'un schisme s'était produit au sein de la société aryenne, lorsque Zoroastre fonda la religion d'Ormuzd. La nature de ce schisme est clairement indiquée dans l'Avesta, où les Aryas du parti adverse sont accusés de polythéisme et leurs dieux (*dêvas*) transformés en mauvais génies. Elle l'est aussi, non dans le Vêda, qui n'en porte pas la plus faible trace, mais dans le brâhmanisme des temps postérieurs, où nous voyons les dêvas devenus les objets du culte et les asuras devenus les ennemis des dieux. Par conséquent le mazdéisme est né d'un abaissement des dieux au profit des Asuras et particulièrement du premier d'entre eux, Ahura-mazda, Ormuzd ; le brâhmanisme est né d'un abaissement des Asuras au profit des dieux et bientôt au profit du plus grand d'entre eux, Brahmâ.

Quant au Vêda, il représente une époque antérieure au schisme et contient par conséquent les dogmes communs, d'où les deux religions sont sorties. Plus tard, moralement et géographiquement séparées, elles furent également soumises à ce développement graduel que la pensée individuelle des docteurs produit toujours au sein des religions : l'Ahura-mazda des anciens temps fut mis presque au même niveau que l'Esprit du mal et vit s'élever au-dessus de lui un être métaphysique suprême qui reçut le titre d'*Akarana*, c'est-à-dire l'*Inactif* ; dans l'Inde, les brâhmanes s'élevèrent de même à l'idée du principe inactif, au-dessus duquel rien ne peut plus se concevoir, et qui reçut le nom neutre de Brahma. Ainsi les deux branches orientales de la religion primitive se rapprochaient l'une de l'autre ; par un mouvement intérieur d'évolution, elles semblaient revenir à l'unité d'où elles s'étaient séparées ; mises en parallèle l'une avec l'autre, elles n'offraient plus aux savants alexandrins qu'un seul et unique système, dont la base était la réalité physique et dont le sommet s'élançait vers un panthéisme sans retour.

Est-ce de là que le christianisme est sorti ? Oui, pour la partie abstraite des dogmes sauf une influence sémitique dont on parlera ci-après. C'est un premier pas vers la solution du problème. D'autres documents vont nous permettre de faire le dernier. En effet, s'il est établi, d'une part, que le fond des dogmes chrétiens procède du mazdéisme, et d'autre part que le mazdéisme est lui-même la forme iranienne d'une doctrine dont une expression antérieure se trouve dans le Vêda, il en faut conclure que le Vêda peut seul rendre compte à la fois des dogmes zoroastriens et chrétiens, et que c'est dans les hymnes du Vêda et non dans la Bible que nous devons chercher la source primordiale du christianisme.

Cette conclusion est-elle confirmée par l'étude comparative du Vêda et des livres chrétiens ? Elle l'est de la façon la plus complète, car non seulement les dogmes, mais les symboles et les rites chrétiens se retrouvent tout faits dans la religion vèdique. Seulement, il faut tenir compte du progrès accompli par l'esprit humain durant les nombreux siècles écoulés entre les Hymnes et l'époque d'Auguste, et des tranformations qu'une idée peut subir en traversant des civilisations variées.

Le Symbole des apôtres, exposition de la foi chrétienne, s'est formé peu à peu par voie d'addition et de développement, et la seule formule exigée des premiers chrétiens se réduisait à ces mots : « Je crois au *Père*, au *Fils* et à l'*Esprit*. » Cette formule n'est pas juive ; elle procède de Zoroastre. Enfin, nous trouvons dans le *Nirukta* de Yâska que les plus anciens auteurs védiques n'admettaient que trois dieux, *Savitri*, *Agni* et *Vâyu*, et que toutes les autres divinités étaient des formes variées et des noms divers donnés à quelqu'un des trois, d'après la diversité des phénomènes naturels et des fonctions divines.

Le nom de Savitri signifie *producteur* ou Père ; sa place est dans le ciel, ce qui le fait désigner fréquemment dans le Vêda sous le nom de *Père céleste*. Matériellement, c'est le Soleil; mais dans tout le recueil le soleil n'est considéré que comme le char ou la roue de Savitri.

Agni est le feu : le mythe du feu occupe une place importante dans presque toutes les religions ; M. Kuhn en a exposé, dans un savant ouvrage, les principales transformations en Occident [1]. L'Agni des hymnes est le feu dans toutes les acceptions directes ou figurées du mot français ; sa place est sur la terre, au foyer domestique, sur l'autel ; il est la vie et la pensée en chacun des êtres qui vivent et qui pensent . Sa naissance est mystique, car d'une certaine manière, il a un père terrestre qui porte le nom de *Twastri*, c'est-à-dire *le Charpentier* ; d'une autre manière, venu du ciel par une voie mystérieuse, il est conçu dans le sein maternel par l'acte de *Vâyu* qui est l'*Esprit*. *Vâyu* dans le sens matériel est le vent, c'est-à-dire l'air en mouvement, sans lequel il est impossible que le feu brûle ou s'allume ; dans le sens métaphysique, il est l'esprit de vie et l'auteur de l'immortalité pour les vivants. Telle est la première forme sous laquelle apparaît dans l'histoire le dogme de la Trinité : le Soleil, le Feu et le Vent.

On dira : la Trinité est donc une conception matérielle ? — Le Vêda nous permet de répondre non, sans hésiter : partout, dans les hymnes, à côté de ces trois

____
1. *Herabkunft der Feuers*, par Kuhn.

objets physiques se place une conception idéale, un être vivant dont ils ne sont pour ainsi dire que l'image ou l'instrument. De plus, quand on recherche la nature intime de chacun d'eux on les voit partout substantiellement identifiés, de sorte que sous une apparence polythéiste se cache déjà cette unité du principe suprême, si brillamment mise en lumière par les derniers chantres de cette période.

En réalité, même au sens matériel, le soleil agit surtout par sa chaleur et par sa lumière, qui sont Agni lui-même ; et si sur terre la vie et avec elle la pensée se développent dans le retour périodique des années, c'est en vertu des rayons que le soleil envoie. Mais comme la pensée, qui a toujours pour compagne la vie, n'est pas un phénomène de l'ordre physique et échappe aux sens, l'auteur de la vie, pour être l'auteur de la pensée, doit être conçu comme un être métaphysique, supérieur à la matière. Aussi voyons-nous partout dans les hymnes la théorie physique du Feu marcher de pair avec une théorie philosophique de la plus grande élévation. C'est donc une doctrine à double face et telle que doit être toute grande interprétation de la réalité. Ce parallélisme du monde matériel et du monde métaphysique existe dans l'Avesta, comme dans l'Inde ; il se retrouve aussi tout entier dans nos rituels, dans nos symboles et dans la légende chrétienne.

Des trois personnes de la Trinité âryenne, il en est une qui a joué dans la religion un rôle plus important que les deux autres : c'est Agni. Son action dans la nature physique commence au soleil, dans lequel il réside éternellement et dont il est la *gloire*; le Fils est la gloire du Père. Dans le mouvement oblique de cet astre, il marche avec lui d'Orient en Occident, au-dessus des nuées du ciel ; pour celui qui contemple le Soleil, il est assis à la droite du Père, puisque le Père s'avance le premier. C'est là qu'Agni règne dans toute sa splendeur : il est le roi des cieux, la tête de l'éther ; sa grandeur dépasse le ciel et les mondes ; la terre et le ciel lui obéissent ; il reçoit l'hommage de tous les êtres divins. Des lieux élevés où il est placé, il voit toutes choses, il connaît tout, les profondeurs du ciel, les races des dieux et des hommes et tous leurs secrets, car tous les êtres sont contenus en lui. Plus bas, Agni brille au sein des nuages, dans la foudre et les tonnerres ; porté sur un char d'où les éclairs étincellent, il est irrésistible, il met en fuite ou foudroie ses ennemis ; il porte alors le nom d'*Indra*, qui signifie *roi* ; il répand la pluie fécondante et avec elle la vie.

Mais c'est principalement dans l'enceinte sacrée que se développent le rôle et la théorie d'Agni ; nous allons en retracer les principaux traits.

Le feu sacré a pour père *Twastri*, et pour mère la divine *Mâyâ*.

Twastri est le *charpentier* divin qui prépare le bûcher et les deux pièces de bois nommées *arani*, dont le frottement doit engendrer l'enfant divin.

Mâyâ est la personnification de la puissance productrice, sous sa forme féminine ; chaque être divin a sa mâyâ.

La naissance d'Agni est signalée au prêtre astronome par l'apparition d'une étoile, nommée en sanscrit *savanagraha* ; dès qu'il l'a vue, le prêtre annonce au peuple la bonne nouvelle ; bientôt le soleil commence à blanchir l'horizon au-dessus des collines ; le peuple des campagnes est accouru pour adorer le nouveau-né. A peine la faible étincelle a-t-elle jailli du sein maternel, c'est-à-dire de celui des deux bois qui est appelé la mère et en qui surtout réside la divine mâyâ, qu'elle prend le nom d'*enfant*; on trouve dans le Véda des hymnes d'une poésie ravissante sur cette frêle et divine créature qui vient d'apparaître. Les parents déposent le petit enfant sur de la paille ; à côté de lui est la vache mystique, c'est-à-dire le lait et le beurre, et chez d'autres Aryens l'âne qui a porté sur son dos le fruit dont le jus a donné la liqueur sacrée ; devant lui est un saint ministre représentant de Vâyu ; il tient à la main le petit éventail oriental en forme de drapeau, et il l'agite pour activer cette vie qui menace de s'éteindre. De là le petit enfant est porté sur l'autel : il y acquiert une force merveilleuse, qui dépasse la compréhension de ses adorateurs ; tout s'illumine autour de lui ; sa lumière insaisissable détruit les ténèbres et révèle le monde ; les anges (dêvas) et les hommes se réjouissent et, se prosternant, chantent un hymne en son honneur. A sa gauche le soleil levant, à sa droite la pleine Lune sont à l'horizon et semblent pâlir et lui rendre hommage.

Comment s'est produite cette transfiguration d'Agni ? Au moment où un prêtre posait le jeune dieu sur l'autel, un autre a versé sur sa tête la liqueur sacrée, le spiritueux *soma*, et bientôt lui a donné l'onction en répandant sur lui le beurre du saint sacrifice. Quand sa main a répandu sur Agni le beurre clarifié, il porte le nom d'*Oint* (*akta*). Ces matières inflammables l'ont fait grandir : sa flamme s'élance environnée de gloire ; il resplendit au sein d'un nuage de fumée qui monte en colonne vers le ciel, et sa lumière va s'unir à celle des luminaires d'en haut. Le « dieu aux belles clartés dé-« voile aux hommes ce qui était caché : » du milieu de l'enceinte où il trône, il enseigne les docteurs, il est le gourou des gourous (le maître des maîtres), et prend alors le nom de *Jâtavédas*, c'est-à-dire celui en qui la science est innée.

Ici se développe dans le Vêda toute une mystique sans laquelle les religions des temps postérieurs sont à peine intelligibles, et dont la connaissance répand sur elles une lumière inattendue.

Il est une plante dont les sucs se nourrissent de la rosée des nuits sous les rayons de la lune, et qui, mûrie par le soleil dont elle concentre les feux, fournit aux hommes un jus savoureux, d'abord sucré, puis clarifié par la fermentation et enfin rempli d'une matière ignée, combustible, d'un véritable esprit de vie. Consumé par le feu, il lui donne une ardeur et des flammes étonnantes; consommé par l'homme, il rend son âme ardente et remplit son corps d'une vigueur nouvelle. Cette plante a varié selon les latitudes : dans l'Inde, c'est une asclépiade, que l'on nomme *soma* ; dans l'Asie centrale, chez les Médo-Perses, elle porte le nom identique de *haoma* ; dans l'Occident, c'est la *vigne*. Donné aux hommes par une grâce divine, cet arbuste a été apporté par un oiseau céleste nommé *çyêna*, l'épervier ; et c'est dans un de ses rameaux que, d'un vol rapide, il a fait descendre sur terre le feu d'en haut.

Le jus de ces plantes est devenu la liqueur sacrée chez tous les peuples âryens. Agni réside en elle ; il y est présent, quoique invisible : c'est ce qu'affirment mainte fois les poètes védiques, comme un dogme reconnu de leur temps. Le vase qui la contient contient donc aussi Agni sous une forme mystique, et puisque Agni en peut sortir sous la figure mouvante du feu, ce vase contient encore la mère d'Agni, la divine Mâyâ. C'est le calice qui renferme le sang de la victime immolée.

D'un autre côté, si la liqueur sacrée est prise pour l'emblème des aliments liquides dans toute la nature, l'aliment solide est représenté par le gâteau, qui dans l'Inde védique est composé de farine et de beurre, matières éminemment combustibles et nutritives. Agni est donc aussi présent dans l'offrande solide. C'est ce dont les auteurs du Vêda ne font aucun doute.

Ces offrandes sont présentées au feu sacré sur l'autel. Le feu les consume, les transforme et les élève en vapeurs odoriférantes vers le ciel, où elles vont se réunir au corps glorieux des êtres divins et finalement au Père céleste, présent à la cérémonie. Agni devient ainsi le médiateur de l'offrande, le sacrificateur, le prêtre mystique ; et comme l'offrande le contient sous des apparences matérielles, c'est un sacrificateur qui s'offre lui-même comme victime. Alors a lieu le festin sacré : la sainte table védique consistait en gazon, *barhis*, *kuça* ou *dûrba*, que l'on étendait à terre ; les prêtres et après eux les convives du banquet divin recevaient chacun sa part de l'hostie et la mangeaient comme un aliment choisi, dans lequel Agni était renfermé.

L'effet moral de cette communion primordiale était extraordinaire. Car Agni étant la vie et la pensée, ceux en qui il s'incorpore deviennent participants d'une même vie et d'une même pensée, frères selon la chair et selon l'esprit ; et comme ce culte ne réunissait alors que les hommes de race âryenne, c'est lui qui soutenait la communauté et en qui se réunissaient ces sentiments que d'un mot latin nous avons appelés amour de la patrie.

De plus l'Agni du Vêda, étant la vie dans l'individu, est aussi le *médiateur* qui transmet la vie et l'auteur des générations : principe masculin suprême (*purusha*), il vit dans les pères et revit dans les fils, « il est le mari des femmes et le fiancé des filles ; » il réside pleinement dans le père de famille maître de maison, plus pleinement encore dans le roi chef du peuple et éminemment dans le prêtre, dont la pensée l'a conçu, dont la voix le chante, dont la main et la bénédiction (*swasti*) l'engendrent sur l'autel. Quand un homme meurt, le feu de la vie et de la pensée se retire de lui et laisse à la terre ses membres glacés, son souffle retourne à Vâyu, sa vue au Soleil.

« Mais il est une partie immortelle ; c'est elle, ô Agni,
« qu'il faut échauffer de tes rayons, enflammer de tes
« feux ; ô Jâtavêdas, dans le corps glorieux formé
« par toi, transporte-la au monde des pieux. » (*Vêda*, X,
16.)

Ce monde où siége la lumière éternelle, la félicité, où
brillent les mondes radieux, où la satisfaction naît avec
le désir, est situé dans les régions célestes où règne le
Père : c'est le Paradis, le *paradêça* des Médo-Perses, le
séjour de l'immortalité.

Enfin Agni a la puissance de rendre les morts à la vie.
Il a ressuscité Subandhu : lorsque ses frères eurent pro-
noncé sur ce jeune homme les formules de résurrection,
Agni leur apparut au milieu de la cérémonie, et se tenant en face du cadavre, il lui dit :

« Voici le père, voici la mère, voici ta vie qui re-
« vient ; voici ta délivrance, ô bon ami ; viens ici, lève-
« toi...

« J'ai repris l'âme de notre cher ami à Yama, fils de
« de Vivaswat, pour la vie et non pour la mort, oui,
« certes, pour le salut. » (*Vêda*, X, 60, 7 et 10).

Subandhu se releva, et ses frères chantèrent l'hymne
de la résurrection et de la vie.

Je ne veux pas pousser plus loin l'analyse de la
théorie d'Agni, telle qu'elle est dans les Hymnes indiens ; le lecteur curieux d'en savoir plus long à cet
égard pourra recourir au Vêda lui-même.

Il faut distinguer dans le dogme chrétien fondamental
les trois éléments qui s'y trouvent réunis et que j'appellerai la *théorie du Christ*, la *légende du Christ* et l'*histoire
de Jésus.*

La théorie du Christ est antérieure à la venue du Seigneur : les Juifs attendaient depuis longtemps le Messie ;
ils l'avaient vu en partie dans certains personnages
historiques, tel que Cyrus ; Simon le magicien se don-

nait pour le Messie ; au temps d'Auguste, l'attente du Messie était dans tous les cœurs. Les Juifs ne le reconnurent pas dans Jésus. Saint Paul, saint Luc, les Marcionites professaient hautement que le Christ n'était point le Messie des Hébreux, mais le fils du Père céleste, venu pour sauver tous les hommes malgré la Loi. Mais la théorie du *Christ fils de Dieu* était tout entière dans les Apocryphes d'Alexandrie et de Palestine, et chez les sectes juives issues de l'influence âryenne lors de la Captivité. Elle était sous sa forme idéale dans le Zend-Avesta ; enfin nous venons de la montrer sous sa double forme, matérielle et métaphysique, dans les Hymnes indiens. Or, les auteurs de ces hymnes la donnent comme créée bien longtemps avant eux et symbolisée dans un grand culte national, dont *Ribhou*, qui est probablement Orphée, est présenté comme l'organisateur. Cette tradition, commune aux Grecs et aux Indiens, nous reporte au temps où les branches du tronc âryen ne s'étaient pas encore séparées et où cette famille vivait dans son unité le long des vallées de l'Oxus. C'est donc là qu'il faut chercher l'origine de la théorie du Christ.

Presque tous les éléments de la légende du Christ se trouvent dans le Véda, sa double filiation, sa conception miraculeuse, sa naissance avant l'aurore au milieu de faits extraordinaires, son baptême dans les eaux, l'onction sainte d'où il tire son nom, sa science précoce, sa transfiguration, ses miracles, son ascension vers le ciel, où il va rejoindre le Père céleste qui l'avait engendré éternellement pour être le sauveur des hommes.

Nous ne connaissons presque rien de la vie de Jésus ; son nom même nous est inconnu, puisque *Jésus* ou *sauveur* est un surnom qui se donnait depuis deux cents ans et que *christ* est une qualification qu'il reçut plus tard ; la partie légendaire des évangiles et des autres livres saints étant ôtée, il ne reste pas de matériaux suffisants pour composer une histoire réelle. Celles qu'on a publiées sont des œuvres d'imagination et des romans.

D'un autre côté, la réalité de la vie de Jésus et de sa prédication est attestée non seulement par les livres chrétiens, mais aussi par les témoignages étrangers les moins suspects.

On fit donc à Jésus l'application de la théorie et de la légende, telles qu'elles existaient auparavant : par lui, les dogmes reçus de Babylone comme une tradition non interrompue, acquirent une réalité ou du moins un aspect historique.

CHAPITRE XIII

UNITÉ DES RITES.

Ces dogmes engendrèrent un culte et des figures. Le
culte vit dans les églises non protestantes sous des formes à peine modifiées depuis les anciens temps. Les
rites primitifs sont dans ces anciens livres d'église,
auxquels on donne le nom de *Sacramentaires* et dont le
plus ancien est celui du pape Gélase et de saint Gré-
goire-le-Grand. Mais longtemps avant eux, les éléments
essentiels du culte étaient fixés et pratiqués dans l'Église.

Le rite chrétien dans son ensemble se présente sous
deux aspects : il est quotidien et a pour centre le canon
de la messe ; il est annuel et a pour centre la semaine
de Pâques. Tous les offices du jour et de la nuit sont
des préparations ou des conséquences de la messe : tous
les offices de l'année préparent la semaine sainte ou en
découlent. Mais le rite quotidien n'est que la réduction
du rite annuel, lequel constitue le culte chrétien par
excellence. Ce culte est distribué suivant la marche du
soleil et de la lune. La naissance du Christ coïncide avec

11

le solstice d'hiver. Pâques suit de près l'équinoxe du printemps. Au solstice d'été on célèbre la fête du Précurseur, et l'on allume dans nos campagnes les feux de la Saint-Jean [1]. Les autres fêtes sont distribuées méthodiquement dans les autres parties de l'année, suivant un ordre qui demande à être comparé avec celui des cérémonies védiques.

La grande époque de l'année chrétienne est la *semaine sainte.* On peut suivre dans les missels, mais mieux encore dans les grandes églises de Lyon, de Paris, de Rome, les cérémonies qui la remplissent ; et l'on verra que si toute l'année concourt vers la semaine sainte, toute la semaine sainte concourt vers un point principal qui est par conséquent le centre de tout le culte chrétien.

Ce n'est pas le dimanche de Pâques : tout le rite, tous les chants et les récits de ce jour ne font célébrer l'événement qui a eu lieu la nuit précédente, et qui s'est prolongé jusqu'à l'aurore. Cet événement est double : c'est à la fois la *résurrection du Christ et la rénovation du feu.*

L'office du samedi saint reproduit les cérémonies védiques. On y retrouve les « portes éternelles » de l'enceinte sacrée, par où doit passer « le roi glorieux ; » le feu divin et la vie gisant encore dans le calice (*samudra*), sous la figure de Jonas ; la lumière indéfectible du Père ; l'Esprit, pénétrant dans le vase baptismal comme une vertu mystérieuse ; le feu naissant par le frotte-

---

1. Le solstice d'hiver a lieu quatre jours avant Noël ; celui d'été quatre jours avant la Saint-Jean. Le jour de Pâques est réglé d'après l'équinoxe puisqu'il a lieu le dimanche qui suit la pleine lune après l'équinoxe du printemps. Il est donc probable que Noël et la Saint-Jean sont deux fêtes fort antiques, qui ont coïncidé primitivement avec les solstices. La précession des équinoxes étant de cinquante secondes par an, quatre jours répondent environ à sept mille années ; mais les quatre jours peuvent ne pas être pleins.

ment du caillou, qui en Occident a remplacé les *arani*, et bientôt le cierge, grand symbole pascal.

Aux temps anciens de l'Église, la cérémonie du feu et du cierge avait lieu le dimanche, au second nocturne, entre trois et six heures du matin ; c'était à l'aube, puisqu'au jour de l'équinoxe le soleil se lève à six heures. Le feu, ayant été excité par le frottement, sert à allumer le cierge pascal ; le diacre vêtu de blanc prend un roseau, qui est le *vêtasa* des hymnes, au bout duquel sont trois bougies, représentant les trois foyers de l'enceinte védique : on les allume tour à tour avec le feu nouveau, en disant chaque fois : « la lumière du Christ ! » Puis on allume le cierge pascal, dans lequel la cire remplace le beurre du sacrifice, là « mère abeille » la vache des Indiens, la mèche le bois du foyer sacré. Enfin le Christ paraît sous son vrai nom d'*Agnus*, qui peut bien être *Agni* sous une forme latine. On récite alors la prière suivante, où est exposée en quelques phrases la mystique de tout le rite pascal :

« O nuit vraiment heureuse, qui a dépouillé les Égyptiens (dans le Vêda, les Dasyous) et enrichi les Hébreux (les Aryas) ! Nuit en laquelle les choses célestes s'associent aux terrestres, et les divines aux humaines ! Nous te prions donc, Seigneur, que ce cierge, consacré en l'honneur de ton nom, persévère indéfectible pour détruire l'obscurité de cette nuit, et que reçu en odeur de suavité il se mêle aux luminaires d'en haut. Que l'astre qui le matin apporte la lumière (*lucifer matutinus*) trouve ses flammes : cet astre, dis-je, qui ne se couche jamais, qui, revenu des régions inférieures, a lui avec sérénité sur le genre humain. »

Le reste du jour, on célèbre la renaissance du Christ, et les chrétiens d'Orient vont par les rues, par les champs et par les maisons, se répétant les uns aux autres la bonne nouvelle : Χριστὸς νἀέστη, « le Christ est ressuscité. » Le festin sacré, auquel tous les chrétiens doivent participer en ce jour, est l'agape de la charité et de l'amour mutuel : c'est ce qui est exprimé par ces paroles : *Congregavit nos in unum Christi amor,* » l'amour du Christ nous a réunis en un seul corps. » Cette pensée, qui domine toute la semaine de Pâques, est précisément exprimée dans le dernier hymne à Agni, où on lit ces paroles du prêtre :

« Que vos âmes se comprennent : les mortels ici ras-
« semblés n'ont qu'une seule prière, un seul vœu, une
« seule pensée, une seule âme ; j'offre dans ce sacrifice
« votre prière et votre holocauste, présentés par une in-
« tention commune. Que vos volontés et vos cœurs
« soient d'accord : que vos âmes s'entendent, et le bon-
« heur est avec vous. » (*Véda*, X, 191.)

Le rite central dont nous venons de parler a été, selon la tradition substitué par Jésus lui-même au rite pascal des Hébreux, lorsque après avoir célébré ce dernier avec ses disciples, il institua l'eucharistie ; en ce jour, il s'offrit lui-même comme une victime nouvelle, dont le sang était le dernier qui dût couler, victime désormais remplacée sur l'autel par la double offrande du corps mystique du Christ. C'est ce que l'Église rappelle par cette formule : *Pascha nostrum immolatus est Christus,* « notre Pâque à nous, c'est le Christ immolé. » Cette suppression des sacrifices sanglants avait été adoptée par les Thérapeutes et les Esséniens, conservateurs de la tradition âryenne parmi les Juifs. Elle est près de s'accomplir dans le Véda ; car on y voit presque toujours Agni s'offrir lui-même dans le feu de l'autel, sous la double apparence du gâteau sacré et de la liqueur spiritueuse du *sôma* ou, comme on dit chez nous, du pain et du vin.

Avant d'aborder la question des monuments figurés, je dois encore appeler l'attention du lecteur sur le nom même de *Christ* et sur la qualité de *roi* qui l'accompagne. C'est un point controversé parmi les chrétiens dès l'origine de l'Église, les uns entendant cette qualification dans son sens réel, les autres dans un sens figuré, personne ne pouvant dire pourquoi le Christ l'avait reçue et conservée, quand on savait que les Juifs ne la lui avaient donnée que par dérision. Voici les propres paroles du Vêda :

A AGNI :

« La jeune mère porte l'enfant royal mystérieusement
« caché dans son sein... la reine l'a enfanté ; car d'une
« antique fécondation c'est le germe qui s'est déve-
« loppé ; je l'ai vu à sa naissance, quand sa mère l'a
« mis au monde. Oui, j'ai vu ce dieu aux couleurs
« brillantes..... et j'ai répandu sur lui l'onction immor-
« telle..., je l'ai vu s'avancer de sa place tout resplen-
« dissant.... des ennemis avaient rejeté au rang des
« mortels celui qui est le roi des êtres et le désiré des
« nations..... que ses calomniateurs soient confondus. »
(*Vêda*, V, 2.)

Cette jeune reine, qui est appelée « la dame du peuple » est le plus souvent nommée par son nom vulgaire, c'est l'*arani*, c'est-à-dire l'instrument de bois d'où le feu se tire par le frottement. D'après les Hymnes, celui qui le premier a découvert le feu fut *Atharvan*, dont le nom indique le feu lui-même. Mais celui qui en fit le feu sacré, en le plaçant sur un autel de terre et en lui faisant produire des flammes resplendissantes, fut *Bhrigou*. Ce qu'il fit est parfaitement retracé dans le Vêda et signifié par son propre nom : il répandit sur le bois du foyer le beurre fondu qui dès ce moment s'appela l'Onction sacrée (*añjana*).

Or, dans la théorie physique d'Agni, le feu qui réside dans l'onction vient du lait de la vache, qui lui-même vient des plantes dont elle se nourrit ; et ces plantes croissent en accumulant en elles le feu du Soleil ; la vertu de l'onction procède donc du Père céleste ; le prêtre n'en est que l'instrument humain. Au sens métaphysique, le feu de la vie, qui elle aussi procède du Soleil, se manifeste surtout par la puissance, par la science et par la vertu, lesquelles doivent se rencontrer excellemment dans les rois et dans les prêtres. L'onction sacerdotale et l'onction royale sont des cérémonies symboliques par lesquelles on marquait sur une personne la présence en elle d'Agni à un degré supérieur : le prêtre la recevait des mains paternelles, parce qu'il était prêtre par sa naissance ; le roi la recevait des mains du prêtre, parce que le prêtre était sur la terre le représentant et le ministre d'Agni. Agni, qui est le prêtre éternel, *sacerdos in æternum*, reçoit éternellement l'onction des mains du Dieu suprême : le Christ est donc l'oint du Seigneur.

Dans l'humanité, les hommes qui l'emportent sur les autres par leur puissance, leur intelligence ou leur vertu méritent aussi d'être appelés les oints du Seigneur ; ce titre fut donné à l'Arya Cyrus, au temps de la Captivité, en pleine société âryenne. Cinq cents ans plus tard, Jésus fut déclaré pontife éternel, et roi suprême marqué de l'onction divine.

Enfin, comme le feu mystique se transmet du Christ à tous ceux qui lui sont fidèles, nous voyons que ce nom leur est donné par plusieurs Pères de l'Église et par les inscriptions des Catacombes, qui les appellent des *christs* ou des chrétiens ; car si le baptême, fait avec l'eau où ont été plongés le cierge et la matière de l'onction, met en un homme la vertu spirituelle qui le rend chrétien, c'est par l'onction faite sur le front que cette vertu est confirmée et que l'homme est marqué du *signe de la croix*[1].

Ce dernier mot nous ramène aux figures symboliques et aux monuments figurés dont la croix est peut-être le plus important. Le crucifix ne paraît pas avant le ve siècle dans les monuments de l'art chrétien ; la croix en T, que quelques-uns prétendent avoir été l'instrument du supplice usité à Jérusalem, ne s'est rencontrée qu'une fois avant cette époque, avec la date consulaire de 370. Mais les peintures des Catacombes offrent un très-grand nombre de croix, les unes isolées, les autres faisant partie de certains groupes de personnages. Seulement, ces croix ressemblent d'autant moins à la nôtre qu'elles sont plus anciennes. Elles se composent le plus souvent de deux parties plus ou moins irrégulières, dont chacune a ses deux extrémités renflées comme les entrenœuds des tiges de beaucoup de plantes ; d'autres fois, c'est un signe monogrammatique à quatre branches dont les bouts sont recourbés à angle droit 卐. Une longue rangée de ces croix à crochets forme un ornement courant autour de la célèbre chaire de Saint-Ambroise à Milan.

Les archéologues chrétiens pensent que c'est la forme la plus ancienne du signe de la croix ; nous le croyons aussi, car ce signe est précisément celui que l'on trace sur le front des jeunes buddhistes et qui était usité chez les brâhmanes de toute antiquité[2] ; il porte le nom de *swastika*, c'est-à-dire signe de salut, parce que la *swasti* (en grec εὖ ἐστι) était dans l'Inde analogue à la cérémonie du *salut* chez les chrétiens. Ce signe représente les deux pièces de bois qui composaient l'*aranî*, dont les extrémités étaient recourbées ou renflées, pour être

---

1. Voyez *Le Baptême*, par Bezoles, Maisonneuve, 1873.
2. Voyez notre *Dictionnaire sanscrit*, art. *Swastika* ; et Eug. Burnouf, *Lotus de la bonne loi*, p. 625.

solidement retenues avec quatre clous. Au point de
jonction était une fossette : là on plaçait la pièce en
forme de lance, dont la rotation violente, produite par
une sorte de flagellation, faisait apparaître Agni.

C'est ce même instrument qui se trouve personnifié
dans l'ancienne religion des Grecs sous la figure de
Prométhée porteur du feu : le Dieu est étendu en croix
sur le Caucase, tandis que l'oiseau céleste, qui est le
Çyêna des hymnes, dévore chaque jour son flanc immortel. Le *swastika* se remarque sur une multitude de
vases et d'objets antiques, de Troie, de Rhode, de Chypre, de Grèce, d'Italie, et sur d'autres qui caractérisent la
période nommée préhistorique.

Quand Jésus eut été mis à mort par les Juifs, ce vieux
symbole âryen lui fut aisément appliqué, et le *swastika,*
élevé sur une hampe, devint la *croix hastée* des modernes chrétiens.

Le symbole du crucifiement du Christ fut souvent
remplacé par l'agneau. Le christianisme avait supprimé l'immolation de cet animal. Comme symbole
l'agneau est rarement cité dans l'Eglise grecque, tandis
qu'il est partout dans l'Église latine [1] où il représente
le Christ immolé.

Puisque la théorie d'Agni est identique à la théorie
du Christ et que les deux légendes se ressemblent de
tout point, le symbole de l'agneau a pu devoir sa grande
fortune dans l'Église latine à l'identité des deux noms.

Il y a des textes qui par eux mêmes seraient à peu près
inintelligibles, comme celui-ci : « *Corporis Agni mar-
garitum ingens* » (Fortunat, XXV, 3) reproduction d'une
formule sanscrite : *agri-kâya-mahâ-ratnam,* « le grand
joyau du corps d'Agni. » Ce joyau principal se plaça,

---

1. Le meurtre des agneaux au jour de Pâque est un des usages les plus
généraux des populations grecques, comme le *courban-beiram* des Musulmans.

dans les croix gemmées, au point où les deux branches se croisent, là où, dans les croix nues, nous plaçons encore un foyer de rayons dorés s'échappant dans toutes les directions ; c'est le point d'où part la première étincelle dans l'opération de l'*aranî*.

Ailleurs, l'agneau est figuré sur un monticule d'où s'échappent quatre ruisseaux, lesquels répondent exactement aux quatre coupes instituées par les Ribhous dans l'antique sacrifice âryen, ou bien aux quatre prêtres ou aux quatre fleuves du paradis. Cette représentation de l'agneau est même la plus antique, d'après M. l'abbé Martigny.

Comment expliquer aussi la zone d'or dont l'agneau est ceint quelquefois, sinon comme est expliquée la ceinture d'or du dieu Agni dans le Véda ?

Et cette épithète d'*Agniferus* donnée au Précurseur, comment peut-elle signifier celui qui apporte l'agneau, puisqu'au contraire il venait pour supprimer son immolation et que lui-même fut décapité comme ennemi du culte israélite ? Ne signifiait-elle pas plutôt celui qui apporte Agni, et ne fait-elle pas voir sous un jour historique tout nouveau le rôle de saint Jean-Baptiste ?

Enfin l'agneau parait être, à l'origine du christianisme, tellement identique avec le feu divin, que l'Apocalypse, dans la grande théorie qu'elle en donne, dit en propres termes : « La cité (mystique) n'a pas besoin du soleil ni de la Lune ; c'est l'agneau qui est son flambeau » (21,23). — Les lampes ont été pour les premiers chrétiens une occasion tout offerte de représenter symboliquement la « lumière du Christ ; » le quatrième volume du grand ouvrage de Perret en représente des plus curieuses. M. Martigny en cite une illustrée par M. de Lastérie, et dont il donne la description. Elle a la forme d'un agneau du sein duquel jaillit une source d'huile ; cet agneau porte sur la poitrine et sur la tête

le signe de la croix ; sa tête est surmontée d'un oiseau,
image de l'esprit ou de Cyêna.

Au symbole de l'agneau se rapporte probablement la
légende de sainte Agnès. C'était, dit-elle, une petite
fille de douze ans, qui subit le martyre vers 304, sous
Dioclétien ; entièrement inconnue, elle se trouva en
quelques années honorée d'un culte spécial dans toutes
les églises, et son nom fut inscrit au canon de la messe,
où il est encore. Ce nom eut la merveilleuse fortune de
mettre dans une foule de circonstances celle qui l'avait
porté, à la place occupée ordinairement par le Christ
ou par Marie sa mère : on la voit comme eux entre
Pierre et Paul, qu'elle domine par sa taille ; entre deux
arbres, comme la Vierge ; sur des lampes, sur un monticule, comme l'agneau, le Christ, ou le monogramme.
Dans son culte, elle est en relation étroite avec l'agneau ;
enfin, seule avec Marie et Jean-Baptiste, elle a deux
fêtes dans l'année, l'une pour sa nativité, l'autre pour
sa passion. Tous ces faits sont expliqués dans les Pères
par la ressemblance des mots Agnès et Agnus ; ajou-
tons encore le nom d'Agni et la grande analogie qui dut
être établie entre elle et le Christ dans la mystique secrète de ces anciens temps. On la représentait nimbée
avec des vêtements ornés d'or, un collier de perles, le
laticlave gemmé des reines, des flammes s'échappant
de dessous ses pieds, en souvenir du supplice d'où la
la légende la fait sortir intacte ; enfin sa nature ignée et
lumineuse se trouve attestée par un passage des *Ménées*,
où il est dit : « Les impurs (ἄναγνοι), en faisant pénétrer Agnès dans leur demeure ténébreuse, se sont pro-
curé une demeure toute resplendissante de lumière. »

Là nature ignée et lumineuse du Christ est également
prouvée par une foule de passages des livres saints, des
Pères et des rituels, aussi bien que par des monuments
figurés. Tout le monde sait par cœur le premier chapi-

. tre de l'évangile de Saint-Jean, et ces paroles du *Credo :* « lumière issue de la lumière. » — Saint-Jérôme dit du Christ : « Quelque chose d'igné et de sidéral rayonnait dans ses yeux, et sa majesté divine luisait sur son visage » (*in* Matth. III.) — Dans l'Église copte qui possédait une des plus anciennes liturgies, la formule de bénédiction du disque appelait charbons ardents les particules de l'eucharistie sur la patène. — La Vierge, dans les *Theotokia* alexandrins, est qualifiée « d'encensoir qui a contenu le charbon vivant et vrai. » Les hymnes des églises d'Orient disent souvent que dans le pain eucharistique les mortels reçoivent un feu divin.

Quant aux peintures, aucune d'elles n'offre du Christ une image authentique ; les plus anciennes ne remontent pas au-delà de Constantin. A partir du second siècle, une controverse exista entre les docteurs, les uns prétendant qu'il était très beau, les autres qu'il était laid : Grégoire de Nysse, Jérôme, Ambroise, Augustin, Chrysostôme, Théodoret étaient pour la beauté ; Justin, Clément d'Alexandrie, Cyrille, pour la laideur. Irénée affirme que la figure de J.-C. est inconnue. Il est assez curieux de trouver déjà la même dissidence entre les chantres du Vêda. Le plus grand nombre exaltent la beauté d'Agni resplendissant, les autres l'appellent *virúpa*, c'est-à-dire difforme. Les poésies homériques offrent la même divergence au sujet d'Héphæstos (Vulcain) ; et vraiment les deux points de vue sont également acceptables.

De la théorie du Christ, de sa nature ignée sont nées, dans les peintures des catacombes, une foule de représentations allégoriques ou légendaires, dont ni l'archéologie chrétienne, ni la Bible, ne peuvent fournir l'explication. La légende des *Mages* n'est pas la moins curieuse : elle est déjà dans l'évangile de saint Mathieu,

qui ne fixe pas leur nombre ; les peintures en représentent tantôt trois, tantôt quatre, vêtus d'un bonnet perse
et de pantalons. Tantôt l'enfant divin est seul ; tantôt
il est sur les genoux de sa mère. Un bas-relief du ci-
metière de Sainte-Agnès, à Rome, et plusieurs autres
monuments représentent un personnage agitant le petit éventail en forme de drapeau devant l'enfant qui
vient de naître. Ce symbole ne peut s'interpréter par
les deux usages ordinaires de cet instrument, qui sert
soit à rafraîchir le visage, soit à chasser les mouches,
car la légende fait naître le Christ en plein hiver. Mais
il est entièrement védique, comme nous l'avons observé
plus haut. La théorie du feu divin, qui vit surtout dans
les ministres du culte et éminemment dans le premier
d'entre eux, explique aussi pourquoi, malgré l'abolition
du rite du *flabellum* en Occident, le pape fait porter devant lui deux grands éventails en plume de paon dans
les solennités.

Pour ne pas fatiguer plus longtemps le lecteur de ces
détails d'archéologie chrétienne, je ne citerai plus que
deux faits intimement liés à la doctrine secrète du feu
divin, et qui montrent comment les premiers chrétiens
représentaient leurs propres idées au moyen des anciennes figures. Une des plus souvent reproduites dans
les Catacombes est celle de *Jonas* : ce personnage est vu
dans trois moments principaux de sa légende, quand il
est dévoré par le monstre, quand il est revomi et quand
il repose sous l'arbrisseau. Le mot hébreu qui, dans le
livre de Jonas, désigne cet arbuste n'a pas un sens bien
connu et a été traduit arbitrairement par lierre ou par
courge. Dans les Catacombes les représentations sont
presque toujours très-vagues : parmi celles que reproduit le grand ouvrage de Perret, deux seulement ont
des formes reconnaissables ; le fruit, qui n'est ni celui
du lierre, ni une cucurbite, ressemble exactement au

fruit bien connu de l'asclépias ; de plus, la plante est grimpante ou sarmenteuse, ce qui indique une asclépias asiatique [1] : or, c'est précisément celle qui servait le plus souvent aux Aryas à préparer la liqueur sacrée du sôma.

Dans d'autres peintures des catacombes, Jonas est en relation avec le monstre qui le dévore ou qui le rejette ; ce monstre n'a rien de commun avec une baleine, ni avec aucun animal connu ; il est tout à fait fantastique. Sa queue ressemble le plus souvent à une feuille ; son corps se roule sur les eaux comme des tourbillons de fumée, d'où semblent s'échapper des langues de feu. Dans une peinture, sa tête est même entièrement composée de ces langues et n'a ni dents, ni yeux, ni naseaux ; les flammes s'écartent comme pour former deux mâchoires d'entre lesquelles est lancé Jonas dans toute la fraîcheur du jeune âge. Tout cela n'est-il pas une image de la naissance du feu divin et de la vie dont il est le principe ? Ces peintures tumulaires étaient autant de figures de l'immortalité, et l'on sait que dans les idées chrétiennes l'âme était étroitement liée à l'Esprit, qui est comme un feu divin incarné et vivant en nous.

Enfin toute une classe de monuments figurés sont composés de trois personnages ou de trois symboles symétriquement disposés, l'un au milieu et les autres sur les deux côtés, comme pour faire cortége. Ils sont très-nombreux dans les Catacombes et dans les musées d'archéologie chrétienne. Cette disposition ternaire a été très-populaire dans la primitive église, car elle est reproduite dans d'excellents dessins et dans des dessins plus grossiers. Si l'on formait des séries, on verrait d'une part les personnages passer par des transforma-

---

1. Il existe cependant en Grèce une petite espèce d'asclépias grimpante, qui est commune dans la plaine d'Athènes.

tions successives à l'état de figures linéaires ou dia-
grammes mystiques, de l'autre on les verrait remplacés
par l'objet naturel qu'ils représentent et qui le plus souvent est lui-même un symbole.

Ainsi, entre saint Pierre et saint Paul on voit tantô
le Christ, tantôt son monogramme, tantôt la croix, ou
l'agneau, ou Agnès, ou Marie. Celle-ci porte indistinc-
tement les noms de *Maria* ou de *Mara* ; elle est souvent
unie à Agnès avec cette inscription : *Anemara, Annenara,*
ou *agnemará* (en sanscrit *Agnimâyâ*, la Mâyâ d'Agni).

Ailleurs, le Christ ou Marie ont pour remplaçant un
vase enflammé posé sur un socle quadrangulaire : à
droite et à gauche sont deux oiseaux tenant chacun une
branche, ou portés sur une ligne de peinture qui en est
le diagramme. Sur beaucoup de monuments, ces oiseaux
portant la branche sont remplacés par deux arbres,
entre lesquels on voit, soit un vase d'où sort un enfant,
soit l'image d'une femme avec les noms de *Maria*, de
Mara, d'Agne.

Quelquefois tout personnage humain a disparu : alors
le Christ est remplacé par une croix ou par une inscription ayant de chaque côté un symbole idéographique.

Il est clair que dans la pensée des premiers chrétiens
une sorte de substitution pouvait être faite entre les
objets occupant une place homologue dans toutes ces
peintures, et qu'une même idée s'y trouvait cachée. Or,
cette idée devait avoir la double portée de la grande
doctrine chrétienne, métaphysique et physique à la fois.
La croix, les noms d'Agnès et de Marie, le vase enflammé sont expliqués par la double théorie du Christ
et du Feu. Les figures latérales le sont par les peintures
rappelant la nativité du Christ ou sa transfiguration.
Les scènes de la passion sont absentes des monuments
figurés avant le IVe siècle.

La transfiguration est représentée au complet dans la célèbre mosaïque de saint Apollinaire *in classe* à Ravenne : on y voit le Christ remplacé par une croix, ayant à ses côtés Hélie et Moïse, au dessus la main du Père céleste, au-dessous saint Apollinaire entre deux plantations ; à la droite du saint est un agneau ; à sa gauche deux agneaux : à ses pieds, sur deux lignes, douze autres agneaux qui ne peuvent représenter les Apôtres, puisque trois d'entre ceux-ci sont déjà au-dessus. Je ne veux pas essayer l'interprétation détaillée de ce grand symbole, qui n'est pas absolument primitif, puisqu'il ne ne date que du VIe siècle ; j'appellerai seulement l'attention sur Hélie et sur Moïse, déjà mentionnés dans le récit évangélique, et qui portent ici leurs noms écrits.

Qu'Hélie représente le Soleil, c'est ce dont il est difficile de douter, quand on voit dans l'Église d'Orient les temples d'Hélios, sur les pics des montagnes, partout remplacés par des chapelles de saint Hélie, et la lutte de celui-ci avec le démon calquée sur la lutte naturelle du soleil levant et de la nuit. Un bas-relief du musée de Latran ne laisse aucun doute à cet égard : Hélie est monté sur un char céleste à quatre chevaux ; ce char n'en a que deux dans le camée reproduit par Perret (IV, 36) : le bas relief de Latran offre en outre cette particularité intéressante que de dessous les pieds des chevaux semble descendre un agneau.

Quant à Moïse, sur beaucoup de monuments à trois symboles, il est remplacé par la lune représentée soit en nature dans quelqu'une de ses phases, soit simplement par son nom *Luna* ayant pour pendant le nom latin du soleil, *Sol*, au lieu d'Hélie. On demandera pourquoi Moïse paraît dans cette légende pour y jouer le rôle de la Lune ; le Véda nous paraît répondre à cette question. Non seulement les Hymnes dépeignent souvent Agni se transfigurant sur l'autel ou sur la colline entre les « deux grands parents, » dont l'éclat est comme éclipsé par le sien ; mais toute personne s'occupant de linguistique reconnaîtra dans la forme latine du nom de Moïse (*Moses*) le nom sanscrit de la Lune et du Mois (*Mâs, Mâsa*) reproduit lettre pour lettre.

Si l'on veut ensuite rechercher dans le livre des Hymnes tout ce qui concerne la théorie de ces astres dans leur rapport avec le feu, la vie, la pensée et avec le saint sacrifice, on verra s'expliquer de la façon la plus simple toutes les figures symboliques dont nous venons de parler.

De la même manière s'expliqueront aussi les peintures où, à la place d'Hélie et de Moïse, sont figurés un cheval et un lièvre, ou bien un bélier et un paon ; on lira à ce sujet les beaux hymnes de Dîrghatamas sur le cheval céleste *Dadhicrâs*; tous les indianistes connaissent la relation d'Indra et du bélier, et le rapport mystique de la lune (*Çaçin*) [1] avec le lièvre et le paon.

Les faits exposés permettent de remonter le cours de la tradition dogmatique jusqu'à la captivité de Babylone et d'apercevoir que la religion du Christ est âryenne et non sémitique. Au-delà de ce temps, éloigné de notre ère de cinq ou six siècles, la lumière commence à manquer. C'est que la religion médo-perse suffit bien pour rendre compte des théories abstraites du christianisme ; mais elle n'explique pas complètement les rites et les symboles. L'erreur serait de la croire elle-même primitive sous la forme où l'Avesta nous l'a transmise : elle a été pour les pays iraniens, comme le brâhmanisme pour l'Inde, une phase nouvelle d'une doctrine plus ancienne. Cette doctrine, c'est dans le Véda qu'on la retrouve. Mais le Véda non plus n'est pas primitif, et

---

1. Les Indiens voient la figure d'un lièvre, *çaça,* dans les taches du disque de la lune.

l'on y découvre la trace de dogmes plus anciens, représentés par des symboles plus grossiers.

En réalité il n'y a pas de religion âryenne primordiale
ayant laissé un monument quelconque, au moyen duquel
elle puisse nous être connue. On voit seulement qu'une
même théorie se transmet à travers les siècles, revêtant
des formes diverses et passant par des phases successives, qui sont autant de religions. Cette théorie ressort
assez nettement des comparaisons que nous avons
ébauchées : dans la religion chrétienne c'est la théorie
du Christ ; dans le Vêda, c'est la théorie d'Agni. En la
prenant telle qu'elle est dans le Recueil des hymnes
indiens, on peut en suivre le développement dans les
diverses religions qu'elle a successivement animées : en
Orient, dans le brâhmanisme, puis dans le buddhisme ;
plus à l'ouest, dans la religion de Zoroastre ; en Europe,
dans les mythologies des anciens peuples grecs, latins,
germains, et finalement dans le christianisme, qui les
a remplacées et en partie absorbées.

A la rigueur, il ne serait pas nécessaire de supposer
une action directe de l'Inde sur les peuples de la Méditerrannée pour s'expliquer comment les rites et les
symboles du Vêda ont pu revivre chez les premiers
chrétiens, car il y a ici un héritage commun de toute la
race âryenne. Mais un assez grand nombre d'indices
nous portent à croire qu'une telle influence s'est exercée
à plusieurs reprises. Pour ne pas descendre trop près
de notre temps, je citerai le fait récemment découvert
de la canonisation par l'Église chrétienne d'un grand
personnage indien du VIᵉ siècle avant notre ère. Il existe
sous le titre de *Barlaam et Josaphat* un livre traduit successivement en arabe, en arménien, en hébreu, en latin,
en français, en languedocien, en italien, en allemand,
en irlandais, en suédois, en anglais, en espagnol, en
bohémien, en polonais, et finalement en tagal, un des

dialectes indiens. Toutes ces versions, échelonnées sur une période de plus de dix siècles, proviennent d'un texte grec attribué à Jean Damascène, mort en 760. Mais ce texte est lui-même visiblement traduit ou imité d'un original syriaque, car tous les noms propres y sont en cette dernière langue. De plus, comme toutes les religions du temps y sont énumérées et que celle de Mahomet n'y figure pas, on est en droit de penser que le livre syriaque est antérieur au mahométisme. Le personnage principal, Josaphat, est un roi de l'Inde, converti au christianisme et instruit par un religieux nommé Barlaam. Le texte dit que cette histoire a été apportée de l'Inde, que l'Inde est grande et peuplée, et qu'elle est séparée de l'Égypte par des mers sillonnées de nombreux vaisseaux. La version latine de ce livre fit qu'au XIe siècle les deux héros furent canonisés et qu'on les honore le 27 novembre, d'après le martyrologe romain [1]. Or nous possédons l'original sanscrit d'où sont venues toutes les versions : c'est le *Lalita-vistâra*, qui existait déjà au IIIe siècle avant J.-C.; tous les noms sanscrits ont été remplacés par des noms syriaques, et le héros du récit n'est autre que le Buddha Çâkyamuni [2]. J'ai cité ce fait pour montrer comment, pendant les premiers siècles de notre ère les choses indiennes ont pénétré en Occident sous un vêtement étranger. Tout le monde sait, du reste, que les Grecs et les Latins n'agissaient pas autrement : ils ôtaient les noms, et ils gardaient la chose. Les chrétiens n'ont même pas toujours usé de cette fraude pieuse : ainsi le

---

1. L'église grecque célèbre aussi cette fête le 27 novembre. Elle est donc antérieure au Schisme.

2. Voyez : Βαρλααμ καὶ Ιοασαφ, édit. de Boissonnade. — *Barlaam et Josaphat*, poème français de Gui de Cambrai (xiiie siècle), avec extrait de plusieurs autres versions romanes, éd. Zotenberg et P. Mayer. Stuttgart, aux frais du cercle littéraire, 1864; in-8°, 419 pages.

culte d'Orphée a passé tout fait dans les monuments chrétiens : Orphée y a gardé son nom.

Au IVᵉ siècle, d'après une lettre de saint Jérôme à Marcella, la Palestine était un centre où se rendaient les hommes de toutes les parties du monde, parmi lesquelles il énumère l'Arménie, la Perse et les Indes.

Un peu auparavant, Eusèbe faisait remarquer dans son *Histoire ecclésiastique* que les chrétiens étaient appelés barbares, comme appartenant à une religion étrangère et venue du dehors, *barbaræ ac peregrinæ*, ce qui ne saurait qualifier la Judée ni l'Égypte, qui faisaient partie de l'empire romain.

Au IIIᵉ siècle, Tertullien parle des brâhmanes et des ascètes indiens, comme étant bien connus de son temps.

Sur la fin du IIᵉ siècle, saint Hippolyte prétend que plusieurs hérésies sont calquées sur certains systèmes des brâhmanes de l'Inde, preuve que saint Hippolyte n'ignorait pas ces systèmes. Peu de temps auparavant, l'évêque de Sardes, Méliton, écrivant en 170 à Antonin-le-Pieux. lui dit : « La doctrine que nous professons a d'abord fleuri chez les barbares ; mais ensuite, quand, sous le règne glorieux d'Auguste, elle a pris racine chez les nations soumises à votre gouvernement, elle est devenue pour votre royaume une source de bénédiction. » Cette phrase exclut aussi l'Egypte et la Judée.

Au temps de Jésus-Christ, le Juif Philon, qui connaissait le Buddha, les *çramanas* et les brâhmanes, écrivait, en parlant d'Alexandrie et de tout le sud-est de la Méditerranée, ces paroles solennelles : « Il y a ici un homme qui s'appelle l'Orient. » M. Reinaud a traité, dans le *Journal asiatique*, des relations officielles de l'Inde avec l'empire romain ; il serait d'un haut intérêt que cette question fût reprise dans toute son étendue et qu'on réunit, en Orient et en Occident, tous les faits propres à la résoudre.

Un grand échange d'idées se faisait entre l'Inde et l'Occident par Alexandrie, peut-être aussi par le golfe Persique et par les caravanes de l'Asie centrale; cet échange remonte très-haut, puisque déjà, dans le IIIe livre des *Rois*, certains objets apportés d'Orient pour le temple de Salomon ont des noms sanscrits.

Il est difficile, d'après ces témoignages, pris au hasard entre beaucoup d'autres, de nier que l'Inde ait exercé une influence directe sur le monde gréco-romain. Si la présence de l'*asclepias acida* dans les peintures représentant Jonas est bien établie, on est en droit de se demander comment ce symbole est venu de l'Asie où croît cette plante sacrée, jusqu'au centre de l'Europe, à la flore de laquelle elle est étrangère. Est-ce par des voyageurs revenant des Indes ? Est-ce par des missions indiennes ?

Nous n'avons rien à dire sur ce point ; le secret fut un des besoins aujourd'hui les mieux constatés de la primitive Église; et l'on peut croire que le sort du livre de Barlaam et Josaphat fut celui de plus d'un ouvrage regardé jusqu'à présent comme original.

CHAPITRE XIV

LA LOI DE L'ÉLIMINATION

Un coup d'œil en arrière sur la marche des idées religieuses à travers l'espace et le temps nous les montre
obéissant à plusieurs lois, dont la plus apparente est
une loi d'élimination. Les degrés que l'esprit humain
parcourt ont reçu des noms significatifs, dont la justesse peut d'ailleurs être contestée. Ce sont, dans leur
ordre de valeur, le fétichisme, l'animisme, le symbolisme, la mythologie et la métaphysique.

Le fétiche est un objet matériel, fourni par la natur
ou fabriqué de main d'homme, auquel le croyant attribue une puissance surnaturelle pour procurer le bien
ou le mal. C'est la plus basse idée que les hommes se
soient faite de la divinité.

A un degré plus haut est l'animisme, la religion des
Esprits. Les hommes frappés de l'intensité des phénomènes naturels et ne pouvant s'en expliquer la production, ont supposé que des êtres d'une nature subtile
parcourent le monde et en font mouvoir les parties.

Ces êtres sont invinsibles, mais on ne peut pas dire
s'ils sont corporels ou s'ils ne le sont pas. Leur vertu
est d'aller où ils veulent en un clin d'œil, de pénétrer
au travers des corps, de se manifester où il leur plait
et de n'être arrêtés par aucun obstacle.

Observer les phénomènes et les comparer, dégager
les lois abstraites auxquelles ils obéissent et qui en rè-
glent les retours, cela suppose une opération de l'intelligence supérieure à la conception des esprits. Car ceux-
ci ne sont que des rêves de l'imagination ; la découverte
des lois est basée sur la réalité. Quand l'homme, pour
exprimer ces lois, nomme des êtres supérieurs qui les
personnifient, quand il représente des abstractions par
des figures divines et par un culte approprié, il institue
une religion symbolique. Ces dieux sont abstraits et im-
mobiles comme les lois du monde.

Par une autre méthode, au lieu d'observer simplement les faits, l'esprit humain peut leur appliquer l'analyse et découvrir en eux des forces qui les produisent
Ces forces, conçues comme vivantes, ont une étendue
d'action égale à l'étendue des phénomènes dans l'espace
et dans le temps. En un sens elles naissent et meurent
avec les phénomènes qu'elles engendrent. En un autre
sens elles sont immenses et éternelles parce que les phénomènes se reproduisent partout et sans fin. Les dieux
grecs et romains naissaient et mouraient et portaient
néanmoins le nom de dieux immortels. Comparées entre elles, les séries de phénomènes se subordonnent les
unes aux autres, naissent les unes des autres et sont
soumises à des luttes où elles s'allient et se combattent
réciproquement. Les forces divines auxquelles on les
attribue sont dans les mêmes relations. C'est pourquoi
les dieux forment une hiérarchie et ont entre eux
des rapports de filiation, d'action commune ou d'antagonisme, que les interprètes de la religion découvren,

peu à peu. C'est un monde idéal plein d'animation et de vie.

La métaphysique vient après. Sous sa forme sacerdotale elle porte le nom de théologie. Elle peut prendre son point de départ dans les symboles ou dans les mythes. Dans le premier cas, elle consiste en une réduction à l'unité des lois qui régissent les phénomènes. Dans le second cas, elle substitue aux forces multiples créées par la mythologie une force unique, immense et éternelle, un seul dieu, auquel est attribué le gouvernement du monde physique et du monde moral à la fois. Mais le dieu issu des religions symboliques a tous les caractères des abstractions d'où on l'a fait sortir : il est dur, inflexible ; la loi qu'il impose au monde physique est la fatalité ; au monde moral, c'est la servitude. Au contraire dans le dieu issu de la mythologie viennent se réunir et s'harmoniser toutes les forces de la nature ; le monde naît de lui par voie de génération ; il est le Père et non le Tyran.

Jusqu'à nos jours les religions n'ont pas dépassé le quatrième degré de leur évolution. La série qui passe par le symbolisme s'est terminée au dieu des Musulmans, Allah ; la série mythologique au dieu des chrétiens, le Père éternel.

Mais l'analyse progressive de l'idée de Dieu ne s'est pas opérée d'une manière simple et continue dans l'humanité. On ne trouve pas dans l'histoire deux séries de peuples cheminant parallèlement, l'une dans la voie du symbolisme pur, l'autre dans celle de la mythologie. Il y a des retards et des croisements. Les races humaines ne possèdent pas au même degré la faculté d'analyse. Si elles avaient vécu isolées les unes des autres, chacune d'elle se serait avancée jusqu'où sa capacité naturelle l'aurait conduite et se serait arrêtée à ce point. Leur inégalité les aurait retenues à des étapes différentes. Cela est bien arrivé dans une certaine mesure, puisque nous voyons encore aujourd'hui, après des milliers d'années d'existence, des races humaines restées dans le fétichisme, d'autres chez qui la croyance aux esprits a fait quelques progrès ; l'Indoustan est en grande partie mythologiste ; presque tous les peuples sémites ont le dieu métaphysique issu de leur symbolisme ancien ; les peuples âryens adorent un dieu père du monde et générateur des êtres.

Ce partage des peuples et des doctrines n'a lui-même rien d'absolu.Les guerres, les conquêtes, le commerce, les mariages et des alliances de toute sorte ont fait que les races humaines se sont pénétrées les unes les autres et qu'il n'existe peut-être plus aujourd'hui un coin de terre où une race pure et primitive puisse être retrouvée. Le mélange a commencé de bonne heure. Ainsi, nous avons vu différents peuples établis ensemble dans la vallée du Nil dès les premières dynasties égyptiennes. Il y avait là des Libyens, des populations sémites et d'autres, ayant au dessus d'eux les Routou de race probablement âryenne ; toutefois le fond de la langue égyptienne est sémitique. Dans la double vallée du Tigre et de l'Euphrate les Soumirs, peut-être âryens, ont précédé les Sémites de Babylone et de Ninive et leur ont transmis un fond de civilisation avec un panthéon de divinités mythiques. Les Perses étaient de purs âryas ; mais les Mèdes étaient une race mêlée. Dans l'Inde, les brâhmanes ont cru maintenir la pureté de leur race par le système de castes le plus exclusif ; mais ils n'y sont point parvenus. En Occident, les races se sont d'abord poussées en avant ; puis elles se sont fondues et n'offrent plus aujourd'hui que des types mêlés, dont les éléments sont le plus souvent impossibles à reconnaître.

Les conséquences religieuses de ces événements se

sont produites fatalement ; les effets sont visibles aujourd'hui même. Chez la plupart des nations anciennes et modernes on voit coexister les quatre états· de développement de l'idée de Dieu. Seulement ils s'y trouvent à des degrés divers, répondant au degré de pureté des races. Le fétichisme règne chez les populations plus ou moins noires de l'ancien et du nouveau monde qui n'ont pas encore reçu l'islâm ou le christianisme. La croyance aux esprits domine chez les Peaux-rouges, dans l'Afrique du Sud et dans la Polynésie. Elle s'est élevée d'un degré en Chine avec la civilisation et y subsiste à côté du bouddhisme, la plus métaphysique des religions : seulement le bouddhisme, à son contact, a subi une déchéance. En Europe la croyance aux esprits est loin d'avoir disparu, même dans les classes instruites ; elle y a donné naissance à une sorte de secte, les *spirites*, qui prétend avec raison remonter à l'antiquité et qui énumère ses ancêtres. Une foule de superstitions et d'usages populaires sont un reste de l'animisme ancien, conservé par la tradition chez presque toutes les nations chrétiennes.

Il en est de même de la mythologie. La haute métaphysique des brâhmanes ne l'a point bannie du sol indien. Elle l'a laissée au contraire se développer dans des divinités et des cultes nouveaux. En Occident, le christianisme s'est approprié une partie notable de l'ancienne mythologie, surtout chez les Grecs ; il l'a transformée, mais il l'a gardée. Il a agi de même à l'égard du symbolisme des Sémites et des Egyptiens. La milice céleste, les anges, les archanges et les autres esprits purs, aussi bien que les démons et l'enfer, ont été empruntés par lui en partie à ces anciens peuples, en partie à la religion des Perses. De sorte que l'on trouve représentés aujourd'hui chez nous tous les degrés que la pensée religieuse peut parcourir. En outre nous voyons se produire dans notre milieu la philosophie, c'est-à-dire l'analyse scientifique, sans mythes et sans symboles, de l'idée de Dieu.

Ainsi les doctrines se conservent à travers les siècles et les croyances les plus arriérées persistent chez les peuples les plus avancés. Mais à côté de ce phénomène de conservation, il s'en produit un autre tout opposé. Nous voyons en effet que, sauf quelques conceptions dogmatiques et quelques usages transmis par la tradition, des religions entières ont disparu tour à tour : en Asie, les puissantes religions sémitiques de Ninive, de Babylone, des Phéniciens, des Hébreux ; en Afrique, celle de l'Egypte, en Europe les mythologies des Grecs, des Romains, des Celtes, des Germains et des Slaves. Nous ne citons que les principales. Nous y comprenons celles des Hébreux, quoiqu'il y ait encore sur la terre sept millions de Juifs, parce que ce peuple est dispersé et que depuis la captivité de Babylone sa doctrine a subi de profondes altérations. Quant à l'animisme chinois, il a perdu la plupart de ses adhérents, qui ont passé au bouddhisme ou à la secte de Confucius.

Une loi générale préside à ces disparitions. Le progrès est en effet le moyen mouvement de l'idée dans l'humanité. Nous disons moyen, parce que ce mouvement n'est pas simultané dans l'ensemble des peuples, ni uniforme chez chacun d'eux. Quand un homme ou un groupe d'hommes supérieurs a fait avancer l'analyse et pénétré plus avant dans l'idée de Dieu, celle-ci s'épure et se sépare de quelqu'un des éléments grossiers qui la troublaient. Chaque doctrine est un progrès par rapport à celles qui sont au dessous d'elles. Celui qui au milieu d'un peuple fétichiste conçut la doctrine des esprits, fit faire un pas à l'idée de Dieu ; car il spiritualisait en quelque chose les causes des phénomènes, conçues jusque là sous la forme la plus matérielle.

Quand, par une nouvelle application de la méthode, on
réduisit le nombre des esprits, non à des catégories,
mais à des unités vivantes, on conçut les dieux et le
polythéisme naissant prit la place de l'animisme. Celui-
ci ne fut pas subitement banni des croyances populaires ; mais il le fut de la religion commune. Le progrès fut réel ; car le polythéisme anima de grandes civilisations en Europe et en Asie. Il inspire encore aujourd'hui les arts chez les peuples chrétiens. Enfin
l'analyse de l'idée de Dieu continuant de s'approfondir,
on s'aperçut que les dieux Immortels, les personnes divines, avaient entre elles les plus grandes analogies,
que leur nombre pouvait être réduit et même ramené
à l'unité. Les dieux perdirent leur existence propre et
disparurent dans l'unité du Dieu des peuples modernes.

Le même fait se produisait de la même manière mais
sur d'autres éléments dans le monde sémitique. Les
hommes de cette race s'étaient fait une multitude de
dieux locaux figurant les phénomènes naturels dont on
était le plus vivement frappé. Ces dieux ne faisaient
qu'énoncer les lois des phénomènes ; ils avaient comme
elles quelque chose d'abstrait. Quand les familles sémites formèrent des peuplades et les peuplades des nations, beaucoup d'hommes gardèrent chez eux leurs
anciennes idoles, leurs téraphim ; mais la religion commune fut comme un moyen terme et le dieu alla se gé-
néralisant. On vit disparaître les divinités particulières,
Sin, Samas, Nabou, Asour, Kamosh, Tammouz, Astarté. On ne conserva que l'idée moyenne exprimée par
le nom qui les qualifiait toutes, *El, Allah.*

De part et d'autre, l'idée de Dieu allait se dépouillant
de ses particularités. Les êtres divins diminuaient en
nombre. Leur action dans la nature était de moins en
moins locale, de plus en plus universelle. Leurs attributs particuliers n'avaient plus de raison d'être. Leurs

cultes étaient abandonnés. Ainsi quand on vit qu'une seule et même force pouvait expliquer les phénomènes du ciel et de la mer, il n'y eut plus lieu de distinguer Jupiter de Neptune ; la foudre et le trident tombèrent de leurs mains ; le sang cessa de couler sur leurs autels. De même chez les Juifs, lorsque après une suite de combats violents le dieu unique eut enfin pris le dessus, Baal, Astarté, le Melek de Hinnon et les autres divinités populaires disparurent. Leurs statues furent renversées, leurs autels détruits ; on ne leur offrit plus de sacrifices ; Manassé et Amon furent, si je ne me trompe, les derniers rois qui immolèrent leurs, propres enfants. *Yahveh-çebaôt*, le dieu des armées célestes, régna seul après le retour de la Captivité.

En résumé, l'analyse élève par degrés la religion en épurant l'idée de Dieu. A chacun de ses progrès un système religieux périt ; le fétichisme devient la religion des esprits ; l'animisme simplifié passe au polythéisme ; enfin la pluralité des dieux se résoud dans l'unité. De même dans le système sémitique, les dieux locaux se substituèrent ou se subordonnèrent les uns aux autres, à mesure que la loi naturelle qu'ils représentaient se généralisait dans les esprits. Asour rangea au dessous de lui tous les anciens dieux Soumirs et Babyloniens. Dans le nouvel Empire, Mardouk et Nabou exprimaient une idée plus étendue que Asour et furent eux-mêmes dépassés par Bel. Bel était un nom commun désignant la divinité personnifiée en Mardouk et Nabou. Le dernier roi de Babylone s'appelait Balthazar ; son nom complet, Bel-sar-ouçour, signifiait « Dieu-protège-le roi ». L'arrivée de Cyrus apporta dans le pays des Fleuves le Dieu Vivant.

Les dernières éliminations accomplies ont laissé sur la terre cinq grandes religions. Voici le dénombrement approximatif de leurs sectateurs.

Brahmâ et le Bouddha . . .	515	millions.
Le Christ	398	—
Allah	201	—
Yahveh	7	—
Confucius	84	—

Plusieurs d'entre elles se partagent en diverses communions :

Brahmâ	175	—
Le Bouddha	340	—
Catholiques	211	—
Réformés divers	106	—
Orthodoxes	81	—

D'une autre manière, il est possible de classer dans un même ensemble les sectateurs de Brahmâ, du Bouddha et du Christ, dont les doctrines sont au fond d'origine âryenne, et de réunir également les adorateurs d'Allah et ceux de Yahveh. Cette réduction donne les chiffres suivants :

Dogme âryen	913	millions
Dogme sémitique	208	—

Ainsi les adorateurs du Dieu *Vivant* sont aux serviteurs du Dieu *Fort* dans la proportion de 4 ½ à 1. Les premiers représentent la civilisation avec la liberté, les seconds le fatalisme avec la servitude.

A ces faits il faut ajouter que les peuples de race âryenne continuent toujours le travail d'analyse et d'épuration qu'ils ont entrepris dès l'origine. Les conceptions métaphysiques qui se rattachent aux noms de Brahmâ, du Bouddha et du Christ, ne satisfont plus entièrement l'esprit critique des nations modernes et semblent se condamner mutuellement par leur diversité même. La science opère en dehors d'eux, sans qu'il soit possible d'apercevoir dès à présent ce qui sortira de ses recherches,

CHAPITRE XV

LOI DU DÉDOUBLEMENT

La théorie générale des religions peut être regardée
comme définitive à l'heure où nous sommes. A côté ou
à la suite des ébauches tentées par les peuples égyptiens et sémites, se produisit la théorie complète conçue
par les peuples âryens et propagée sur tout l'ancien
continent. Les faits constatés nous montrent les religions issues de ce mouvement se résolvant à l'origine
dans une unité de doctrines et de rites, dont le Vêda
nous offre le plus ancien spécimen.

Le mouvement, la vie, la pensée, voilà les trois phénomènes universels dont nos ancêtres ont cherché l'explication. Ils ont commencé par le mouvement dont le
Soleil leur a semblé être le centre et le principe. Le
Feu ou la chaleur, dans ses manifestations variées, a été
pour eux l'agent cosmique et terrestre du *Soleil*. Le
Vent, c'est-à-dire l'air en mouvement, a été la condition
sans laquelle ces manifestations ne peuvent durer ni
même se produire. Concevant ensuite ces trois choses

comme des agents universels, ils les ont identifiées ; ils ont vu en elles une force unique à trois faces diverses, engendrant l'innombrable multiplicité des mouvements du monde. Ç'a été la première forme de cette concep-tion qui plus tard a été nommée *trinité*.

Quand nos ancêtres en vinrent à regarder les phénomènes de la vie, ils aperçurent en eux une variété de formes et d'aspects, qui ne le cède en rien à celle des mouvements physiques. De plus, l'union constante de la vie et de la chaleur les porta naturellement à identifier ces deux choses. Le moins ne pouvant produire le plus, ils furent conduits à prêter la vie aux premiers principes du mouvement, à faire de la force motrice universelle et de ses trois formes initiales des êtres vivants (*asuras*). Le Soleil ne fut plus simplement le moteur, il fut le *père céleste* ; le feu fut appelé le *fils* ; le *vent* fut l'*esprit*, dont le souffle pénètre dans tous les êtres qui respirent et y entretient la vie. C'est la seconde forme de la trinité, laquelle est d'une nature psychologique et coordonne autour d'elle tous les phénomènes vitaux de l'univers.

La troisième se rapporte aux phénomènes de la pensée : la terre nous en offre de tous les degrés depuis la pensée la plus rudimentaire, dont la présence peut être constatée dans les derniers des animaux, jusqu'à l'homme, où elle s'élève à la conception des vérités générales et des principes absolus. Ceux qui ont institué la religion ne se sont point demandé si les bêtes ont une âme, car ce sont les phénomènes de la pensée, qui manifestent ce que l'on appelle l'âme, phénomènes qui se remarquent chez les bêtes comme chez nous. Ils ont donc vu la pensée répandue dans l'univers avec la vie et le mouvement. De même que le mouvement s'expliquait pour eux par la présence de la vie, la vie à son tour s'expliqua par la pensée ; enfin ce qu'il y a de

changeant et de divers dans cette dernière trouva sa
raison d'être dans la pensée universelle et absolue.

Le dieu qui n'avait été d'abord qu'un être brillant
(*déva*) fut donc ensuite un principe de vie (*asura*), et
en troisième lieu la pensée, prise dans ce qu'elle a de
plus élevé, c'est-à-dire dans son expression religieuse
(*brahma*). Il devint possible aux penseurs d'autrefois de
chercher comment ce dieu unique et suprême pouvait,
en se diversifiant dans son action, devenir père, fils et
esprit, — soleil, feu et vent.

La religion fut donc une conception métaphysique,
une théorie, une explication synthétique de l'univers
visible et invisible. Une religion n'est achevée que par
l'établissement du culte. Une fois que Dieu est conçu
comme un être intelligent dont la raison engendre les
lois du monde et dont l'action produit la vie et le mouvement, l'homme sent son existence enchaînée à cette
puissance infinie analogue à lui-même, quoique de
beaucoup supérieure. Cet acte de sentiment, cette reconnaissance du lien qui l'unit à Dieu est le premier
élément du culte. Le second est l'œuvre ostensible par
laquelle cet acte de foi se manifeste au dehors. Cet œuvre,
c'est le sacrifice.

Le culte a d'abord été personnel, domestique, célébré
en famille par le père entouré de sa femme, de ses enfants et de ses serviteurs. Puis il est devenu public : les
familles se sont réunies autour d'un autel commun ; le
nombre des prêtres officiants s'est accru, les églises se
sont formées : et, les ressources de leurs membres étant
réunies, il a été possible de donner au culte un développement, un éclat, un luxe dont les religions domestiques n'étaient point susceptibles. Les hymnes indiens
vont jusqu'à nommer comme d'antiques initiateurs
ceux qui ont fait passer le culte de l'état de domestique
à la publicité, ils les appellent *Ribhous* et ce nom ré-

pond à celui d'Orphée, comme la légende du chantre de Thrace répond à celle de l'antique Ribhou.

Jusque-là toutefois le culte n'est que l'expression d'une idée, le symbole d'une théorie métaphysique. Cette théorie et ce symbole constituent toute la religion, considérée dans ce qu'elle a d'essentiel, car ces deux éléments des institutions sacrées sont les seuls qui se soient transmis de siècle en siècle, de peuple en peuple, et qui se retrouvent à toutes les époques, non seulement dans les diverses branches de la race aryenne, mais aussi chez des peuples de race étrangère, anciens ou modernes. C'est là le fonds commun, l'héritage indivisible, la substance dont se sont alimentées et dont s'alimentent encore leurs civilisations.

La théorie était complète, le culte était organisé dans tout ce qu'il y a de fondamental, c'est-à-dire de symbolique et d'expressif, avant l'époque où furent composés les derniers des hymnes védiques que nous possédons. Depuis lors, il n'a rien été ajouté d'important, à l'institution primitive. Nos rites, auxquels la plupart de nous ne comprennent plus rien, nos symboles qui sont à peu près tous devenus une lettre morte, nos légendes, même dans ce qu'elles semblent avoir de plus réel et de plus local, se trouvent déjà exposés dans le *Véda*, presque dans les mêmes termes que nous employons encore aujourd'hui.

Il s'agit maintenaut, de reconnaître les causes, qui, d'une religion primitivement unique, ont fait naître tant d'opinions particulières, d'églises séparées, de communautés rivales.

Il ne s'agit point ici de morale ; la conduite de la vie est étrangère à ces questions.

On constate en effet, soit dans les livres sacrés de l'Inde, soit chez les anciens Grecs, soit même dans les livres de Zoroastre, au moins dans les plus anciens

d'entre eux, que le but de l'institution religieuse
n'était point de rendre les hommes plus ou moins ver-
tueux, qu'elle n'avait pas de règle morale à leur imposer : elle était une pure et simple affirmation d'une
théorie métaphysique formulée par les ancêtres. Plus
tard les églises élevèrent la prétention d'imposer à leurs
adhérents des règles de conduite. La plus féconde en ce
genre fut celle où la théorie métaphysique occupe le
moins de place, le bouddhisme. Après lui vint le christianisme, en particulier le catholicisme romain.

C'est donc avec le temps que la morale s'est introduite
dans les différentes religions. Elles ont suivi le mouvement général de la civilisation ; et la morale de chacune
d'elles s'est toujours trouvée d'accord avec les besoins
généraux de chaque société.

Cette cause de diversité n'a rien d'essentiellement religieux : elle a varié selon les siècles. Les mœurs créent
la morale d'âge en âge, et, réagissant sur l'institution
religieuse comme sur tout le reste, y introduisent un
élément de diversité. En elle-même, la religion est
étrangère à la morale, comme le prouvent les livres
du *Véda*, où la religion existe dans toute sa plénitude
et où les prescriptions morales se réduisent presque à
rien.

Telle religion ne saurait être acceptée par tel peuple,
ni convenir à telle époque, parce que sa morale ne
répond point à l'état social de cette époque ou de ce
peuple. Les Grecs d'autrefois, les Indiens et les Perses
faisaient beaucoup de choses qui nous semblent con-
damnables ; nous en faisons d'autres qui révoltent les
musulmans.

Du moment où la religion se fait moraliste, elle
perd son caractère universel et s'approprie à une époque,
à un peuple particulier ; mais comme le temps marche,
que ce peuple s'instruit ou s'abêtit, et que de son

progrès ou de sa décadence naissent des mœurs nouvelles produites par un nouvel état social, il faut que la
religion change ou qu'étant abandonnée, elle périsse.
Ordinairement elle périt, parce que l'immutabilité qui
est au fond de la doctrine métaphysique se communi-
quant à toute l'institution religieuse, chaque église a la
prétention d'être invariable dans tous ses éléments.
Elle cesse donc bientôt de répondre aux besoins changeants de la nation ; les hommes la délaissent, et les
temples restent déserts. C'est ce qui est arrivé pour
les religions de la Grèce et de l'Italie, en pleine civilisation.

A la morale se rattachent ses applications. Les idées
politiques d'une nation n'ont de rapport avec ses mœurs
que parce que les unes et les autres dérivent de son
état social. De même la religion est au fond étrangère à
la politique, et n'a rien à démêler avec elle. Elle lui est
fort supérieure, parce qu'une théorie métaphysique est
non seulement en dehors, mais au-dessus d'institutions politiques toujours variables. Il est impossible de
dire quel était l'état politique du peuple âryen, chez qui
est née la première institution religieuse ; mais d'après
les hymnes du *Véda*, cet état devait être fort rudimentaire,
puisque longtemps après l'établissement du culte public
par les Ribhous, si tel est leur nom, on en était encore
à l'état féodal le plus divisé. Cet état existait de même
lors des premières migrations helléniques [1]. Les vieilles
royautés, c'est-à-dire les seigneuries féodales auxquelles
les plus anciens hymnes indiens, ainsi que l'*Iliade*
d'Homère, font allusion, s'étendaient sur des contrées
si petites, que ces princes, indépendants les uns des
autres, n'étaient véritablement entourés que de leur
famille, de leurs serviteurs et de leurs fermiers. Un pas

1. Voyez notre ouvrage intitulé : *La légende athénienne, et* notre
Histoire de la littérature grecque.

de plus vers le passé, et l'on n'aperçoit que des familles plus ou moins riches, entre lesquelles il n'existait de communauté que celle de la race et de la religion, sans lien politique proprement dit.

A mesure que ce lien se forma, la religion se trouva mêlée à la politique et prit parti dans les luttes que la politique engendra. Dans l'Inde, la légende du roi Viçwâmitra, devenu brâhmane, celle de Vasichta défendant contre lui le pouvoir temporel des prêtres, celle du premier Râma vaincu sur ce terrain par le second, sont autant d'épisodes d'une alliance hâtive et funeste entre la religion et la politique du temps [1]. Le brâhmanisme s'accommoda dès lors à l'état féodal de la société indienne, et vécut au milieu d'elle de privilèges et d'oisiveté ; mais, les mœurs changeant par degrés, il vint un temps où une sorte de révolution parut inévitable. L'égalité des hommes devant la religion et devant la loi devint la préoccupation d'un grand nombre de déshérités : le bouddhisme fut prêché comme une séparation de l'Église et de l'État. Il proclamait en politique l'indifférence, en morale le renoncement aux biens de la terre, la charité universelle et la fraternité de tous les hommes. Quand on cherche ce que fut le bouddhisme comme religion, on est étonné du peu de lumière fournie par les plus anciens livres où il est contenu ; mais comme réforme de l'état social et comme révolution politique dirigée contre le pouvoir temporel des brâhmanes, le bouddhisme est un des événements humains les plus grandioses et les plus instructifs pour nous.

Tout le monde sait aussi que de très-bonne heure, dans un temps où le bouddhisme n'existait pas encore,

---

1. Voyez, pour ces légendes, le *Râmâyana*, I, trad. ital. de Gorresio, et le *Bhâgavata Purâna*, trad. franc d'Eugène Burnouf. Voyez auss. Muir, *Sanscrit texts*, I.

un antagonisme se manifesta entre la religion indienne
et celle de l'Iran. Ces deux religions avaient pourtant
le même fonds de doctrines, le même culte. Il faut donc
admettre que la guerre qui s'éleva entre elles n'eut pas
une cause religieuse et naquit sous l'influence des milieux où la doctrine primordiale s'était transportée.
Quand on étudie ces milieux, au moyen des faits et des
documents authentiques, on ne tarde pas à s'apercevoir
que dans l'Inde le système féodal apporté par les Aryas
continua d'exister, et que la caste des brâhmanes, la
première pour la dignité et les priviléges, entra dans cette
constitution politique et se modela sur elle. Les brâhmanes demeurèrent indépendants entre eux comme l'é-
taient les rois féodaux, n'eurent jamais un chef suprême, et n'allèrent pas dans la voie de l'unité au-delà
de la caste et des collèges sacerdotaux. Les lois de Manou que nous possédons offrent un système tellement
coordonné dans ses parties, qu'il est impossible de dire
si la religion y est faite pour la politique ou la politique
pour la religion. Le brâhmanisme n'est donc pas une
religion dans le sens rigoureux de ce mot ; c'est une
institution politique dans laquelle la religion a été introduite comme partie intégrante : c'est la religion primordiale modifiée par un élément politique, et cet élément, c'est le principe féodal.

Une autre branche des Aryas avait pris sa route vers
le sud-ouest et occupé cette portion de l'Asie qui s'étend
de la mer Caspienne au golfe Persique. De bonne heure
elle eut à lutter contre les grands empires de Ninive et
de Babylone, auxquels elle se substitua. Il est très-
probable que ce fut dans ces luttes et parce qu'il fallait
opposer puissance à puissance, qu'elle se constitua politiquement en une sorte d'empire gouverné par un roi
presque absolu, sous les coups duquel tombèrent les
défenseurs de la vieille féodalité. Les roches sculptées

du lac de Vân portent témoignage de ces faits. Dès lors, le chef religieux fut aussi chef politique, et tout l'empire de Cyrus, de Darius et de Xercès eut un sacerdoce organisé monarchiquement ; il eut à sa tête un chef, et au-dessous de ce chef des prêtres de différents degrés ; il eut une doctrine où le roi fut présenté comme une sorte d'incarnation où de vicaire de Dieu sur la terre. Ce système fut en hostilité avec celui des Indiens, et l'antagonisme fut d'autant plus ardent que le fond des doctrines tendait à unir deux peuples que leur constitution politique et sacerdotale tenait séparés. Le système médo-perse, affaibli, mais non détruit par Alexandre le Grand, dura jusqu'à l'invasion musulmane ; alors ses derniers représentants se réfugièrent dans l'Inde, où on les trouve encore aujourd'hui. On peut dire du magisme ce que nous avons dit du bràhmanisme : ce n'est pas une religion, c'est un système politique. L'*Avesta* ne reproduit la religion primordiale qu'à la condition d'être dégagé des éléments monarchiques que la politique médo-perse y a introduits. Parmi ces éléments, il en faut compter plusieurs qui sembleraient être d'une nature religieuse, si nous ne possédions dans le *Véda* l'état antérieur et vrai de la doctrine commune : de même, en effet, que le système féodal de l'Inde imprima une forte tendance vers le polythéisme à la religion des bràhmanes, de même le principe monarchique de la Perse induisit les mages à concevoir Dieu comme un être personnel, ayant au-dessous de lui des ministres et des légions d'anges de plusieurs degrés. Cette tendance était favorisée par le contact des Aryens avec les populations monothéistes de l'Assyrie et de la Babylonie.

Quand vint le christianisme, cinq ou six siècles après le Bouddha et Cyrus, il fit en Occident une révolution analogue au bouddhisme, mais dans d'autres conditions.

Si l'on étudie les dogmes, les rites, les symboles chrétiens, et si on les compare à ceux de l'Orient, on est étonné de la ressemblance qu'on y découvre. Un examen plus attentif de ces grandes religions prouve qu'elles ont tiré d'une source commune la théorie fondamentale sur laquelle elles reposent également. Nous avons vu en effet que la théorie du Christ, de beaucoup antérieure à Jésus, est âryenne et identique à celle d'Agni. Il en est de même de celle de Dieu le père, le même que Sûrya (le Soleil) et ensuite que Brahmâ, et de celle du Saint-Esprit, que nous reconnaissons en Vâyou. Tout le reste de la métaphysique chrétienne est aussi dans le livre sacré des Indiens, avec les rites, les symboles et la plupart des légendes admises par la chrétienté. Du reste, ces mêmes éléments communs se trouvent dans l'*Avesta,* mais moins purs qu'ils ne le sont dans les hymnes vêdiques, et déjà recouverts d'un vêtement nouveau. On ne peut donc pas raisonnablement douter que le christianisme ne soit la religion âryenne elle-même, venue d'Asie au temps d'Auguste et de Tibère, quelle que soit d'ailleurs la manière dont elle a été introduite, promulguée et vulgarisée.

Dès son aurore, elle se fit reconnaître par les adorateurs d'Ormuzd : la belle légende des mages venant adorer l'enfant nouveau-né et lui offrir les mêmes présents qu'ils avaient coutume d'offrir à Ahura-mazda, le premier de leurs esprits purs, cette légende n'est point sans signification. Celle du massacre des enfants ordonné par Hérode n'est pas non plus sans portée, puisque ce roi était un Juif iduméen, et que le massacre avait pour but d'étouffer dans son berceau la réforme naissante. Quant à l'empire, le christianisme lui fut longtemps indifférent, parce qu'il ne semblait porter que sur des doctrines abstraites et ne pas intéresser la politique. Il n'y a point de politique nettement énoncée dans les

Évangiles ni même dans les Actes et les Épîtres. Sauf dans l'évangile de Jean, qui est postérieur aux trois autres, il n'y a pas non plus de métaphysique dans le Nouveau-Testament, si ce n'est çà et là par des éclaircies et par la théorie du Christ, laquelle se trouve à peine formulée.

Aussi les Évangiles, en y ajoutant même ceux qui portent le nom d'apocryphes, sont-ils des documents tout à fait insuffisants pour qui veut se faire une idée complète du christianisme primitif. Ils n'en renferment pour ainsi dire que la morale. Ils répondent aussi exactement que le permet la différence des temps et des lieux aux *sûtras* bouddhiques, livres de diverses époques et de valeur très-inégale, qui tous ensemble ne forment dans le bouddhisme que le tiers des écritures sacrées. Les deux autres parties du Triple-Recueil (*Tripitaka*) comprennent la métaphysique et la discipline. On peut admettre que les premiers initiateurs de notre religion possédaient le fond de la métaphysique chrétienne telle que l'Orient indo-perse la leur avait fournie, telle qu'elle fut enseignée à Paul et à plus d'un membre des primitives églises. Cette doctrine est contenue implicitement dans les plus anciennes formules du rituel, dont plusieurs sont antérieures à Jésus lui-même et à Jean le précurseur. On peut soutenir la même thèse à l'égard des symboles, c'est-à-dire des objets figurés usités dans les cérémonies ou ayant une signification mystérieuse connue des seuls initiés. Plusieurs de ces symboles se rencontrent à Rome dans les Catacombes les premières en date, et s'y montrent assez éloignés des formes qu'ils ont dû avoir d'abord pour qu'on soit autorisé à les croire déjà anciens à cette époque. Or, ces formules et ces figures, étrangères à la vieille Égypte, à la Grèce et à la Judée, se retrouvent dans les livres des Indiens et des Perses avec le même sens métaphysique. On est donc conduit à admettre que la doctrine idéale et la symbolique passèrent toutes faites d'Orient en Occident par l'intermédiaire de la Syrie, de la Galilée et peut-être de la nouvelle Égypte.

C'était là et c'est encore aujourd'hui le christianisme dans ce qu'il a de purement religieux, c'est-à-dire de théorique et d'universel. Le reste, pour lui comme pour les autres institutions religieuses, est de création postérieure, a varié selon les temps, et pourra varier dans l'avenir.

Lorsque cette religion conquit l'Occident, elle se trouva en face de deux civilisations avancées, dont l'antagonisme original n'avait pas cessé, ne cessa point et dure encore. Le monde grec avait subi le joug des Romains, mais ne l'avait jamais accepté, parce qu'il est dans le tempérament des races helléniques de n'accepter jamais aucun joug. Les Romains en Grèce occupaient les forteresses, entretenaient des postes militaires, menaient la politique par leurs proconsuls, leurs procurateurs et les agents inférieurs de leur administration; mais les cités conservaient leur indépendance les unes par rapport aux autres, leur langue, leurs écoles, leurs temples et leurs divinités. Chacun faisait librement son commerce ; on trouvait même sous cette domination plus de sécurité dans les transactions et les transports qu'on n'en avait eu aux plus beaux temps de la liberté. Le christianisme, en s'introduisant chez les Hellènes, rencontra ces cités autonomes et dut s'accommoder à la vie intérieure de chacune d'elles. Ses églises formèrent de petits centres jouissant d'administrations distinctes d'une extrême simplicité, exerçant une influence religieuse locale, d'autant plus puissante qu'elle était moins mêlée à la politique.

La division de l'empire romain et l'établissement d'un second empereur à Constantinople ne modifiè-

rent pas notablement l'organisation du christianisme
hellénique : cette organisation avait précédé le partage,
et il est dans la nature des religions de conserver leur
forme première plus facilement et plus longtemps que
les autres institutions humaines. Malgré les intrigues
ecclésiastiques dont la capitale de l'Orient fut plus
d'une fois le théâtre, l'église grecque ne dépassa jamais
l'unité patriarcale, qui n'est qu'une unité de préséance
et ne soumet aucune église particulière à l'autocratie
de personne. Cet état de choses dure encore.

Les évêchés dont se compose l'église grecque reproduisent, par leur indépendance réciproque, l'image des
communautés brâhmaniques, avec autant d'exactitude
que le permet la différence des peuples et des civilisations. De toutes les branches du christianisme, c'est
celle-là qui se rapproche le plus de la religion primitive
des Aryas, parce que c'est celle qui a reçu le moindre
mélange d'éléments étrangers à la religion.

En Occident, le christianisme rencontra un état politique tout autrement organisé. Les conquêtes successives de Rome, les réformes opérées sous la répu-
blique, l'extension du droit de cité, qui continua d'avoir
lieu sous les empereurs, avaient donné non seulement
à l'Italie, mais au monde latin tout entier, une unité
politique dont l'Occident n'avait pas encore eu d'exemple.
L'établissement de l'empire acheva cette unité. Autour
de l'empereur se groupèrent tous les pouvoirs publics;
la justice même se rendit en son nom, et son autorité
se fit sentir jusque dans les moindres détails de la vie
des citoyens. La religion nouvelle n'apportait aucune
doctrine politique préconçue, et par cela même était en
état de les recevoir toutes. A mesure que les centres
ecclésiastiques se formèrent en Occident, on les vit se
rattacher de plus en plus à l'église de Rome, et l'évêque
établi dans cette ville devint le chef de ce qu'on nomma

la catholicité. Il faut remarquer cependant que le titre de catholique, que s'est donné l'église de Rome, n'est pas parfaitement juste, si on le compare à la réalité des faits, car non seulement elle n'a jamais réuni dans son unité toutes les églises chrétiennes ; mais de plus, en modelant sa hiérarchie sur celle de l'empire, elle a reçu en elle un élément étranger qui lui a fait perdre son universalité.

Cet élément est d'une nature politique et n'a rien en lui-même de religieux. En effet, lorsque les peuples nommés barbares, presque tous de race aryenne, eurent envahi l'Occident, démembré l'empire et constitué des royaumes nouveaux, il arriva que la plus grande puissance morale de l'Europe fut celle du clergé. Quand un de ces princes de date récente voulut reconstituer l'empire, il dut s'appuyer sur l'église, lui faire des concessions d'une nature séculière, mettre entre les mains de l'évêque de Rome un pouvoir temporel qui tendit à s'accroître ; en aspirant au gouvernement universel des états, il dut reconnaître au-dessus de lui-même un maître dont il se faisait le vicaire et l'homme d'armes. Cela même ne suffisait pas, car, la puissance royale se trouvant ainsi subordonnée à celle du chef de l'église, tout ce qui dépendait du roi dépendait à plus forte raison du pape ; les règles de l'église primèrent les lois et les constitutions laïques ; le pape suspendit les rois en les excommuniant, et exerça sur eux un droit de suzeraineté qui touchait à l'absolutisme. En réalité, les sociétés laïques cessaient d'être ; elles menaçaient de se voir remplacées par une vaste communauté ecclésiastique, modelée sur l'empire romain, simulant les castes et reproduisant en Europe quelque chose d'analogue à la Perse de Darius.

Nous n'avons pas à raconter ici la longue histoire de la puissance des papes. Chacun sait comment elle a

décliné sans interruption, soit par la résistance des rois,
soit par la réaction de l'esprit germanique connue sous
le nom de *réforme*, soit par l'effet naturel des sciences
positives. Le christianisme, offre donc deux éléments
parfaitement reconnaissables. Dans ce qu'il y a de
commun entre les différentes églises, c'est-à-dire dans
la métaphysique, dans les rites fondamentaux et dans
les symboles les plus anciens, il est une religion universelle venue d'Asie, et se confond par ce côté avec les
antiques religions des peuples aryens ; mais les hiérarchies sacerdotales, plus ou moins semblables à des
monarchies, dont l'Europe et le Nouveau-Monde nous
donnent le spectacle, sont des institutions politiques.
Elles n'ont rien de commun avec la religion, et diffèrent
dans chaque pays. La dissolution ou la transformation
de ces hiérarchies est un événement séculier auquel la
religion est indifférente.

La loi du retour à l'unité est impraticable ; elle
n'existe pas : la religion universelle, bien loin de pouvoir
revenir à sa catholicité primordiale, tend à s'absorber
dans ses formes particulières. Le christianisme, après
s'être présenté comme une seule et unique religion,
s'est partagé en deux grandes églises, sans compter
deux ou trois communions collatérales ; plus tard ces
églises se sont à leur tour subdivisées. Aujourd'hui, le
nombre des sectes chrétiennes est très-grand : chaque
petit pays a son église plus ou moins appropriée à son
état social et politique. L'élément de diversité semble
donc avoir pris dans la religion chrétienne un empire
de plus en plus grand.

La religion fondamentale était une, à son origine ; ainsi
la loi qui entraîne le christianisme vers une division
toujours croissante est la même qui a partagé en plusieurs branches l'institution primitive et fait sortir
d'une source commune les religions des Indiens, des

Perses, des Grecs, des Latins, des divers peuples occidentaux, et plus tard le bouddhisme en Asie et le christianisme en Occident. Cette loi s'applique sans interruption depuis plusieurs milliers d'années.

Non seulement les religions helléniques et latines de l'antiquité offraient une diversité extrême, de petits collèges de prêtres sans unité cléricale et des communions de fidèles fort exiguës ; mais le bouddhisme, qui, antérieur de cinq siècles au christianisme, a pourtant un caractère moderne, le bouddhisme offre en Asie une multiplicité d'églises égale à celle des communions chrétiennes. Il y a dans l'Asie centrale une sorte de pape qui semble lui communiquer une unité hiérarchique ; mais Siam, le Pégu, Ceylan, les îles du Grand-Océan, une partie de la Chine ont des églises bouddhistes aussi indépendantes de ce pontife que les églises d'Allemagne, d'Angleterre et des États-Unis le sont du pontife de Rome.

Toutes les fois qu'une rupture nouvelle se produit, chaque communion compte moins d'adhérents que n'en comptait le grand corps dont elle s'est détachée ; le mouvement se continuant, on aboutit à la religion individuelle. C'est ainsi qu'est tombé le polythéisme ; mais à mesure que l'un de ses fidèles se détachait de lui, la religion chrétienne était là pour le recevoir dans son sein. Alors cette religion n'avait encore contracté aucune alliance définitive avec la politique ; elle n'était pas divisée ; elle pouvait à bon droit porter le titre d'universelle ou de catholique qu'elle se donnait.

La *loi du dédoublement indéfini* entraîne les communions vers le rétablissement de la religion individuelle, et tend à les résoudre dans l'unité. Comme celle-ci avait été brisée par l'introduction d'un élément politique dans l'institution religieuse, cet élément étranger tend à s'éliminer lui-même. Les communions fondées sur une hiérarchie, et formant des sociétés civiles, portent en elles-mêmes la cause qui doit les détruire. Il n'y a ni alliance, ni secours humain d'aucune sorte qui puisse empêcher cette cause d'agir, parce que les lois de la nature sont irrésistibles. Tel est l'ordre du monde moral ; mais, la cause qui a fait naître la première religion étant d'une nature idéale, et la parole de Jésus : « Mon royaume n'est pas de ce monde, » continuant d'être vraie, les chutes successives des institutions sacerdotales ne portent aucune atteinte à cette religion commune. La théorie qui la constitue demeure et probablement demeurera toujours, parce qu'elle est le résultat d'une vue spontanée très-générale, très-juste et très-sincère des phénomènes de la nature et des lois du monde.

CHAPITRE XVI

Les idées que nous venons d'exposer ne s'appliquent qu'aux sociétés âryennes. Celles-ci tirent toutes également leur origine de l'Asie centrale. Elles se sont donné ce nom à elles-mêmes dans beaucoup de pays et peut-être partout où elles se sont établies. Le plus antique monument de la race, le *Véda*, est celui où le nom d'Aryas est le plus souvent employé. Pour suivre avec profit l'application des lois qui viennent d'être exposées, il faut les prendre le moins loin possible du berceau de la race : il faut, partant du *Véda* comme livre et des vallées de l'Oxus comme centre géographique, ressaisir l'unité religieuse chez les peuples anciens, puis chez les peuples modernes de la race âryenne, et à mesure qu'on avance dans l'histoire de chacun d'eux, reconnaître les éléments étrangers qui se sont ajoutés à la doctrine primitive, et ont engendré la diversité apparente des religions. L'étude serait complète, si la doctrine de nos ancêtres n'était jamais sortie de leur race, et n'avait donné lieu à aucun établissement religieux chez des hommes de race étrangère. Or, cela n'est pas. Presque tous les peuples qui se sont trouvés en contact avec une nation âryenne lui ont emprunté une plus ou moins grande part de ses doctrines, et ont fondé ou modifié d'après elles leur propres institutions.

Quand on vit pour la première fois d'un peu près, au temps de Louis XIV, les hommes jaunes de la presqu'île au-delà du Gange, tout le monde crut qu'ils avaient une religion à eux, un peu barbare et passablement ridicule. Plus tard, on s'aperçut que le fameux *Samanacodom*, dont parle le poème de Louis Racine, n'était autre que le *Çramana Gautama* des Indiens, c'est-à-dire le Bouddha. C'est de nos jours seulement qu'on a su à quelle époque et comment le bouddhisme, religion âryenne, avait été apporté par des missionnaires indiens chez ce peuple d'une race inférieure, l'avait adouci, transformé, civilisé, et en avait fait une des sociétés humaines où la tolérance est le mieux pratiquée.

Quand on compare le bouddhisme de Siam avec celui des plus anciens Sûtras du Népâl, qui sont comme les évangiles de cette religion, on se convainc bientôt que la partie métaphysique a presque disparu de l'enseignement ; que les peuples de la presqu'île l'ont remplacé par un amas de superstitions et de pratiques grossières ; que la supériorité des premiers missionnaires au milieu d'une population inculte, se transmettant à leurs successeurs, a multiplié les prêtres et les couvents dans une effrayante proportion. Le sacerdoce, là comme à Rome, s'est modelé sur la constitution politique du pays ; tout ce clergé dépend d'un seul pontife, qui est l'égal du roi, qui règne à côté de lui, et qui a lui-même le titre de roi.

On fut bien longtemps aussi à s'apercevoir que la

religion de beaucoup de Chinois était une importation étrangère, et que *Fô* est la forme monosyllabique chinoise du nom de Bouddha. Les voyages en Chine, la traduction d'anciens voyageurs chinois, notamment celle de Hiouen-Thsang, ont jeté les plus vives lumières sur l'origine et l'histoire du culte de Fô. Il a été possible de le comparer avec le bouddhisme primitif, tel qu'il se montre dans les Sûtras du Népâl. On a vu combien l'élément chinois a transformé la doctrine du maître. Tandis que beaucoup de lettrés sont des philosophes sceptiques et matérialistes, les sectateurs de Fô, ne comprenant rien à la haute métaphysique de Çâkya-Mouni, l'ont remplacée par des cultes idolâtriques, dont le plus répandu est celui d'une femme idéale, *Mâyâ*, la mère du Bouddha.

L'amoindrissement de la théorie primordiale, base des religions, n'a pas été moins grand au Tibet que chez les autres peuples de la race jaune. Le bouddhisme tibétain est bien différent de celui des Indiens du temps du roi Açôka où de Tchandragupta, l'allié de Séleucus Nicator. Il en est de même chez tous les peuples de races étrangères qui ont adopté les institutions bouddhiques ; mais c'est un fait acquis à la science que chez eux ce n'est pas seulement la portion pratique de cette religion qui a subi une déchéance, c'est aussi la théorie métaphysique, partout remplacée par l'anthropomorphisme, la croyance aux esprits et les autres superstitions.

Quand nous cherchons à démêler la cause qui a produit cette chute de l'une des plus grandes religions, nous ne la trouvons ni dans cette religion même, ni dans les institutions particulières de chacun des peuples jaunes ou noirs ; elle est dans la différence des races. La Chine renferme des moralistes et des philosophes pratiques, mais pas un seul métaphysicien ; beaucoup d'industries empiriques et de métiers, mais point de science ; notre expédition d'il y a quelques années chercha dans Pékin un mathématicien chinois : elle n'en trouva pas un seul, quoique la ville regorgeât de calculateurs. Les hautes spéculations abstraites échappent à cette race d'hommes, à qui manque aussi la partie du cerveau qui en est l'organe. C'est pourquoi la théorie métaphysique, qui est l'essence de la religion, leur échappe également, et il n'est pas plus possible de la leur enseigner qu'il n'est possible de procréer un lion dans une brebis et de changer la loi des générations.

Des peuples noirs, inférieurs aux jaunes, occupent le sud de l'Asie et une grande partie de l'Afrique. En Abyssinie le christianisme est devenu une pure superstition.

Avant que le christianisme se fût introduit en Abyssinie, les peuples noirs voisins de la Haute-Égypte avaient déjà reçu des missionnaires de l'Asie et avaient été convertis. C'est ce que constate le roman d'Héliodore connu sous le nom d'*Étiopiques*, épisode de l'histoire de la civilisation en Éthiopie. On y voit un peuple noir dont le roi et la reine portent des noms perses, et ont pour directeur spirituel un prêtre nommé Sucimitra, nom sanscrit signifiant « l'ami des purs. » La religion de ce missionnaire asiatique était déjà puissante en Ethiopie, que l'on y célébrait encore des sacrifices sanglants et même des sacrifices humains, comme aujourd'hui au Dahomey.

Chaque race d'hommes prend de la religion ce qu'elle est capable d'en prendre : — les uns, la métaphysique avec les symboles et les rites qui en découlent, ce sont ceux-là que Jésus appelait « les fils de la lumière » ; les autres, l'anthropomorphisme sans raison, les figures d'animaux sacrés et les allégories sacerdotales ; d'autres, les superstitions et les cultes barbares. Il

existe encore aujourd'hui sur, la terre assez de représentants des races infimes, qui n'ont reçu l'influence
d'aucune religion supérieure, pour que nous puissions
juger ce dont elles sont capables. L'Afrique et le
Nouveau-Monde en renferment. La salle des Missions
évangéliques à l'exposition de 1867 offrait réunis de
précieux spécimens de leurs divinités ; elle montrait
aussi des dieux d'origine âryenne, transformés par les
hommes de couleur du sud de l'Asie et des îles de l'O-
céan.

Toute religion, transportée chez un peuple de race
inférieure, y subit une déchéance ; elle n'exerce sur lui
qu'une action incomplète, parce que ce peuple ne prend
d'elle que ce qu'il peut en prendre : tout le reste demeure au-dessus et par conséquent en dehors de son
entendement. Les races humaines n'exercent physique-
ment et moralement les unes sur les autres que des
actions superficielles et passagères, dont l'effet ne tarde
pas à disparaître quand la cause qui l'a produit est
épuisée.

Parmi ces races, il en est une qui a joué dans l'histoire religieuse du monde un rôle important, le premier
après la race âryenne : nous voulons parler des Sémites.
L'anthropologie place les Sémites entre les Aryas et les
peuples jaunes : non que leurs caractères distinctifs
soient un moyen terme entre ceux de notre race et
ceux des Asiatiques orientaux ; mais notablement supérieurs aux jaunes, ils présentent vis-à-vis de nous
des différences qui ne permettent pas de les confondre
avec les Indo-Européens. Le vrai Sémite a le cheveu
aplati et par conséquent la chevelure crépue, le nez fortement courbé, les lèvres saillantes et charnues, les
extrémités massives, le mollet exigu et le pied plat.
Caractère plus important, il appartient aux races occi-
pitales, c'est-à-dire chez lesquelles la partie postérieure

de la tête est plus développée que la partie antérieure
ou frontale. Sa croissance est très-rapide ; à quinze ou
seize ans elle est terminée. A cet âge, les pièces antérieures de son crâne, où sont renfermés les organes de
l'intelligence, sont déjà solidement engrenées, souvent
même soudées entre elles. Dès lors, tout accroissement
ultérieur du cerveau et en particulier de la matière
grise est devenu impossible.

Dans les races âryennes, de tels phénomènes ne se
produisent à aucune époque de la vie ; du moins on ne
les y rencontre pas chez les personnes dont le développement a été normal. Les os de la tête, conservant toujours une sorte de mobilité les uns par rapport aux
autres, permettent à l'organe intérieur de continuer son
évolution, et d'éprouver des transformations jusqu'au
dernier jour de la vie. Lorsque dans les dernières années nos fonctions cérébrales viennent à se troubler,
ce dérangement est dû non point à la conformation
externe de la tête, mais, selon toute vraisemblance, à
l'ossification des artères. Aussi voyons-nous fréquemment parmi nous des vieillards conserver le libre exercice de leurs fonctions cérébrales jusqu'à leur mort.

A ces faits d'une nature toute physiologique en répond un autre. A quinze ou seize ans, le Sémite est
parfait, son intelligence a tout le développement qu'elle
peut acquérir. Depuis ce moment, le jeune homme ne
fait plus de progrès, et pendant le reste de son existence,
sa vie intellectuelle s'entretient sur ce fonds primitif
auquel il ne peut plus rien ajouter. Il y a en Égypte,
en Palestine, sur les côtes de la mer Rouge et ailleurs,
des hommes fort bien constitués, dont le développement
intellectuel s'arrête avant l'âge de dix ans. Durant l'hiver de 1868, nous avons relevé ces faits dans tout le
levant de la Méditerranée, dont les grandes écoles ont
successivement passé sous nos yeux. Au Caire, dans

un magnifique établissement créé aux frais du Khédive, les frères de la doctrine chrétienne donnent l'instruction à des musulmans, à des Grecs, à des Juifs et à des catholiques. Les élèves arabes y sont d'abord classés quant à l'intelligence avant les Francs, mais ne tardent pas à être dépassés par ces derniers. A Beyrouth, où se rencontrent aussi des enfants de plusieurs races, les maîtres observent que chez les Sémites le progrès, qui est très-rapide dans les premières années, s'arrête à l'âge de huit ans ; dès lors ces élèves n'apprennent plus rien. De semblables observations ont été faites à Alexandrie chez les frères, à Ghazir chez les Jésuites, à Antoura chez les lazaristes, à Jérusalem, à Alep, à Smyrne et dans beaucoup d'autres établissements. A l'isthme de Suez, la longue durée des travaux avait permis aux jeunes ouvriers sémites de s'initier aux ouvrages mécaniques du canal ; quelques-uns des plus intelligents étaient devenus contre-maîtres ; mais comme depuis leur adolescence ils n'avaient point acquis de connaissances nouvelles et n'avaient pu étendre celles qu'ils possédaient, ces excellents chefs d'ouvriers étaient hors d'état de réparer au besoin les machines qui leur étaient confiées et de voir en quoi consistait le dérangement qui s'était produit. Le contre-maître sémite avait alors recours à quelqu'un des travailleurs européens auxquels il commandait.

Il y a donc dans les races humaines des lois naturelles qui président au développement physique et moral des individus, et font que pour certaines d'entre elles il existe une borne fatale, tandis qu'une seule a devant elle un avenir illimité.

Les aptitudes des races jouent un rôle dans l'histoire de la religion, en Occident tout aussi bien qu'en Orient. Il n'y a aucune raison pour que le courant d'idées qui a produit le christianisme ait été soustrait à la loi des

races plus que ne l'a été le courant indien. Si la doctrine primordiale, en passant dans les vallées du Gange
par celles de l'Indus, n'y avait rencontré que des races
aryennes, elle n'y aurait pas engendré le brâhmanisme,
qui repose sur le système des castes, ni à plus forte
raison le bouddhisme, qui fut l'appel des races infimes
ou des hommes de couleur au partage des privilèges
brâhmaniques. De même, si le monde gréco-romain au
temps d'Auguste n'avait pas montré des vainqueurs et
des vaincus, des maîtres et des esclaves, enfin des
hommes de plusieurs races dans tout l'empire et surtout dans les pays du Levant, il n'y aurait eu aucune
raison de prêcher la réforme chrétienne et d'appeler
tous les hommes à partager l'héritage divin.

II est possible aujourd'hui de dire quelle part revient
aux différentes races, non seulement dans la formation,
mais encore dans les origines du christianisme.

Le peuple juif est composé de deux races distinctes ;
la critique historique appliquée à la Bible nous fait
voir ces deux races en hostilité l'une avec l'autre depuis
les temps les plus reculés. Le gros du peuple d'Israel
était sémite et se rattachait aux adorateurs des Elohim.
Les autres, qui ont toujours formé la minorité, ont été
comme des étrangers venus de l'Asie et pratiquant le
culte de Jéhovah. Leur centre principal se fixa au nord
de Jérusalem, dans la Galilée. Les hommes qui habitent
ce pays forment encore un contraste étonnant avec ceux
du sud ; ils ressemblent à des Polonais. Ce sont eux
qui ont introduit, en grande partie du moins, dans le
culte du peuple hébreu ce qu'il y a de mythologique, et
dans la Bible le peu de métaphysique que l'on y rencontre. A eux revient peut-être ce qu'il y a de religieux
dans les chants attribués au roi David, à eux aussi les
invectives des prophètes contre ce peuple « à la tête
dure, » dont l'inaptitude naturelle pour les hautes doc-

trines et les retours perpétuels au polythéisme les indignaient. Sur ce fond antique, les hommes qui avaient été à Babylone élevèrent non seulement des doctrines plus explicites, mais tout un système sacerdotal et politique, emprunté aux Perses de Cyrus et de Darius. Il existe dans la Bible un autre élément étranger aux Aryas, qui ne se rencontre ni dans les livres de Zoroastre, ni dans le brâhmanisme, ni dans le *Vêda* : c'est la personnalité de Dieu. Quoique le problème de la nature divine ne se présente pas comme entièrement résolu dans les hymnes védiques, cependant plusieurs d'entre eux ont une forte tendance vers le panthéisme. Peu après, ce dernier s'établit dans l'Inde comme théorie fondamentale en même temps que la constitution brâhmanique, et il n'a plus cessé d'être la doctrine religieuse des Indiens. En Perse la personne divine la plus haute fut et a continué d'être Ormuzd, qui etait l'Asura des temps primitifs, et qui dans la hiérarchie céleste de Zoroastre fut le premier des Amschaspands ; au-dessus de ce dieu vivant, agent suprême de la création et ordonnateur du monde, les mages comme les brâhmanes ont conçu l'être absolu et impersonnel, dans l'unité duquel tous les êtres vivants et Ormuzd lui-même se résolvent. Il n'y a donc pas de différence essentielle entre la métaphysique des Perses et celle des Indiens.

Le sémitisme repose au contraire sur la personnalité divine, et se sépare en cela des dogmes âryens. Il faut donc voir dans cette manière de concevoir Dieu un élément introduit dans la doctrine par la race elle-même. Il se reconnaît dans la Bible dès les premiers mots, et il a servi de support à tout le système politique du peuple d'Israël. Si les prophètes n'avaient point subi son influence et avaient accepté dans son intégrité la doctrine des Aryas, il est probable qu'ils n'auraient exercé que bien peu d'action sur le peuple juif, dont la majorité sémitique n'eût rien entendu à une métaphysique aussi haute. Le développement cérébral et intellectuel du Sémite est arrêté avant l'âge où l'homme est en état de comprendre ces spéculations transcendantes. L'Arya seul y peut atteindre ; l'histoire des religions et celle des philosophies nous montrent que lui seul s'est élevé jusque-là. Ce que le jeune Iduméen ne peut saisir, il ne l'enseignera pas à ses fils ; l'inaptitude de la race se perpétuera par la génération, et leur dieu aura toujours, quelque séparé qu'il soit du monde, les caractères d'un homme agrandi, d'un prince puissant, d'un roi du désert.

Le judaïsme, après la captivité, ne peut pas être regardé comme représentant la pensée des Sémites dans toute sa pureté, puisqu'il est en partie d'origine âryenne. D'un autre côté, la doctrine du Coran n'est pas non plus exclusivement sémitique, puisque l'auteur de ce livre a subi à la fois l'influence du judaïsme et celle du christianisme. Toutefois comme une race ne reçoit jamais des autres que ce qui convient à ses aptitudes, on peut dégager du Coran ce qu'il a de véritablement sémitique en observant ce que la doctrine de Mahomet est devenue chez les hommes de cette race. Or, chez eux toute la métaphysique religieuse est contenue dans l'idée qu'ils se font d'*Allah*, qui est l'El (pluriel : Elohim) de la Bible, comme Ormuzd est l'Asura du *Véda*.

Cet Allah n'est pas une unité cosmique, c'est une personne très-puissante, qui réside hors du monde terrestre et le gouverne selon sa volonté absolue, arbitraire, invariable et irresponsable ; sa justice est son caprice ; l'ordre des choses est l'œuvre de sa passion, qui est souveraine et irrésistible. Les hommes tremblent devant lui et implorent sa miséricorde, non comme la récompense de leurs vertus, mais comme le prix de leur soumission. Ce monarque, dont le *sérai* est dans la solitude des cieux, est un sultan éternel, qui délégua jadis à son prophète l'exercice de son pouvoir sur toute la terre : cette autorité, établie dans une seule famille, devait se perpétuer chez ses descendants, comme au désert celle d'un chef de tribu passe à ses héritiers. Voilà comment les musulmans sémites conçoivent leur Dieu : on voit combien ce fonds de doctrines est pauvre en métaphysique, combien cet Allah est inférieur au Jéhovah des derniers temps, qui cependant n'est lui-même que l'idée âryenne amoindrie et arrêtée dans son essor.

Le rôle joué par la Galilée et par la Syrie aux premiers jours du christianisme, le peu de temps que Jésus passa dans Jérusalem, la confusion qui dura longtemps entre ses sectateurs et les esséniens, surtout les rites primitifs, les symboles tels qu'ils sont figurés dans les Catacombes, enfin les doctrines communes de la chrétienté, tout s'accorde à prouver que la religion du Christ ne nous est pas venue des Sémites ; « l'ancienne loi » contenait une portion de doctrines âryennes que Jésus venait, « non point détruire, mais compléter. »

Le mosaïsme plus ou moins modifié d'Israël ne convenait qu'au peuple de races mêlées dont Jérusalem fut la capitale ; il n'avait pas l'universalité qui caractérise une religion commune, ni la métaphysique transcendante qu'exige le génie des Aryas. Aussi, quand la religion nouvelle commença d'être prêchée, rencontra-t-elle pour premiers ennemis les Sémites de la Judée ; ils tuèrent Jésus, tandis que les Grecs et quelques Israélites des pays helléniques adoptèrent sa foi et formèrent les premières églises.

Les premiers monuments écrits ou figurés du christianisme dévoilent une métaphysique plus voisine de celle de la Perse et de l'Inde que de la doctrine des Sémites, et identique à celle du *Véda*. La nature de Dieu n'y est pas énoncée d'une manière dogmatique et définitive ; mais le Christ y est tellement assimilé au principe commun de la vie et de la pensée, que dans les Catacombes on voit souvent les âmes des morts appelées des *christs*, et que, dans l'Évangile selon saint Jean, le Christ est identifié avec la vie, la lumière et la raison. « Je suis, dit-il de lui-même, je suis la voie, la vérité et la vie ».

Le nombre et la variété des hérésies, qui furent le plus souvent les opinions d'églises encore indépendantes les unes des autres, prouvent que la métaphysique chrétienne mit plusieurs siècles à élaborer ses formules et à créer les rites particuliers qui en devaient être la manifestation dans chaque église. Les églises d'Orient ont conservé dans leur métaphysique une forte tendance alexandrine et par conséquent panthéiste, tandis que celle de Rome s'est de plus en plus approchée du sémitisme, qui repose sur la personnalité absolue d'un Dieu séparé du monde. Ce fait doit-il s'expliquer par une différence dans les races ou par des causes particulières et par une réaction de l'organisation politique du clergé romain sur le dogme fondamental ?

Livré à lui-même et soustrait à toute influence étrangère, l'esprit de l'Arya va droit à l'unité absolue de l'être et de la substance : c'est ce qu'ont prouvé les dogmes de la Perse et mieux encore ceux de l'Inde. Mais d'un autre côté les Grecs de l'empire et ceux d'aujourd'hui ne semblent pas être plus âryas que nous et que nos ancêtres ; car il ne reste en Occident que de bien faibles traces des populations antérieures à l'arrivée des Aryas ; et rien ne prouve que ces populations n'occupaient pas autre fois les pays grecs aussi bien que le reste de notre continent : les objets des âges préhistoriques sont les mêmes en Grèce et en Asie qu'en Italie, en France et dans le reste de l'Europe. Il est donc naturel d'admettre la dernière explication.

En effet, l'église de Rome, une fois constituée en mo-
narchie, devait être une « cité de Dieu » sur la terre,
expression qui répond exactement à l'idée sémitique ; et
tout portait ainsi ses docteurs à concevoir Dieu d'abord
comme un prince tout-puissant, puis comme un seigneur
suzerain et enfin comme un roi, *rex tremendæ majestatis.*
La partie du rituel latin postérieure à la séparation des
deux églises est remplie d'expressions qui rendent cette
pensée. L'influence des constitutions sociales et politiques de l'Occident a donc réagi sur la doctrine métaphysique elle-même. Si cette explication est vraie, le
problème se déplace ; il ne reste plus qu'à savoir pourquoi les peuples de l'Occident ont adopté de telles constitutions, qui ont amoindri la théorie religieuse. C'est
là le problème général de la race âryenne tout entière.
Or, en cela aussi elle se distingue profondément des
autres races et notamment de celle des Sémites : ces
derniers sont aujourd'hui dans l'état social où ils étaient
il y a deux mille ans ; ils n'ont pu concevoir ni réaliser
chez eux une véritabe constitution politique ; les Aryas
les parcourent toutes successivement, avec plus ou
moins de vitesse, mais dans un ordre qui paraît cons-
tant.

Quant à la doctrine fondamentale, on ne peut guère
se tromper en admettant qu'elle revient toujours à sa
forme absolue, et qu'à travers toutes les modifications
que des causes passagères peuvent lui imposer, elle
persiste comme l'esprit de la race qui une première fois
l'a conçue dans sa sincérité et dans sa spontanéité. De
là vient que nous, Aryas, quand nous nous donnons la
peine d'étudier et de comparer entre eux le Coran, la
Bible et le Vêda, nous repoussons le premier comme
l'œuvre d'une race inférieure à la nôtre ; la seconde
nous étonne d'abord sans trop nous charmer : nous sen-
tons que les hommes qui y sont nommés n'étaient pas

de la même race que nous et ne pensaient pas comme nous ; dans le troisième, nous avons reconnu nos ancêtres. C'est d'eux par conséquent que la lumière est née pour nous et qu'à travers des milieux changeants elle s'est propagée jusqu'à nous. Quelques-uns de ces milieux ont laissé passer le rayon à peine modifié ; d'autres l'ont brisé, décomposé, altéré ; il en est qui l'ont presque entièrement éteint et qui sont demeurés ténébreux.

CHAPITRE XVII

NAISSANCE DES ORTHODOXIES

Toutes les religions qui ont paru sur la terre jusqu'à ce jour ont revêtu la forme d'orthodoxies. Un ensemble d'idées, de symboles et de rites auquel se rattache une organisation sacerdotale plus ou moins complète, voilà ce que l'on entend par ce mot, mais il implique en même temps l'exclusion de toute doctrine, de tout culte et de tout sacerdoce étranger : chaque orthodoxie a pour opinion qu'elle est la seule bonne et la seule vraie. On n'a presque pas vu d'églises pour lesquelles l'intolérance, ainsi entendue, n'ait été un principe fondamental et une condition d'existence.

Quelques églises bouddhiques, celle de Siam par exemple, ont professé une certaine tolérance à l'égard des communions étrangères ; mais si le sacerdoce bouddhiste a pu servir de type et de modèle à d'autres organisations cléricales, les doctrines du bouddhisme, ses rites et ses symboles sont si philosophiques et sa morale est si humaine que, seul peut-être de toutes les religions, il n'apportait dans le monde aucun élément idéal d'hostilité.

Il aurait pu en être de même du Christianisme, si, demeurant fidèle à son origine orientale, il n'avait pas contracté avec les éléments mondains et passionnés de la société gréco-latine une pernicieuse alliance. Devenu dans presque toute l'Europe un établissement politique, non moins qu'une institution religieuse, il a entraîné, au milieu du bien qu'il faisait, des maux qui ne semblent pas près de finir. Il est donc important pour la théorie des religions de savoir comment naissent les orthodoxies, dans quelles conditions elles grandissent, par quels moyens elles se propagent, et comment la force des choses les conduit fatalement à leur fin.

La religion naît d'un phénomène psychologique, et la doctrine est primitivement individuelle. En cela, elle ne diffère en rien des opinions que les hommes peuvent se faire sur quelque sujet que ce soit. Ces opinions ne se laissent ordinairement apercevoir que quand elles ont conquis des prosélytes, que les suffrages de plusieurs personnes en ont fait une sorte d'opinion commune. Mais si toute pensée est un phénomène individuel, toute opinion est née d'abord de l'esprit de quelqu'un, avant d'être l'opinion d'un plus grand nombre. C'est ce qu'a prouvé cent fois dans ces derniers temps la marche des théories scientifiques ; presque toutes sont nées dans l'esprit de quelque savant obscur, à la vue des faits dont il cherchait l'explication ; ce premier chercheur a communiqué son idée à d'autres qui l'ont accueillie, modifiée, agrandie ; et le plus souvent elle n'est parvenue à une certaine notoriété qu'après avoir cheminé lentement, après avoir été patronnée et mise en lumière par quelque savant déjà connu.

Il en a été de même des religions, passées à l'état d'orthodoxies.

La première notion d'où une religion est sortie a été individuelle, rudimentaire, très-vague et incapable d'être représentée par aucune formule précise. D'un autre côté, elle a dû être très-compréhensive, c'est-à-dire recéler en elle une force de développement assez grande pour pouvoir servir d'aliment à plusieurs générations. Une idée étroite est bientôt épuisée : quand elle a cessé de produire et qu'elle est devenue inutile, elle cesse de se transmettre et tombe dans un éternel oubli. L'idée âryenne avait une puissance de développement et en quelque sorte une plasticité merveilleuse, puisqu'elle a simultanément produit la religion de l'Inde et celles de la Perse, de la Grèce, de l'Italie, des Celtes, des Germains, des Scandinaves, et que dans les temps qu'on peut appeler modernes elle a engendré les communions bouddhistes et les églises chrétiennes...

Si partant de ces formes dernières et de plus en plus variées, on se reporte au temps où elles n'existaient encore qu'en puissance dans les dogmes âryens des vallées de l'Oxus, on approche de leur commune origine, mais sans pouvoir atteindre dans sa naissance la notion première d'où elles sont sorties. Cette notion a pu être conçue le jour où le feu a été allumé pour la première fois et a jeté une première intelligence humaine dans la perplexité. La théorie du feu est déjà très-développée, les formules en sont très-nettes dans les hymnes du Vêda, et dans les parties les plus anciennes des livres de Zoroastre. Comme ces documents sont pour la race âryenne les plus anciens que nous possédions, nous devons nous résoudre à ne remonter que par des inductions aux époques qui les ont précédés.

Ces temps antérieurs ont été une période d'élaboration. Le travail intellectuel qui s'y est accompli n'a pu s'opérer suivant des lois différentes de celles qui ont été suivies dans les âges postérieurs, puisque la nature

ne brûle pas son code à un moment donné, pour s'en
créer subitement un autre. C'est là un principe de
science incontestable. Or, les hymnes du Vêda nous
font toucher du doigt le dernier acte du travail intellectuel d'où est née la théorie védique du feu, de la vie et
de la pensée ; on y voit l'effort individuel d'hommes
supérieurs apportant quelques pierres au commun édifice. Le brâhmanisme nous montre le même phénomène, que nous retrouvons encore avec des proportions
plus grandes et des caractères plus saillants dans les
conciles bouddhiques et dans ceux des églises chrétiennes. Il n'est donc pas douteux que la même marche
ait été suivie par les hommes qui ont précédé l'époque
du Vêda et de l'Avesta. D'ailleurs, il est à peu près établi que les migrations âryennes venues en Europe ont
quitté le centre commun de la race avant les époques
correspondant à ces livres sacrés. La comparaison des
anciens dogmes des tribus européennes avec ceux des
tribus âryennes de l'Asie nous reporte donc à des temps
fort reculés. L'élimination des différences qu'ils présentent les ramène à une croyance commune, plus
simple que chacun d'eux et plus proche de leur origine.
On peut donc affirmer que, si dans la suite des siècles
les recherches individuelles ont été le point de départ
de chacun des développements particuliers de la religion et par conséquent la cause de la diversité de
ceux-ci, des recherches individuelles ont de même
donné naissance au dogme primitif, et qu'enfin il y a
eu une première idée d'où ce dogme lui-même est sorti.

Quand ce premier homme apporta sa découverte à
ceux de sa race, elle put être ou acceptée ou combattue,
puisque c'est là le sort de toute idée. Toutefois, comme
elle se présentait avec une haute supériorité, ce qui
suivit démontre qu'elle attira un grand nombre d'esprits, car elle finit par devenir le dogme commun de

toute notre race, et elle se transmet encore à des hommes de races inférieures et étrangères à la nôtre. Il y eut donc une période, dont la durée est inconnue, où, d'individuelle et de privée qu'elle était, elle devint commune et publique. C'est ce que nous pourrions appeler la période d'incubation de l'orthodoxie.

Si l'on admet, avec quelques savants, que la doctrine fut révélée tout entière et explicitement à ce premier homme, on admet en même temps que tout ce qui a été ajouté depuis en est une déviation, procède de volontés mauvaises et d'intelligences dévoyées ; on condamne d'un seul mot toutes les religions issues de la souche primitive ; enfin on se jette dans une foule de contradictions et d'hypothèses dont aucune n'est compatible avec les méthodes scientifiques les plus élémentaires.

Ainsi l'ordre de la nature, qui veut que toute forme ait des commencements très-petits, s'applique ici comme partout ailleurs. Du moment où un homme communique sa pensée à un autre homme, il la lui livre pour qu'il la féconde par sa propre initiative. Si la pensée est juste, loin de se perdre comme un embryon mal constitué, elle grandit par voie d'analyse ; chaque fois qu'une intelligence d'élite l'adopte pour la faire sienne et y applique ses forces individuelles, l'idée prend un accroissement nouveau. En effet, il est à peu près incontestable que la théorie du feu n'a d'abord embrassé que les phénomènes matériels les plus immédiatement perceptibles et même que l'origine solaire du feu ne fut aperçue que plus tard. Il fallut ensuite beaucoup de temps et de réflexion pour que l'on vît en lui l'agent psychologique et qu'on lui demandât l'explication des phénomènes de la vie. C'est à l'époque védique seulement qu'il fut identifié avec le principe de la pensée : on peut en acquérir la certitude en lisant les seuls

hymnes attribués aux poètes Viçwâmitra et Dîrghâta-
mas. Enfin la grande théorie métaphysique, concentrée
autour du nom neutre. de Brahma, est postérieure à la
période des hymnes.

Le même travail des esprits s'accomplissait dans l'A-
sie occidentale, car le principe absolu des Perses connu
sous le nom d'*akarana* ou « d'être inactif » est postérieur à la doctrine presque dualiste d'Ormuzd et Arhi-
man, qui l'est elle-même aux parties les plus anciennes
du Zend-Avesta ; celles-ci renferment une doctrine à
peu près identique à celle des hymnes indiens. Ce sont
là des faits élémentaires connus de tous les orientalistes.

. Il est donc historiquement impossible d'admettre que
les dogmes âryens, sur lesquels se sont fondées successivement les orthodoxies, soient venus au monde tout
formés. L'action individuelle dans la formation des dogmes ne peut laisser aucun doute. C'est par des découvertes personnelles, dont s'enrichissait successivement
la communauté, que se sont développées les croyances
publiques. Elles portaient d'abord sur les phénomènes
naturels, produits soit spontanément, soit par des procédés humains : une partie des doctrines les plus antiques relatives au feu ont en vue les feux naturels ;
mais du moment où l'homme put à son gré faire apparaître cet agent si puissant, il vit son existence sous-
traite à l'ancienne misère, et ce feu devint le principa
objet de sa contemplation et de son culte. Je ne veux
pas rappeler ici les cris d'enthousiasme qui échappent
aux vieux poètes, quand ils célèbrent la puissance merveilleuse du feu. Ces cris, chacun peut les entendre encore : il suffit pour cela de parcourir nos villages aux
fêtes de la Saint-Jean et de voir au tomber du jour les
danses, les éclats de joie de nos campagnards autour
de leurs bûchers flamboyants. Seulement les hymnes

védiques en l'honneur d'Agni sont plus beaux et plus
instructifs pour nous.

En effet, la première doctrine naquit des réflexions
qui furent faites sur l'extraction du feu, sur les matières dont il s'alimente et sur les effets qu'il produit. La
faculté qu'on eut de renouveler chaque jour et de reproduire dans le même ordre tous les phénomènes qu'il
engendre, permit de refaire aussi sans cesse les mêmes
remarques, de les rendre par des noms expressifs et
d'énoncer des formules qui purent être répétées par les
fils et passer aux arrière-neveux. Ces formules, sans les
phénomènes, prenaient une valeur abstraite et poétique ; mais elles n'avaient un caractère positivement religieux que quand elles étaient prononcées en face du
foyer sacré ; sans lui, en effet, elles n'étaient plus qu'un
simple souvenir. Au contraire, quand l'homme supérieur, qui dès ces anciens temps portait le nom de prêtre, se trouvait en présence d'Agni caché dans les *arani*
quand par le frottement des deux morceaux de bois il
le faisait apparaître, quand il le déposait sur l'herbe
sèche et sur les fagots de l'autel, lui donnait l'onction
du beurre, l'alimentait de liqueurs spiritueuses et de
gâteaux sacrés, le voyait lançant des flammes vers le
ciel, illuminant toute la nature et révélant les formes
des objets plongés dans la nuit, alors les réflexions se
pressaient en foule dans son intelligence, émouvaient
son âme, et la forçaient à se répandre en actions de
grâces et en chants d'allégresse. Ses paroles, entendues
des assistants, portaient la lumière et la conviction
dans leurs cœurs ; ils « s'unissaient d'intention » avec
le prêtre, et « ne faisaient avec lui qu'une seule pensée »
dans plusieurs corps.

Nous extrayons ce tableau et la plupart de ces expressions des hymnes indiens les plus antiques. Les
auteurs ne faisaient, comme il le disent, que répéter.

l'œuvre que leur ancêtres avaient fondée. On en peut
aisément déduire que la religion se présenta dès l'origine sous la double forme d'une doctrine et d'un culte ;
mais comme le feu était un agent nécessaire à tous les
hommes, et que chaque père de famille pouvait l'allumer
chaque jour en présence de sa femme, de ses enfants,
de ses amis et de ses serviteurs, il dut se former des
centres étroits et multipliés, non de culte, mais d'interprétation et de théorie. C'est ce que prouve la diversité
des noms par lesquels on désigna le principe actif du
feu, de la vie et de la pensée. Cette diversité est grande
d'un hymne à l'autre dans le Vêda ; mais elle est bien
plus saisissante encore d'un peuple à l'autre dans la
race âryenne. On en trouvera un exemple dans le mythe d'Agni chez les Indiens, mythe dont celui de Pro-
méthée forme le pendant chez les Hellènes.

La formation de centres religieux isolés fut puissamment favorisée par l'état inculte où se trouvait la terre,
par l'absence de routes et par la vie plus ou moins no-
made de populations d'ailleurs rares et dispersées. Ainsi
les doctrines demeurèrent longtemps confinées dans la
famille ; la religion eut un caractère domestique ou tout
au plus patriarcal, qu'elle a souvent encore dans le
Vêda.

Il n'en fut plus de même lorsque les peuplades er-
rantes se fixèrent dans leurs pays respectifs, et y formèrent des communautés sociales et politiques. Les
chefs religieux commencèrent presque partout à se rapprocher les uns des autres et à se réunir dans des lieux
déterminés. Dans l'Inde, ce fut principalement au bord
de certains lacs et au confluent de certaines rivières ; en
Grèce, des motifs pour la plupart inconnus, les amenèrent vers quelques lieux restés célèbres, à Dodone, à
Délos, à Delphes, à Olympie et ailleurs. Là où les causes précédemment signalées poussèrent les peuples vers

l'unité des doctrines, ces centres de réunion virent les esprits d'élite mettre leurs théories personnelles en face les unes des autres, les discuter, les rectifier, les étendre, et, tombant enfin d'accord, constituer des dogmes communs. Comme la base du culte était d'ailleurs la même pour tous, depuis que le feu était devenu la chose sacrée, les deux éléments de la religion se trouvèrent également adoptés dans chaque peuple par toute une communauté d'hommes : le dogme et le culte prirent un caractère public et national.

Les orthodoxies n'ont donc pas apparu subitement sur la terre ; elles sont l'œuvre du temps. Lorsque les chefs de famille se rapprochèrent et s'entendirent pour l'établissement des dogmes communs, c'est alors seulement que se forma entre eux cette communion de doctrine et de culte à laquelle les Latins ont donné le nom de *religion*. Ce mot, en effet, signifie non pas le lien de l'homme avec Dieu, comme on se plaît à le dire très-faussement, mais le lien qui réunit plusieurs hommes dans un même sytème de dogmes et de cérémonies sacrées. Il est presque synonyme d'orthodoxie ; seulement cette dernière expression renferme une idée d'exclusion, sur laquelle nous devons nous arrêter.

Quand une opinion se déclare droite et vraie, cela signifie que toute opinion différente n'est ni l'un ni l'autre. Une telle déclaration de principes embrasse non seulement la doctrine fondamentale, mais encore le rite sacré d'où elle est née et les symboles qui la représentent. L'orthodoxie porte alors sur tous les éléments de la religion. Il peut y avoir des religions sans orthodoxie, ou dans lesquelles l'orthodoxie est moins rigoureuse que dans d'autres : ce sont celles où une certaine latitude est laissée aux dévots dans l'interprétation des théories abstraites et métaphysiques ; tel fut pendant des siècles le brâhmanisme ; telle a été la religion de

l'ancienne Grèce, et telles sont encore à beaucoup
d'égards la plupart des sectes protestantes. Quant l'orthodoxie porte sur les principes mêmes de la doctrine,
elle embrasse nécessairement tout ce qui en découle,
c'est-à-dire les rites, les symboles et bientôt après la
morale et toutes ses applications. Si ce phénomène psychologique se produit dans sa plénitude, la religion dispose alors de toutes les forces humaines, et devient
pour ainsi dire irrésistible; toutes ces forces se trouvent dirigées dans le même sens, comme les gouttes
d'eau d'un fleuve qui tombe en cascade ou comme les
molécules de l'air dans un ouragan. Telles. ont été les
religions de Bel, d'Assour, de Jéhovah et d'Allah.

Le point de départ des orthodoxies âryennes a été
l'Asie centrale ; mais elles n'ont pris leur forme définitive et ne sont arrivées à leur développement respectif
que dans divers pays et à plusieurs.époques : leur his-
toire est parallèle à celle de la religion.

Allumer le feu et exécuter autour de lui certains mouvements déterminés n'a rien qui ne soit accessible à
tout homme jouissant des facultés physiques et morales
les plus communes ; mais composer un hymne n'est
pas donné à tout le monde. Si cet hymne doit être.en
même temps une description, une théorie et un chant,
l'art de composer devient nécessairement le partage
d'un petit nombre. A l'incapacité naturelle de la plupart des hommes se joignent les nécessités de la vie
et les occupations quotidiennes sans lesquelles l'existence ne peut se soutenir. La division des communautés religieuses en deux.classes, les prêtres et ceux qui
ne l'étaient pas, est donc un fait très-ancien et pour
ainsi dire primitif, parce qu'il repose sur la nature des
choses. Aussi la trouvons-nous établie non seulement
dans les.plus, anciennes légendes dont le Vêda fasse
mention, mais dans des documents égyptiens histori-

ques qui remontent à plus de cinq mille ans avant notre ère. Les mots qui désignent la classe des prêtres ont eu des significations diverses selon les langues et les pays : ils furent appelés *sacrificateurs* chez les Latins et les Grecs ; dans l'Asie centrale, ils portèrent le même nom commun que les dieux, celui de *dêvas* ou d'êtres brillants, à cause de leurs ornements sacrés et de l'éclat dont la lumière du feu les entourait. Lorsque les sacrifices publics eurent été institués et que le nombre des prêtres officiants eut été porté d'abord à quatre, puis à sept, chacun d'eux prit un nom approprié à la fonction qu'il remplissait dans l'enceinte du sacrifice. A partir de ce moment, il y eut une sorte de clergé organisé autour de chaque autel.

Nous avons dans le Rig-Vêda, dans le Sâma-Vêda et dans les autres livres védiques, tous les détails de cette organisation, qui contient en germe celle des cérémonies modernes. Il y eut une enceinte sacrée, répondant au chœur de nos églises, dans laquelle n'étaient admis que les prêtres et les personnages qui faisaient dans des circonstances solennelles les frais de la cérémonie. Les « portes éternelles » s'ouvraient pour laisser entrer « le roi glorieux, » c'est-à-dire le feu resplendissant, puis elles se refermaient et laissaient au dehors la foule « profane » des assistants.

Ainsi, de bonne heure, chaque communauté, dont les membres étaient unis par une même religion, se trouva partagée en deux classes de personnes, les prêtres et les laïques ou gens du peuple. L'accomplissement des cérémonies fut le lot exclusif des premiers. Ils eurent par conséquent aussi, à l'exclusion des laïques, la fonction et bientôt le droit d'interpréter les cérémonies, de commenter les anciens hymnes, de donner les nouvelles formules métaphysiques que leur science découvrait, enfin de tirer les conséquences morales et politiques qui pouvaient en découler. Les prêtres furent les savants, et les autres hommes furent les ignorants. Du nombre de ces derniers, il ne faut pas même excepter les rois, dont la richesse et le métier des armes étaient l'apanage et relevaient assez la position. Cet état d'ignorance des rois et des princes dura longtemps, car nous le retrouvons chez les Grecs dans l'*Odyssée*, à Rome jusqu'au temps des Scipions, et chez nous durant toute la période épique du moyen âge ; aujourd'hui même, dans l'Inde, la caste des râjas est très-ignorante, et s'est récemment encore fait avertir par des gouverneurs anglais qu'elle perdrait bientôt sa fortune et son prestige au milieu de sujets qui s'instruisent et s'enrichissent.

L'exclusion fut donc complète, et il se forma sur toute la terre une classe d'hommes qui dans chaque pays eurent le privilège de connaître des affaires sacrées, de fixer et de maintenir l'orthodoxie. Leur place dans les sociétés fut avantageuse : outre le dépôt de la science confié à leurs mains, ils avaient les fonctions les plus douces et les plus considérées ; ils jouissaient d'une grande sécurité et se voyaient mis, par la protection des rois et les labeurs du peuple, à l'abri de presque toutes les misères de la vie. Lorsque, dans le bouddhisme d'abord et plus tard dans le catholicisme, on voulut supprimer à jamais toute idée de caste sacerdotale et livrer le sacerdoce au peuple entier en créant le célibat des prêtres, la condition de ces derniers se trouva encore améliorée, puisque, sans perdre aucun de leurs autres avantages, ils furent par là soustraits aux obligations de famille et aux malheurs domestiques.

Quelles qu'aient été son organisation et la distance établie enttre lui et les profanes, le sacerdoce se trouva seul chargé du soin de développer et de défendre l'orthodoxie, c'est-à-dire la croyance commune, avec ses rites et son symbolisme. C'est donc au sein des petits collèges de prêtres, plus tard dans les grandes réunions sacerdotales et dans les conciles, que les formules de foi furent discutées et fixées. Aucune des autres classes de la société n'eût été en état de soutenir de pareilles discussions, parce que la tradition, la science sacrée et les méthodes manquaient à la fois aux classes laïques. Elles furent, par leur condition morale et par la nature de leurs fonctions sociales, obligées d'accepter comme des vérités indiscutables les formules de foi émanant des collèges de prêtres et des conciles. J'ajoute qu'elles y trouvaient leur avantage.

Ainsi les migrations âryennes, à mesure qu'elles s'éloignèrent de l'Asie centrale, perdirent le souvenir de leur ancienne patrie. Établies dans des contrées séparées les unes des autres par de vastes territoires, par des fleuves, des montagnes et des mers, elles s'étaient quittées dans des temps où la foi commune ne possédait encore que ses formules les plus générales, et n'avait pas même une langue à elle pour exprimer les choses sacrées et les noms de la Divinité : il n'y avait point encore d'orthodoxie. Mais quand elles se furent organisées politiquement chacune chez elle, les principes de la science sacrée commencèrent à se développer dans des conditions variées et à des degrés inégaux. L'immense compréhension ou, comme nous disions plus haut, la plasticité de ces principes leur permit de s'approprier dans leurs conséquences à chacune des contrées occupées par des Aryas. Ainsi se formèrent autant de langues sacrées, de systèmes de rites, d'organisations sacerdotales, enfin d'orthodoxies, qu'il y eut de sociétés âryennes en Asie, en Europe, et plus tard en Afrique et dans le Nouveau-Monde.

Or, la science a démontré et constate par des découvertes toujours nouvelles que ces sociétés se superposèrent à d'autres qui existaient auparavant, qu'elles subjuguèrent, qu'elles maintinrent dans un état d'abaissement, et avec lesquelles elles s'efforcèrent de ne pas se mêler, parce qu'elles étaient d'un autre sang. Le pays sur lequel nous avons à cet égard le plus de renseignements est l'Inde. Lorsque les Aryas y descendirent par la vallée du Caboul, ils étaient peu nombreux, et leurs adversaires, de race inférieure, l'étaient beaucoup. L'orthodoxie, en s'y fondant sur un système de castes d'une solidité merveilleuse, mit le sacerdoce à une si grande distance des barbares asservis, que la pureté de la race âryenne, dans ses castes supérieures, fut préservée et n'a pas encore disparu. Toute cette dernière trouva donc un avantage à défendre un système protecteur, sans lequel elle eût bientôt vu son sang se mêler et se perdre dans celui des « dasyous impies et mangeurs de chair crue. ».

Ce qui s'est passé sur l'Indus dans d'immenses proportions s'est produit partout ailleurs dans des proportions moindres et dans des conditions différentes ; mais partout l'orthodoxie a été la force protectrice et l'élément conservateur des races. N'en avons-nous pas aujourd'hui même une preuve vivante dans l'orient de l'Europe, où les Hellènes, après avoir adopté une orthodoxie chrétienne, n'ont pas répugné à se mêler avec des hommes du nord et même avec des gens de race touranienne, comme les Bulgares, lesquels avaient, eux aussi, adopté cette orthodoxie ; tandis que ces mêmes Hellènes sont restés invinciblement séparés des hommes de cette même race touranienne qui, sous le nom de Turcs, avaient adopté l'islamisme ? Ce n'est donc pas toujours les races qui séparent les orthodoxies ; les orthodoxies aussi maintiennent la séparation des races.

L'exemple cité montre que l'orthodoxie n'agit pas seulement dans le sein d'une société pour en tenir,

comme dans l'Inde, les éléments séparés et subordon-
nés, mais qu'elle agit de même de peuple à peuple. Il
y a eu, en Orient, deux systèmes orthodoxes très-voi-
sins l'un de l'autre et liés par une commune origine, qui
pourtant ont poussé l'antagonisme de deux peuples frères
jusqu'à la guerre : ce sont ceux de l'Inde et de la Perse.
Y a-t-il deux orthodoxies moins divergentes que celles
des Latins et des Grecs ? Cependant les croisades les ont
montrées s'animant l'une contre l'autre jusqu'à la fureur ; et aujourd'hui que ces temps de délire sont loin
de nous, nous venons de voir repousser par des raisons
sacerdotales une convocation adressée par le pape des
Latins à des évêques d'Orient, qui acceptent de rester
sujets des musulmans [1]. Les histoires sont remplies de
pareils exemples ; c'est une suite de luttes entre des
orthodoxies se défendant les unes contre les autres et
entraînant les nations sous leurs drapeaux.

Quand une orthodoxie s'est constituée au sein d'une
société, sa condition inévitable est une double lutte,
lutte intérieure contre les forces sociales qui peuvent
lui opposer quelque obstacle, lutte extérieure contre les
orthodoxies étrangères. Il y a des peuples chez qui l'orthodoxie ne tend pas à manifester son action au dehors, parce que ce sont de grandes sociétés fortement
établies, qui n'ont guère besoin, pour vivre et pour
grandir, des ressources que d'autres vont chercher à
l'étranger : ainsi fut l'Inde.

Lorsque des conditions sociales toutes différentes
font naître dans une orthodoxie l'esprit de prosélytisme,
non seulement elle devient agressive à l'intérieur, mais
encore elle veut montrer chez les autres peuples la force

---

1. Voyez les réponses faites par les patriarches d'Alexandrie et de Constantinople à l'invitation d'assister au concile de Rome, que le Pape leur
avait adressée. Les raisons de refuser émises par ces prélats sont
toutes tirées de leur orthodoxie.

d'expansion dont elle est douée. Quand le bouddhisme comprit la peine qu'il aurait à vaincre dans la vallée du Gange, où il était né, ses missionnaires se répandirent au dehors dans toutes les directions et allèrent fonder des centres d'orthodoxie au Népâl, au Tibet, à Samarcande, en Chine, à Siam, à Ceylan et dans plusieurs autres pays. Leurs églises ne conquirent point ces contrées sans coup férir, malgré la charité qui les animait ; mais comme aucun système orthodoxe de quelque valeur n'existait dans ces sociétés, le bouddhisme mit peu de temps à les dominer.

Il en fut de même en Occident pour le christianisme, arrivant dans la Grèce et dans Rome en pleine civilisation, mais n'ayant devant lui qu'un polythéisme en décadence et sans cohésion. Il n'eut peut-être pas besoin, dans l'orient de l'Europe, d'un fort esprit de prosélytisme pour réussir ; par le fait, l'église grecque compte peu de martyrs et n'a plus d'apôtres. Chez les Latins, au contraire, les saints, les martyrs et les confesseurs surabondent ; catholiques et protestants ont un système de missions qui embrasse la sphère terrestre tout entière.

Telles sont les conditions générales qu'aucune orthodoxie ne peut éviter ; la lutte, pour exister et pour s'étendre, est une double loi qui leur est imposée par leur propre nature, et à laquelle les communions religieuses ne peuvent se soustraire qu'en se dissolvant et en cessant d'être.

Il est une troisième sorte de lutte, plus intime et plus redoutable pour elles que les deux autres. Quand les deux premiers hommes se sont abouchés pour discuter sur une théorie religieuse, ils ont pu tomber d'accord sur tous les points et former une première communauté parfaitement unie. Ils ont pu de même être en désaccord sur quelque point, et il est évident qu'aucun des deux n'avait ni le droit ni le pouvoir d'imposer à l'autre sa propre opinion. L'accession d'un troisième homme ne résolvait pas la difficulté : car, d'une part, il pouvait avoir lui-même son opinion personnelle ; et, d'autre part, le droit qui n'était pas dans les deux premiers ne pouvait leur être communiqué par un autre qui ne le possédait pas lui-même. Au fond, la pensée individuelle est inviolable, comme elle est inaccessible. Il n'y a rien dans un homme qui ne soit dans un autre ; toute la différence est du plus au moins, et il n'existe aucun tribunal qui puisse entrer dans ces profondeurs des âmes et dresser la liste des intelligences d'après leurs capacités respectives. Le droit individuel de la pensée reste entier et absolument indiscutable. Comme il est intransmissible, il est également imprescriptible et inaliénable.

Ce droit est d'autant plus entier qu'il s'applique à des matières plus abstraites et plus métaphysiques : or, aucune n'est supérieure aux doctrines religieuses. En effet, l'idée de Dieu ne se transmet pas d'un homme à l'autre comme une monnaie ; les conceptions de l'esprit sont des phénomènes individuels, qui se produisent en nous ou qui ne s'y produisent pas, mais qui échappent toujours au contrôle et à l'action d'autrui. De plus, comme il n'y a en nous que la volonté seule qui semble posséder le libre arbitre, le reste y est soumis à des lois fatales que la psychologie ancienne et moderne a constatées et définies. Aucune force humaine ne peut changer à son gré la pensée d'un homme, puisque lui-même ne le peut pas. Toute action en ce sens ne peut être qu'indirecte, et c'est uniquement en changeant les objets et les points de vue qu'on peut l'exercer ; mais comme l'objet de la raison pure échappe à notre prise et agit sur notre intelligence d'une manière très-simple et immédiate, l'opinion religieuse en chacun de nous est absolument indépendante de celle des autres.

La naissance d'une communion orthodoxe suppose, chez ceux qui en font partie, une unité de pensée qu'il est bien difficile d'atteindre, et qui probablement n'est jamais entièrement réalisée. En supposant qu'au moment où leur collége se forme, ils soient d'accord sur tous les points de la théorie, leur vie s'écoule, leur intelligence grandit, leurs principes se développent dans des conséquences toujours nouvelles ; et si quelque divergence naît entre eux, elle va en augmentant comme l'écartement de deux rayons. Si ces principes sont assez flexibles pour que d'apparentes contradictions viennent s'y concilier et que la communion religieuse prenne de la durée, on voit apparaître en elle et grandir rapidement ce que l'on désigne aujourd'hui par ces deux mots contradictoires, le principe d'autorité. En d'autres termes, ceux qui font partie du collége font abnégation de toute volonté privée ; ils prennent le parti et se font entre eux la promesse de se soumettre au jugement de la majorité, lors même qu'elle est contraire à leurs opinions personnelles. Il n'est pas possible qu'une orthodoxie se conserve sans cet accord exprès ou tacite : toutes les assemblées religieuses, anciennes ou modernes, bouddhiques ou chrétiennes, où des dogmes ont été discutés et adoptés, ont admis ce principe et l'ont pratiqué. L'opinion de la majorité est devenue article de foi ; et ce qu'on nomme « la volonté individuelle » y a fait acte de soumission et de renoncement. C'est ce qui vient d'être prouvé une dernière fois par la conduite de plusieurs évêques catholiques, qui, après avoir combattu l'infaillibité du pape, s'y sont soumis.

Toute orthodoxie repose donc sur une convention, et cette convention implique un effort presque surhumain, dont le succès a toujours fait supposer une grâce divine.

Dans les orthodoxies organisées, dans les grandes
églises, le même phénomène se produit avec de plus
vastes proportions. Elles reposent en effet sur l'existence simultanée d'un clergé et d'un peuple de fidèles.
Il est même arrivé que le clergé, descendant au rang
des fidèles et se faisant semblable au peuple, s'est dé-
chargé sur un seul du soin de s'instruire, de discuter
les questions et de fixer les formules de la foi. Dans
l'un comme dans l'autre cas, les laïques reçoivent
toutes faites ces formules, les répètent sans qu'il soit
besoin pour eux d'en comprendre la valeur idéale, et les
prennent seulement pour règles de conduite, bien ou
mal interprétées. C'est ce qui est arrivé dans presque
toutes les religions, à des degrés divers, et d'autant
plus qu'elles ont revêtu plus complètement la forme
d'orthodoxies.

Dans l'Inde brâhmanique, l'abnégation des laïques a
été si grande que les différentes castes ont consenti à
ne recevoir que des parts inégales de la doctrine sacrée,
à participer aux cérémonies du culte dans des mesures
diverses et même à y demeurer étrangères. Aussi,
quand le bouddhisme, œuvre non d'un prêtre, mais
d'un râja, vint proclamer l'égalité religieuse entre les
hommes et les appeler tous au sacerdoce, il vit ac-
courir à lui les castes inférieures, que le brâhmanisme
avait dépouillées de ce droit naturel. Il en fut de même
à l'occident : le sacerdoce était une institution aristo-
cratique et de caste, non seulement chez les Perses
et les Juifs , mais même dans le monde gréco-
romain, lorsque le christianisme s'efforça de les rallier
tous.

Plus tard ces deux religions, qui semblaient devoir
rendre à l'individu les droits qui lui appartiennent,
les lui retirèrent, et leurs églises fondèrent les orthodoxies les plus hostiles à la pensée individuelle qui

eussent encore existé. La séparation des prêtres et des
laïques y fut rendue si profonde que le mot même
d'*église* (le *sangha* des bouddhistes) devint dans le
peuple synonyme du mot *clergé*, tandis que sa signification première et légitime est celle d'assemblée de
fidèles. A cet égard, il n'y a aucune différence entre
l'église latine et celle d'Orient, quoique celle-ci prétende
mériter seule le titre d'orthodoxe. Les orthodoxies sont
ce qu'on les fait ; les assemblées du clergé latin ont eu
autant de droit à discuter les doctrines qu'en ont eu
celles du clergé grec à ne les pas discuter : le droit de
changer un dogme ou un rite est aussi entier que celui
de ne le pas changer ; et si l'orthodoxie fondée par ces
dernières est demeurée invariable depuis tant de siècles,
cela prouve moins la justesse de leurs idées que l'ignorance, et la torpeur où prêtres et peuples étaient
tombés.

Bien que, dans les clergés et parmi les fidèles, une
sorte de convention impose silence aux opinions divergentes, la loi fatale des opérations de notre intelligence
n'est pas annulée pour cela. Elle subsiste, quoi qu'on
fasse, non seulement chez les laïques, mais dans le
prêtre lui-même, et se manifeste pour ainsi dire sans
interruption. La diversité des religions issues d'une
source commune en est l'expression la plus saisissante,
car c'est par le travail personnel des docteurs de
chaque communion que les divergences ont été en gran-
dissant, puis ont abouti à de nouveaux symboles de foi,
souvent même à des morales séparées. Qu'on suive dans
les actes des conciles le développement des idées chrétiennes, et l'on verra dans quelle mesure chacun des
docteurs grecs et latins a concouru à créer le schisme
des deux églises, et comment les dissentiments sont
nés et ont grandi par l'apport privé des évêques dans
ces réunions. On saisira l'instant précis des ruptures,

décidées par des influences personnelles, et l'on restera convaincu que, dans chaque religion, les dogmes indécis des premiers temps ne se précisent et ne parviennent à l'état d'orthodoxies que par le même travail d'esprit qui engendre les hétérodoxies, les hérésies et les doctrines individuelles. Seulement, dans les communions orthodoxes, le nombre des esprits soumis est plus grand ; il est moindre dans les hérésies ; dans les opinions individuelles, il se réduit à l'unité.

La plupart des hérésies sont nées dans les discussions ou à l'occasion des conciles : elles sont l'œuvre de prêtres. On a vu des assemblées dogmatiques se diviser en deux parts presque égales, et l'une des deux se déclarer seule orthodoxe, quoiqu'elle ne comptât que quelques voix de majorité. On a vu l'église d'Orient tout entière envahie par l'arianisme et niant la divinité de Jésus-Christ, et Athanase, presque à lui seul, ramenant à l'ancienne orthodoxie les opinions individuelles qui s'en étaient séparées. Plus récemment, les peuples d'origine germanique ont presque tous rompu avec l'église de Rome, n'alléguant d'autre droit que la liberté individuelle de l'esprit. Ce droit étant naturel, ils n'avaient point à le démontrer ; ils avaient seulement à le reconquérir, puisque leurs ancêtres l'avaient aliéné.

Quand une dissidence se manifeste dans le commun des fidèles et que l'un deux réclame ce droit, ce n'est presque jamais une cause religieuse qui le fait agir. En effet, le partage des communions orthodoxes en deux classes d'hommes, le clergé et les laïques, fait que ces derniers ne possèdent sur les dogmes établis que des connaissances superficielles, juste ce qu'il en faut pour étayer un ensemble de pratiques et un système de morale. L'enseignement brâhmanique était complet pour les brâhmanes, moins développé pour les xattriyas,

très-réduit pour la troisième caste et nul pour la quatrième. Chez les Grecs et les Romains, il n'y avait rien
qui ressemblât à un catéchisme ; la révélation des
mystères pouvait même avoir des conséquences effroya-
bles. Le bouddhisme et le christianisme eurent d'abord
un enseignement progressif, qui pouvait conduire tout
néophyte jusqu'aux dernières profondeurs de la théorie ;
peu à peu la séparation des prêtres et des mondains se
fit. Aujourd'hui, dans toute l'Asie bouddhique et dans
toute l'Europe chrétienne, l'enseignement public des
choses de la foi se réduit à des explications données
aux enfants et à de superficielles prédications. Là rien
n'invite les laïques à approfondir les questions religieuses ; tout le travail des esprits sur ces matières
est provoqué par des causes étrangères aux orthodoxies.

Ces causes se résument en un seul mot, *la science.*
Comme celle-ci refait l'œuvre des religions, mais avec
des ressources nouvelles et des méthodes progressives,
d'une part les clergés, conservateurs des orthodoxies,
ne peuvent admettre le principe de la science, qui est
la liberté individuelle, sans détruire la base de la foi, et
ainsi la science s'éloigne d'eux ; d'autre part, la science
laïque et libre ne peut supprimer ses problèmes naturels
sans se mettre en contradiction avec elle-même et sans
se frapper de mort. C'est donc elle, qui remet à l'étude
toutes les thèses que les orthodoxies avaient résolues
ou supprimées. De là naît cet antagonisme inévitable et
quelquefois violent qui a régné et qui règne encore dans
tous les pays entre l'orthodoxie et la science, l'une affirmant que le problème est résolu, l'autre le remettant
toujours en question. Dans les communions où les
fidèles ont remis à des hiérarchies sacerdotales le soin
de formuler la foi et de penser pour eux, la science est
une revendication permanente du droit individuel, une
protestation contre l'orthodoxie et une preuve sans cesse

renouvelée que non seulement les pères ne peuvent en-
chaîner les fils à leur foi, mais que les fils même n'ont
pas le pouvoir d'aliéner leur propre raison.

Autant la religion dans sa généralité s'accorde avec
la science, autant les orthodoxies s'en éloignent. Il y a
autant de différence entre la religion et une orthodoxie
qu'il y en a entre la liberté de la pensée et la soumission
à un maître. La religion, à son origine et même longtemps après sa naissance, appelait les hommes à la
liberté. Une fois arrêtée dans ses formes et fixée par
une loi analogue à celle que les physiologistes appellent
la loi d'ossification, elle a perdu pour elle-même sa spontanéité et sa plasticité, et de plus elle a, comme l'ambre,
saisi et enveloppé d'un baume conservateur ceux qui se
sont reposés sur son sein.

CHAPITRE XVIII

GRANDEUR ET CHUTE DES ORTHODOXIES

Les moyens de propagation employés par les orthodoxies se réduisent à trois : l'enseignement, les rites
caractéristiques et les alliances. Là où l'enseignement
a fait défaut, l'orthodoxie a manqué de son principal
point d'appui, la classe sacerdotale n'a pu s'organiser
en un véritable clergé. C'est ce qui eut lieu, par
exemple, chez les anciens Hellènes et même chez les
Latins : les colléges sacerdotaux y furent toujours très-
multipliés et indépendants les uns des autres, même
lorsqu'il y eut à Rome un souverain pontife· et que le
prince fut devenu une sorte de pape, de tsar ou de ministre des cultes. Mais lorsque les églises chrétiennes se
formèrent et s'abouchèrent entre elles, que les conciles
donnèrent aux articles de foi une expression décisive,
l'orthodoxie s'accrut rapidement. L'unité de croyance
fut puissamment soutenue par le mode d'enseignement
religieux qui était suivi, et qui obligeait les néophytes à

passer par des degrés successifs d'initiation avant d'être déclarés chrétiens.

L'église bouddhique suivait la même marche depuis plusieurs centaines d'années, lorsque Jésus commença sa prédication ; elle la suit encore dans toutes les contrées où cette religion est en vigueur. Le recueil où les règles de l'enseignement sont énoncées fut traduit dans les langues de tous les peuples chez qui les missionnaires bouddhistes vinrent s'établir ; et comme il comprend aussi les lois relatives à la hiérarchie ecclésiastique et les formules développées de la métaphysique et de la morale, les croyances orthodoxes furent identiques dans toute la partie du monde vouée à la religion du Bouddha. Les divergences qui se produisirent plus tard dans quelques pays, par exemple au Tibet, ne furent que les conséquences locales de certains dogmes, dont les formules primitives n'avaient pas été suffisamment développées.

Les dogmes chrétiens ne furent pas tout d'abord aussi explicites qu'ils le sont aujourd'hui. L'enseignement des premiers siècles n'avait pas la précision qu'il a eue plus tard. Les premiers temps du christianisme furent aussi les plus féconds en hérésies ; chaque hérésie aboutissait à quelque formule de foi qui n'existait pas auparavant. Le dogme ne fut définitivement arrêté qu'à l'époque de Constantin, lorsque l'enseignement commença de se donner en public, en présence d'hommes pouvant appartenir à quelque religion que ce fût. Si les empereurs romains avaient toléré la religion chrétienne un siècle plus tôt, l'orthodoxie aurait eu beaucoup plus de peine à s'établir, parce que les dogmes, n'étant pas encore arrêtés dans les esprits, seraient devenus un objet vulgaire de discussion pour les païens et les philosophes, au lieu d'être uniquement discutés par des fidèles, par des docteurs. Mais lorsque Constantin eut reconnu le christianisme, l'enseignement, devenu public, fut donné dans d'autres conditions et comme une orthodoxie indiscutable. Depuis lors, il n'a subi d'autres changements que ceux qui ont été imposés par les conciles et admis officiellement par les églises. A présent, il ne change pour ainsi dire plus, et il est porté par les missionnaires chez les peuples éloignés tel qu'il est donné par les clergés européens.

L'enseignement est le moyen ordinaire de propagation des orthodoxies ; pourtant, il ne se suffit pas à lui-même. Non seulement il peut être froidement accueilli ou promptement oublié de ceux qui le reçoivent, mais il court le risque de se heurter contre des doctrines antérieures qui en détruisent tout l'effet. Ce choc est dû à l'inflexibilité des formules orthodoxes. En voici un exemple : lorsque les missionnaires catholiques vinrent en Chine prêcher leur religion parmi des bouddhistes, ils enseignèrent le *Pater* et désignèrent Dieu comme « le roi des cieux ; » ces derniers mots sont précisément ceux par lesquels dans toute l'église bouddhique on désigne Indra, qui est une sorte d'ange de beaucoup inférieur au Bouddha lui-même ; le catholicisme parut une idolâtrie, et la prédication n'eut point de succès. Les missions protestantes, n'ayant pas commis cette faute, réussirent mieux. L'enseignement peut donc non seulement rester impuissant devant la tiédeur des hommes, mais encore s'écarter, par la rigidité de ses formules, du but qu'il se propose d'atteindre.

Les rites donnent une très-grande énergie à son action. Ce n'est pas seulement ceux qui peignent aux yeux les formules de la foi, et qui, s'accomplissant autour de l'autel, sont comme une langue idéographique intelligible aux initiés ; c'est aussi les cérémonies qui s'adressent à l'homme individuellement, le prennent à sa naissance, le marquent d'un certain caractère et le rangent dans une orthodoxie, celles qui s'accomplissent sur lui à des époques marquées de son existence, qui l'accompagnent à ses derniers moments, qui le suivent même après qu'il est mort. Chaque orthodoxie a les siennes. Les rites égyptiens étaient d'une grande puissance. Il y a dans les hymnes du Vêda des rites fort beaux pour la naissance, le mariage et la mort. Les Perses et les Grecs suivaient des rites analogues ; il y en avait aussi chez les Latins, les Celtes, les Germains, les Scandinaves. L'orthodoxie brâhmanique sut en organiser pour les différentes castes de la société indienne : le bouddhisme en introduisit de nouveaux. Chez les chrétiens, toute la vie de l'individu fut comme enlacée dans un réseau de cérémonies, auxquelles l'église catholique sut ajouter une pompe et une majesté inconnues à l'église d'Orient.

La plupart de ces rites, appelés *sacrements*, n'appartiennent pas en propre au christianisme et lui sont de beaucoup antérieurs ; ils sont presque tous asiatiques et contiennent la théorie fondamentale de toutes les religions âryennes. Quant aux formes qu'ils ont revêtues, elles sont propres à chacune·des orthodoxies : ainsi le baptême catholique ressemble très-peu à celui des Grecs, quoiqu'il ait la même origine et le même sens ; il en est ainsi de la communion, du mariage, de la messe, de l'inhumation. Cependant c'est par ces rites, quels qu'ils soient, que l'individu est, à chacun des actes solennels de sa vie, ramené dans le giron de sa propre église et comme forcé d'en reconnaître l'autorité. Ces liens sont ordinairement très-doux, et n'imposent pas à l'homme de grands sacrifices : pour prix de quelques privations sensuelles, il recueille une somme de voluptés idéales et pures, qui lui rendent « le joug très-léger ; » ces actes, où il lui semble que sa volonté demeure absolument libre, parce que la pente où elle

glisse est sans aspérités, sont accompagnés d'un ensei‑
gnement de plus en plus profond qui illumine son intelligence et conquiert son assentiment, ses promesses
et ses serments. Une grâce divine pénètre ses sens et
sa raison ; il la goûte, il la proclame, il la confesse ;
son âme est renouvelée ; il a dépouillé le vieil homme ;
il marche dans la gloire de son église ; il est prêt à
combattre et à mourir pour elle, jusqu'à l'heure où les
misères de la vie et la lutte pour l'existence le ramènent
à la triste réalité.

C'est celle-ci qui use et souvent brise les chaînes ado-
rables de l'orthodoxie. Le manger et le boire, le labour,
le commerce, les métiers, les professions plus nobles
de l'homme de loi, du politique, du savant, chassent
loin de nous le bonheur mystique des élus et des saints.
L'Inde, qui l'a bien compris, a trouvé contre ces misé-
rables occupations des hommes un remède héroïque, la
mendicité : le vrai *yôghi* renonce à toutes choses ; il n'a
point de domicile ; il se couvre ' d'un lambeau d'é-
toffe, ramasse dans les balayures de la rue une écuelle
brisée, et va de maison en maison quêter sa vie. Au
fond, c'est un oisif, qui se fait nourrir par les gens de
labeur ; si tout le monde l'imitait, tout le monde et lui-
même mourraient de faim, en méditant « sur les per-
fections du yôga. »

Ce sont là des déviations d'orthodoxie, dont toutes
les religions fournissent des exemples, et dont la folie
humaine peut seule être responsable ; mais comme la
réalité, à laquelle on prétend échapper par cette méthode, pèse sur chacun de nous et nous tire bon gré
mal gré en sens contraire de la religion, qui est tout
idéale, celle-ci, quand elle a passé à l'état d'orthodoxie,
a toujours été conduite à contracter avec la réalité des
alliances avantageuses. De là le caractère politique
qu'ont pris tour à tour la plupart des religions.

Dès l'époque du Vêda, sans parler de l'Égypte, dont les documents sont antérieurs à ceux de l'Inde et de la Perse, l'alliance du sacerdoce et de la royauté s'accomplissait dans l'Inde ; cependant la séparation des castes est un fait postérieur à la période des hymnes ou qui en marque tout au plus les derniers temps : fait bien digne de remarque, car il prouve que l'institution politique du brâhmanisme s'est fondée au même moment que son orthodoxie religieuse. Celle-ci devint le plus ferme appui du système social et politique, et ce système à son tour assura une durée pour ainsi dire illimitée à l'orthodoxie indienne.

Les croyances primitives de l'Égypte ne semblent pas avoir été fixées et systématisées avant la fin de la IVe dynastie ; leur ensemble, avec les additions faites par les dynasties qui suivirent, dura jusqu'à la conquête de ce pays par Cambyse. A partir de ce temps elles tombèrent dans une décadence rapide. Voici la peinture que fait un auteur latin du IIe siècle : « Notre terre est le temple du monde entier, et pourtant un jour viendra où toute la piété tombera stérile. L'Égypte sera délaissée. Des étrangers remplissant ce pays, les cultes seront négligés, et, ce qui est plus dur, la religion, le culte divin verront décréter cette peine : la prohibition. Alors cette terre, où s'élèvent des sanctuaires et des temples, sera pleine de tombeaux et de morts. O Égypte, Égypte, de tes religions il ne restera plus que des fables, incroyables même à nos descendants ; il ne restera que des mots gravés sur des pierres et racontant les actes pieux. Les tombeaux dépasseront de beaucoup en nombre les vivants : et si quelqu'un survit, à son langage on le reconnaîtra pour Égyptien, à ses actes il semblera un étranger. » (Apulée, *Apol.*, 24.) Nous savons qu'en vertu de sa constitution cérébrale le peuple égyptien était peu apte à s'élever dans l'ordre des idées au delà du terme qu'il avait de bonne heure atteint et où il s'était arrêté. La longue durée de son orthodoxie, qui comprend peut-être quarante siècles, doit être attribuée surtout au système politique auquel elle s'était inféodée.

Le brâhmanisme, quoique chez une race progressive et par conséquent plus mobile, était fondé au moins douze ou quinze siècles avant Jésus-Christ, et il est encore plein de vie ; il est sous nos yeux : c'est comme une antique et puissante machine d'un mécanisme très-régulier, au fonctionnement de laquelle nous assistons. Or, à quoi s'attaquent les propagateurs de la civilisation d'Occident pour préparer dans l'Inde l'acceptation des idées chrétiennes ? Au système des castes, c'est-à-dire à une institution politique. A quoi le bouddhisme a-t-il dû les rapides succès qu'il a remportés dans ses premiers siècles ? Aux coups dont il frappait cette même institution. C'est donc elle dont l'alliance a maintenu l'orthodoxie religieuse, et c'est contre cette alliance que les forces intérieures comme celles du dehors sont venues jusqu'à présent se briser.

L'église chrétienne partage elle-même son histoire en trois périodes, la lutte, la souffrance, le triomphe, et elle fait dater celui-ci de Constantin. Chrétien lui-même, cet empereur fit asseoir la nouvelle religion sur le trône, remplit de chrétiens les fonctions politiques et civiles dans tout son empire, et donna à sa foi une liberté d'action et de propagande dont elle n'avait pas joui auparavant. Il fut pour cela vénéré dans l'église, quoiqu'il ne méritât, comme empereur, qu'une médiocre estime. Le bouddhisme avait de même, six siècles auparavant, trouvé son Constantin dans le grand roi converti, Açôka. L'alliance de l'orthodoxie et de la politique consommée par l'empereur romain n'a plus cessé, ni dans l'église d'Orient ni dans celle d'Occident.

L'église a suivi les mouvements de la politique et s'y

est accommodée, soit que la société fût féodale, soit qu'elle changeât cet ancien état pour s'organiser en monarchies. Les princes de l'église trouvèrent à ce changement quelque avantage, puisque les premiers pairs qui devinrent rois ne pouvaient réussir qu'avec l'appui de l'église, déjà centralisée dans Rome. L'orthodoxie romaine fut quelque temps la puissance politique prépondérante, et jouit d'une autorité que l'union des pouvoirs entre les mains d'un seul étendait également sur les rois, les seigneurs et les peuples. Depuis lors, l'alliance a été en s'affaiblissant, parce que les rois, pour reconquérir leur indépendance, qu'ils avaient aliénée, furent obligés de s'appuyer sur le peuple, c'est-à-dire sur cette foule des profanes qui représente le principe de la liberté individuelle. La Réforme lui porta un second coup en détachant d'elle des populations entières. Le troisième coup lui fut porté par la révolution française.

L'alliance de la religion et de l'état, en prêtant à l'enseignement sacré et aux rites une force prépondérante, règle la durée des orthodoxies ; mais ces trois moyens de propagation se sont diversifiés selon les races, les peuples et les temps.

Dans l'Inde les parts de religion données aux hommes étaient inégales : les dogmes et les rites formaient un trésor dont les brâhmanes seuls avaient la clé ; ils en distribuaient à la caste royale une mesure assez grande pour assurer son alliance, et pour la maintenir dans son devoir vis-à-vis d'eux et dans sa supériorité à l'égard des autres castes. Ce que la caste des marchands et des laboureurs recevait de religion suffisait pour la maintenir au-dessus des malheureux çûdras dont le rôle était de servir, mais non pour l'égaler à ses supérieurs. Quant aux çûdras, ils n'avaient aucune part à la religion âryenne et demeuraient dans leurs grossières superstitions. La conservation de l'orthodoxie brâhmanique fut liée à ce système.

A leur arrivée sur l'Indus les Aryas formaient déjà une société mêlée où les classes supérieures seules étaient pures, tandis que la troisième contenait une proportion peut-être assez grande de sang étranger ; mais comme celle-ci était pourtant très-supérieure aux pauvres barbares (*varvara*) qu'elle trouva devant elle, tout le peuple conquérant n'eut pas de peine à les reléguer dans une quatrième caste et à s'en faire des esclaves.

Un fait analogue se passait dans l'Asie centrale, où les Mèdes, peuple mêlé, finirent par se trouver classés au-dessous des Perses, purs Aryas, qui furent les prêtres et les seigneurs de l'empire de Cyrus.

La même chose eut lieu dans de minimes proportions le long de l'Eurotas après l'arrivée des Doriens ; mais l'absence de races infimes y réduisit les castes à trois, Spartiates, Laconiens et Hilotes [1].

L'église latine et les sociétés modernes se trouvèrent, quant aux races, dans des conditions beaucoup plus complexes, après les invasions et la conversion des barbares ; cependant on voit que l'orthodoxie romaine fit alliance avec les conquérants, pour assurer sa prépondérance sur les anciennes populations. Plus tard les mésalliances, le progrès de la puissance populaire et le principe même du christianisme, qui est l'égalité des hommes devant Dieu, tendirent à confondre les races. La conquête toute récente encore du Nouveau-monde mit les races mêlées et presque unifiées de l'Europe en face des peaux-rouges et des noirs ; et il fallut ces révolutions sanglantes dont nous avons été témoins, pour empêcher des orthodoxies oppressives de consacrer dans

____

1. Voyez sur les temps primitifs d'Athènes notre *Légende athénienne.*

la politique et dans la religion l'inégalité naturelle des races en Amérique.

Ainsi la propagation des orthodoxies a varié suivant les races : ici elles les a subordonnées entre elles en les maintenant séparées ; là elle a tendu à les croiser et à les fondre les unes dans les autres. Des conséquences analogues sont nées de la différence des peuples dans une même race.

L'église chrétienne, après s'être brisée pour s'accommoder aux conditions si différentes des peuples grecs et des peuples d'Occident, n'a jamais pu contracter chez les premiers une union complète et durable avec l'état. Elle n'a exercé sur celui-ci qu'une action en quelque sorte latérale, prenant son point d'appui dans la famille et dans sa propre organisation patriarcale. Le christianisme grec avait succédé très-exactement aux cultes païens, qui ne reconnaissaient aucun chef suprême ; les peuples chez lesquels il s'établissait, loin d'arriver à la vie nationale comme ceux de l'Occident, étaient des peuples vieillis qu'il avait la prétention de rajeunir, et qui n'avaient jamais eu, politiquement du moins, une unité, une cohésion qui pût se transmettre à l'organisation sacerdotale. La conquête musulmane sauva, par l'antagonisme des religions, l'union hellénique ; mais elle n'apportait aucun élément social nouveau ; de plus, en ôtant aux peuples vaincus leur existence politique, elle forçait l'orthodoxie à vivre sur son propre fonds, c'est-à-dire sur son enseignement et ses rites.

Pendant ce temps, l'église d'Orient se développait au nord dans des conditions toutes différentes, et produisait chez les Touraniens et les Slaves une orthodoxie au triomphe de laquelle la politique des tsars était intéressée ; l'alliance du pouvoir et de la religion y devenait aussi étroite qu'elle était à Rome ; le tsar était comme le pape de cette grande église, et concevait l'espérance de l'être un jour de tous les chrétiens d'Orient.

Les époques chez un même peuple ne sont pas non plus indifférentes à l'œuvre et au succès des orthodoxies. L'Inde et l'Occident fournissent là-dessus des faits décisifs. Quand les Aryas débouchèrent dans les vallées de l'Indus, ils n'avaient pas encore les éléments de brâhmanisme qui sont dans le Véda, car ces hymnes furent en majeure partie composés sur ce fleuve et ses affluents. Les conquérants s'étendirent sur le Caboul et jusqu'à la Saraswatî, qui, entre l'Indus et le Gange, va du nord au sud et perd ses eaux dans le désert. Leur établissement orthodoxe commença après la conquête, naquit avec leur puissance territoriale, grandit et se consolida avec elle. Il ne semble pas que pendant un millier d'années il y ait eu dans la société brâhmanique aucune lutte sérieuse causée par l'orthodoxie âryenne. Celle-ci, au contraire, par la netteté de ses formules et de ses prescriptions, fut une garantie de paix intérieure et de progrès vers le midi. Ce fut seulement à l'époque du Bouddha que le principe de la liberté individuelle et de l'égalité religieuse fut proclamé et introduisit, dans une société pacifiée à la manière romaine, un trouble auquel le bouddhisme succomba.

Quand une orthodoxie naît avec une civilisation placée, comme le fut le brâhmanisme, dans des conditions très-simples, elle en devient naturellement et sans effort la forme principale, d'après laquelle toutes les autres fonctions sociales se combinent et s'harmonisent. Parvenue à son âge adulte, elle est l'expression même de la civilisation d'un peuple ; et quand celle-ci vient à déchoir, elle la suit dans sa décadence. La chute du brâhmanisme a commencé depuis longtemps, précipitée tour à tour par le bouddhisme et par les invasions mongoles et arabes ; mais sa dernière période n'a commencé qu'à l'arrivée des Européens, qui sont armés d'un principe supérieur de civilisation.

Le christianisme survint en pleine civilisation gréco-romaine. Les principes qu'il apportait, en contradiction avec l'état social et religieux de l'empire, jetaient dans la société un ferment puissant de discorde et des causes de dissolution. Cette société était née et avait grandi dans des croyances dont l'origine était la même que celle du christianisme, puisqu'elles venaient, comme lui, des premiers dogmes âryens ; mais en s'accommodant au reste de la civilisation pélasgique, hellénique et latine, elles avaient formé une sorte d'orthodoxie polythéiste, que la doctrine chrétienne venait contredire. Comme ce problème se présentait en pleine civilisation, une lutte violente était inévitable. Aussi, durant les premiers siècles, les communautés chrétiennes cachaient-elles leur enseignement et leurs rites, afin de les soustraire à une puissance politique qui leur était hostile. Il leur fallut une grande énergie d'action et de volonté, une confiance singulière dans l'avenir, pour soutenir un pareil combat sans autres secours qu'un enseignement encore vague et des rites sans solennité. Il est juste aussi de dire que, dès le commencement, la prédication chrétienne trouva des points d'appui fort utiles chez des hommes riches et influents de l'empire romain ; c'est ce que prouvent l'histoire des persécutions et la qualité des martyrs [1]. Le nombre de ces adhérents de bonne famille alla en croissant ; les communions chrétiennes en étaient remplies, lorsque Constantin adopta la foi nouvelle.

Une lutte toute semblable fut soutenue dans l'Inde par le bouddhisme, réaction sans causes extérieures

1. Voyez sur ce point la *Roma sotterranea* de M. de Rossi, et son résumé par M. Allard.

que nous sachions, et qui venait porter le trouble dans
une puissante et séculaire organisation politique et religieuse. Quand le fils de Mâyâ, Çakya-Mouni, surnommé le bouddha, fils de râja et râja lui-même, entraînait hors des cités les peuples avides de l'entendre,
il ne leur enseignait qu'une morale très-pure, confirmée par des miracles étonnants ; mais lorsqu'après sa
mort le premier concile se réunit pour fixer les principaux points du dogme et organiser une église, on vit
naître une orthodoxie qui, en appelant au sacerdoce
non seulement les castes âryennes, mais encore les castes les plus infimes, bouleversait la société et la sapait
dans sa base. Le bouddhisme fut donc, lui aussi, une
semence de discorde jetée au sein du brâhmanisme :
on enseigna au milieu des persécutions ; on eut des
rénégats et des martyrs, des confesseurs, des missionnaires et des saints, jusqu'au jour où la vieille orthodoxie, plus forte que l'orthodoxie naissante, l'expulsa de
son sein et la força de chercher fortune au dehors.

Le christianisme eut plus de succès dans l'empire : il
conquit tout l'Occident et s'étendit fort loin en Asie ;
mais comme de ce côté il ne sut pas s'organiser en une
puissante orthodoxie soutenue par toutes les forces sé-
culières, les populations non âryennes de ces contrées
retournèrent sans beaucoup de peine à des dogmes
mieux appropriés à leur race, quand l'islamisme vint
s'offrir à elles. Aujourd'hui il serait plus facile d'ôter
toute religion aux musulmans que de leur faire adopter
le christianisme.

Il nous reste à exposer comment finissent les orthodoxies et à définir les lois générales de leur décadence
et les causes de leur chute. Quand s'est fondé le premier dogme, la pensée de ceux qui l'avaient conçu conservait nécessairement, après l'accord, la liberté qu'elle
avait eue auparavant. Il en résulte que dans toutes les

religions il y a deux éléments psychologiques, dont l'un représente le consentement et engendre l'autorité des assemblées, tandis que l'autre représente les dissentiments et donne naissance aux opinions individuelles. C'est par le consentement que se fondent les orthodoxies ; elles ont pour point d'appui l'autorité.

D'un autre côté, puisque les religions procèdent d'une source commune et reposent sur une observation juste, quoique vague, des phénomènes naturels, il y a entre les orthodoxies une somme de dogmes communs qui représente la religion primitive, et c'est par les développements ou par les déviations locales de ces premiers dogmes qu'elles en sont venues à différer entre elles et même à se combattre. Les points sur lesquels tout le monde est d'accord ne tardent pas à se ranger aux arrière-plans et en quelque sorte à s'effacer ; l'attention se porte sur les points de dissidence. Ainsi l'Allah des Turcs ne diffère pas absolument du Dieu des chrétiens ; celui des catholiques est à peu près le même que celui des Grecs ou des protestants ; mais les développements particuliers de chacune de ces orthodoxies ont mis aux prises les uns avec les autres les hommes qui les ont adoptées. C'est donc l'élément propre de chacune d'elles qui les constitue, comme en histoire naturelle c'est la différence qui constitue l'espèce.

L'élément commun des religions se transmet à travers l'humanité et se conserve indéfiniment ; il n'est sujet ni à l'accroissement ni à la diminution. L'élément propre qui constitue les orthodoxies est soumis aux mêmes lois générales de développement et de décadence que toutes les autres créations de la nature ; il parcourt dans chaque pays une période qui peut être représentée par une courbe géométrique. A mesure que la doctrine fondamentale se revêt de formules orthodoxes plus précises et mieux appropriées aux conditions locales, la

16

réaction de la liberté individuelle se manifeste avec une énergie croissante par la contradiction ; les hérésies se produisent pendant toute la période de formation d'une orthodoxie. Quand celle-ci est parvenue à son développement complet; on ne voit plus naître d'hérésies, parce que les sujets de discussion sont épuisés ; mais le principe de la liberté individuelle, étant indestructible, commence dès lors à se manifester d'une autre manière, c'est-à-dire par la science.

Celle-ci procède par périodes répondant à des périodes de décadence des orthodoxies. La science grecque a commencé vers l'époque de Solon par une raillerie contre l'anthropomorphisme, quand un savant vint dire aux Hellènes que si les chevaux se créaient des dieux, ils leur donneraient des figures de cheval ; or, l'anthropomorphisme était la forme spéciale de l'orthodoxie des Hellènes. Quand a été inaugurée la science occidentale, sinon à l'époque où fut achevée l'évolution de l'orthodoxie romaine ? Galilée ne naquit-il pas l'année qui suivit le concile de Trente ? Ces dates d'ailleurs ne sont que des points de repère dans un mouvement continu dont les moments sont indiscernables; car d'un côté les derniers progrès d'une orthodoxie sont très-lents, comme ceux d'un animal ou d'une plante qui vont toucher à leur âge adulte ; de l'autre, la naissance de la science est insaisissable : ses premiers progrès sont très-lents; elle n'arrive à précipiter sa marche qu'au temps où l'orthodoxie elle-même précipite sa décadence.

Or, de même qu'en se formant cette dernière a peu à peu coordonné autour de son principe tous les éléments sociaux, de même, à mesure que la science grandit, elle tend à reprendre tous ces éléments, à les pénétrer de son esprit, à leur communiquer son principe de liberté et sa mobilité. Ainsi peu à peu la société se transforme dans un sens opposé à l'orthodoxie, de sorte

que la science profite de tout ce que perd cette dernière
et contribue elle-même à ces pertes successives. Pendant la période plus ou moins longue d'une décadence
sacerdotale, la société est livrée à une lutte dont les
actes offrent les personnages et les scènes les plus variés, quelquefois comiques, souvent tragiques. Des deux
côtés, on crie à l'oppression, à l'injustice. On montre
aux peuples l'abîme de l'incrédulité où ils se fourvoient;
on leur montre les avantages qu'ils retirent du savoir
et l'âge heureux où la science les conduit. Les orthodoxes font voir la société se désorganisant, les temples
désertés, les dieux outragés, l'iniquité et le crime établissant leur règne et livrant les hommes séduits à une
damnation éternelle. Les libres-penseurs, les sages,
comme disaient les Grecs, les hommes de science enfin,
s'appliquent à dissiper les terreurs de l'autre monde ;
ils appellent les hommes à la liberté, à l'effort personnel, à l'instruction qui élève l'intelligence, au travail
qui adoucit et orne la vie, à l'économie qui assure l'avenir de la famille, à l'exercice des droits civils qui font
la force des états, à la paix enfin, bien suprême de l'humanité, que lés orthodoxies ont toujours empêché.
Voilà ce que l'on dit de part et d'autre avec des apparences de raison.

A ce point de sa durée, une orthodoxie paraît une
force oppressive ou du moins coercitive, qui retient un
peuple dans l'ignorance pour le dominer ; la science
paraît une force impie, un principe de dissolution et
d'immoralité tourné contre la religion. Mais si l'on fait
attention que c'est l'élément commun des orthodoxies
qui constitue cette dernière et qu'il n'est jamais en
cause, un esprit sincère, exempt de terreurs et de pré-
jugés, s'aperçoit bientôt que la chute des orthodoxies
n'intéresse pas la religion, non plus que la vague qui
monte et s'abaisse n'intéresse l'existence de la mer ;

il ne voit dans l'antagonisme des éléments sociaux que
cette lutte universelle à laquelle rien n'échappe, où les
ressorts de la nature viennent incessamment se retrem-
per.

Il résulte de là que, partout où la science est en progrès, l'orthodoxie est en décadence ; elles marchent en
sens contraire d'un pas égal. S'il venait un jour où la
science eût rallié à elle tous les éléments d'une société,
l'orthodoxie locale disparaîtrait en même temps. C'est
ce qui est arrivé pour le polythéisme, à la chute
duquel la science grecque a plus contribué que le
christianisme naissant. De nos jours, presque toutes les
orthodoxies sont en décadence, sans qu'aucune d'elles
soit sur le point de s'anéantir ; le brâhmanisme dans
l'Inde perd du terrain devant le progrès de la science
européenne et de ses applications ; il en est de même de
l'orthodoxie hellénique, de celle des Latins et même des
demi orthodoxies protestantes des peuples germaniques :
les églises musulmanes, malgré le dédain de la science
qu'elles ont inspiré aux populations, voient leur force diminuer à Constantinople et au Caire. La Russie est à cet
égard un des pays les plus arriérés ; mais le jour ne
semble pas éloigné où elle sera elle-même entraînée sans
retour dans le mouvement général du monde.

La chute des orthodoxies est plus ou moins accélérée
par des causes dont l'action varie avec les milieux. La
race est encore une de ces causes. Il y a en effet des
races humaines sur lesquelles la science a peu de prise,
et même dont les idées religieuses ne s'élèvent pas bien
haut. Dans la partie nord-est de la Russie, le christianisme est une pure idolâtrie ; la science non plus n'y
a pas encore pénétré. Il n'en est pas de même dans le
sud-ouest de cet empire, et cette différence n'est pas
due seulement au voisinage des peuples civilisés ; elle
est due surtout à la différence des races, l'est étant

habité par des races touraniennes et l'ouest par des
Aryas. Les fellahs d'Égypte et les peuples qui habitent
au sud de ce royaume appartiendront longtemps à des
orthodoxies, parce qu'ils sont peu capables de science.
Il en sera de même de tout le sud de l'Indoustan, occupé par des races éthiopiennes ou dravidiennes, qui ne
sont pas plus aptes à comprendre la loi de la gravita-
tion que la théorie du Brahma neutre et indiscernable.
Au contraire les races progressives, et surtout celle des
Aryas tendent à s'affranchir de leurs orthodoxies respectives, à effacer leurs différences par l'abandon du passé,
à s'unir dans la science et la liberté, aidées par les
applications qu'elles savent en faire. Nous les voyons
suivies dans leur marche par une foule d'autres nations
de même origine ou de races mêlées, et le mouvement
qu'elles impriment aux idées tend à se propager par
toute la terre.

Il est aisé de comprendre que l'abandon des orthodoxies commence toujours par les classes élevées, c'est-
à-dire instruites, puisque le savoir qui affranchit un
homme de l'orthodoxie, le range en même temps dans
ces classes. Un roturier pauvre et instruit est d'une classe
plus élevée qu'un noble ignorant et crédule. Mais la
science possède, elle aussi, l'enseignement comme
moyen d'action, et aux rites sacrés correspondent chez
elle les applications qu'elle fait de ses théories. Par ces
deux voies, elle descend des hommes supérieurs à ceux
que leur capacité ou les circonstances de la vie ont élevés moins haut ; et par degrés elle pénètre jusqu'aux
derniers rangs du peuple. Telle est la marche progressive de la science ; la retraite des idées orthodoxes
s'opère dans la même proportion.

La fixité des formules orthodoxes est pour elles une
troisième cause d'abandon. Cette immobilité les empêche de suivre les transformations sociales qui s'opèrent

en dehors d'elles, soit dans la théorie, soit dans la morale et dans ses applications. Par exemple, les premiers chapitres de la Genèse furent donnés jadis comme fondement à la doctrine catholique ; on répéta et l'on enseigna dans toute l'église que Dieu avait créé le monde en six jours, et l'on entendit par là des jours solaires. Quand la science eut démontré que la seule formation de la terre avait exigé un temps beaucoup plus long, l'interprétation dut rétrograder. On conserva du moins Adam comme souche primordiale de l'humanité, et l'on assigna une certaine antiquité à l'espèce humaine ; mais les inscriptions de l'Égypte la reculèrent de plusieurs siècles ; les découvertes géologiques la reléguèrent dans un passé beaucoup plus ancién, et, d'accord avec la linguistique, firent voir dans les personnages d'Adam et d'Ève des mythes au lieu de réalités. La Genèse, battue en brèche, reste comme un monument fort obscur et qui, loin d'éclairer la science, en requiert lui-même toutes les lumières.

Autre exemple : la morale a cheminé comme la science ; l'universalité des lois qui en découlent a été démontrée ; elle ne reconnaît plus de lois d'exception ; les philosophes pensent en général que l'état normal de l'homme et de la femme est de s'unir, parce que leur union est la condition de la durée de l'espèce ; cependant le concile de Trente a proclamé le célibat supérieur à l'état de mariage et déclaré anathème celui qui dirait le contraire. De là chez nous un antagonisme d'idées au sujet des couvents et de la vie religieuse, et une divergence entre les protestants et les catholiques. Il est évident que l'article du concile de Trente sera rapporté ou tombera en désuétude, si la doctrine philosophique vient à prévaloir. Remarquons que ce point d'orthodoxie romaine n'intéresse pas le christianisme, puisqu'il n'existe ni chez les protestants ni dans l'église d'Orient, où les prêtres sont mariés. Il démontre donc que l'immobilité des dogmes est une cause de décadence pour les églises locales ; et comme cette fixité règne dans toutes les orthodoxies, celles-ci tendent à s'anéantir faute de se pouvoir transformer. Si elles se modifiaient pour suivre le mouvement des esprits, elles tomberaient en contradiction avec leur propre principe et périraient plus vite encore.

Au contraire, quand une formule de foi est passée à l'état d'orthodoxie, elle devient un principe, qui tend comme tout autre à produire ses conséquences extrêmes. Celles-ci se produisent toujours dans un sens défini et créent des forces nouvelles ou des faits sociaux parfois extraordinaires. On en pourrait citer des exemples à l'infini ; j'en rappellerai seulement deux ou trois.

La contemplation de la vérité est l'état le plus parfait de l'âme : faites de cette idée fort juste un principe d'orthodoxie, et donnez-lui ses conséquences, vous engendrerez des sociétés contemplatives qui détermineront les conditions les plus favorables à la contemplation ; parmi ces dernières sera l'immobilité du corps, et vous verrez dans l'Inde des hommes qui, pour se la procurer, se feront attacher par les pieds et les mains à des troncs d'arbres et y passeront leur vie.

L'excès du boire et du manger trouble les fonctions de l'intelligence : principe vrai qui conduit à la formule de l'abstinence et du détachement ; celle-ci, à son tour, considérée comme un principe et appliquée en toute rigueur, amène des ermites sur les promontoires, sur les pics escarpés, sur les colonnes isolées d'édifices en ruine, et fait tourner sur un pied, dans l'attitude de l'extase, les derviches blancs de Constantinople.

Ce ne sont point là des aberrations ; ce sont des conséquences très-logiquement tirées de principes fort humains, mais étroitement formulés par des orthodoxies ;

s'il en était autrement, ces pénitents seraient repoussés comme des fous par leurs propres églises, tandis qu'elles les tolèrent, souvent les louent, quelquefois en font leurs saints. Voilà pour la pratique.

La doctrine, une fois devenue orthodoxe, suit une loi semblable ; en voici un exemple. Le feu avait été allumé par le frottement de deux morceaux de bois choisis exprès et habilement taillés, l'un en fossette, l'autre en pointe. L'homme qui les avait préparés le premier fut un grand artiste, qui transmit son invention à ses successeurs et qui fut appelé ainsi qu'eux, par excellence, le « charpentier » (*twashtri*). Quand on vint à réfléchir que l'opération accomplie par lui une première fois avait engendré le feu, il en fut justement nommé le « père ». Bientôt la théorie, s'emparant des faits, dégagea le principe igné qui vit dans le végétal, et constata qu'il a son origine dans le Soleil. Le feu de l'autel fut dès lors conçu comme ayant deux pères, l'un céleste ou divin, l'autre humain. Quand la théorie du feu fut devenue la théorie du Christ, c'est-à-dire de l'*oint* (*akta*, ou latin *unctus*), et qu'après avoir longtemps subsisté en Asie, elle se transmit à l'Europe par l'orient de la Méditerranée, l'antique charpentier prit des Sémites le nom de Iousouf ou Joseph, et se retrouva dans le père nourricier du fils de Marie. L'orthodoxie catholique ayant consacré ce personnage, qui n'est presque rien chez les chrétiens d'Orient, Joseph obtint chez elle des honneurs particuliers ; il devint comme un second médiateur, il eut des autels à lui et des communautés d'hommes et de femmes spécialement attachées à sa personne.

Il arrive donc un moment où les dogmes religieux, en passant à l'état d'orthodoxie, commencent à perdre la valeur théorique qu'ils ont eue d'abord. A mesure que le temps s'écoule et que se déroulent les conséquences du dogme arrêté, la signification primordiale s'efface de plus en plus et finit par disparaître entièrement. On se trouve alors en face de conceptions fantastiques ou d'êtres idéaux, auxquels on attribue une existence surnaturelle et une action prépondérante dans l'univers physique et dans l'humanité. C'est là l'histoire de tout le paganisme ancien et moderne.

Lorsque la science a grandi et qu'elle lève les yeux vers ces figures créées par les orthodoxies, ne pouvant les saisir par aucune de ses méthodes, elle les nie ou les néglige, comme des fantômes de l'imagination populaire. Elle s'en éloigne d'autant plus qu'elle part elle-même de la réalité, et que, sans jamais la perdre de vue, elle marche vers des formules de plus en plus abstraites et de moins en moins saisissables à l'imagination. Si l'on en vient alors à rapprocher ces formules des figures sacrées qui en sont les équivalents, celles-ci sont jugées inutiles par les hommes de science, qui à leur tour sont condamnés par les orthodoxes comme des impies ; car ce n'est ni Indra, ni Jupiter, ni saint Sigisbert qui font tomber la pluie ; elle résulte d'un ensemble de lois que la météorologie détermine. Cependant les figures sacrées ne se renouvellent pas, et la science se renouvelle toujours ; dans sa marche, elle les repousse devant elle, les confine dans l'adoration d'un groupe de croyants qui diminue sans cesse, et il vient un temps où l'on peut dire que les dieux s'en vont avec les orthodoxies qui les ont créés.

Telles sont les lois auxqu'elles toutes les orthodoxies obéissent depuis leur naissance jusqu'à leur fin. Ces lois ne s'écartent en rien des lois générales du monde : elles n'en sont que l'application à un ordre particulier de phénomènes. Il n'y a ni à les louer, ni à les blâmer ; elles sont ce qu'elles sont, et l'humanité leur obéit d'instinct, sans le vouloir et sans pouvoir s'y soustraire.

Quand un homme ou un peuple se sépare d'une orthodoxie, il accomplit également sa loi : s'il y restait attaché lorsque sa raison lui dit qu'il se trompe, il mentirait à lui-même et aux autres. C'est pour cela que les persécutions religieuses sont aussi stériles que criminelles, et que les martyrs ont toujours eu raison de leurs bourreaux. Les orthodoxies sont libres de s'établir et, si elles le peuvent, de s'étendre, mais non de s'imposer par la violence. Les sciences ont le même droit, le même devoir, parce que leur point de départ et leur raison d'être sont les mêmes. D'ailleurs, les orthodoxies et la religion sont deux choses fort différentes ; celle-ci est un fonds commun inépuisable où tout le monde peut vivre ; elle est pour l'humanité comme une grande voie, où chacun avance selon ses forces, et sur laquelle aucun péage ne doit être établi. Pareille à celle de la science, cette voie doit conduire ceux qui la parcourent à la possession d'eux-mêmes, à la paix du cœur et à la liberté.

FIN

LIVRES A CONSULTER

Creuzer. Symbolique, refondue par Guigniaut. *Paris*, 1825-1851, 10 parties in-8.

Hanusch. Die Wissenschaft des Slavischen Mythus. *Lemberg*, 1842.

Grimm. Deutsche Mythologie.

A. Maury. Histoire des religions de la Grèce antique. *Paris*, 1857-1859, 3 vol.

Kuhn. Die Herabkunft des Feuers. *Berlin*, 1859.

A. Maury. La magie et l'astrologie dans l'antiquité et le Moyen-Age.

Movers. Die Phœnizier. *Berlin*, 1841-56, 4 vol.

Le Coran traduit par Kasimirski, 1840.

Pauthier. Livres sacrés de l'Orient : Confucius et Mencius. *Paris*, 1840.

Eug. Burnouf. Introduction à l'histoire du bouddhisme indien. *Impr. royale*, 1844.

Bunsen. Dieu dans l'histoire. Trad. *Paris*, 1868.

F. Schulze. Der Fetischismus.

Muir. The life of Mahomet. *London*, 1858-1861, 4 volumes.

Kuenen. Godsdienst van Israel.

Simrock. Handbuch der deutschen Mythologie. *Bonn*, 1869.

F. Lenormant. Hist. ancienne de l'Orient. 1869.

Maspero. Hist. ancienne des peuples de l'Orient.

Tiele. Vergelijkende geschiedenis der oude godsdiensten. *Amsterdam*, 1869-1872.

De Gubernatis. Zoological Mythology. *London*, 1872, 2 vol.

Castrèn. Vorlesungen uber die Finnische Mythologie. *Petersbourg*, 1873.

Bancroft. The natives races of the W. States of America. *New-York*, 1873-1875, 5 vol.

J. Lubbock. Origines de la civilisation ; trad. Barbier. 1874.

F. 'Lenormant. La magie chez les Chaldéens. 1874.

Monier Williams. Indian Wisdom. *London*, 1875.

Spiegel. Eranische Alterthumskunde. *Leipzig*, 1871-1878, 3 vol.

Tiele. De Godsdienst van Zarathustra. *Harlem*, 1865.

Haug. Essays. *Bombay*, 1862.

M. Müller. La science de la religion ; trad. Harris.

M. Müller. Essais sur la Mythologie comparée ; trad. Perrot.

Girard de Rialle. Mythologie comparée. *Paris*, 1878.

Brugsch. Hist. d'Égypte. *Leipzig*, 1876.

Decharme. Mythologie de la Grèce antique. *Paris*, 1879.

TABLE DES MATIÈRES

FIN DE LA TABLE

OUVRAGES DE M. É. BURNOUF

En vente chez les mêmes Éditeurs

La Ville et l'Acropole d'Athènes aux diverses époques. *Paris*, 1877, un beau vol. gr. in-8, broché, 216 pages et 21 planches. 10 fr.

Mémoires sur l'antiquité. Temps préhistoriques et Grèce (L'âge du bronze. — Troie. — Santorin. — Délos. — Mycènes. — Le Parthénon. — Les Courbes. — Les Propylées. — Un faubourg d'Athènes). *Paris*, 1879, in-8, br., de 339 pages et 4 pl. 7 fr. 50

La légende athénienne. Étude de mythologie comparée. *Paris*, 1872, in-8, br., 215 pages et 3 planches. 6 fr.

 Description physique de la plaine d'Athènes. — Faits astronomiques. — Légende d'Athéna. — Légende de Posidôn. — Légende des Rois. ...

De Neptuno ejusque cultu præsertim in Peloponneso. *Paris*, 1850, in-8, br. 2 fr. 50

Essai sur le Vêda ou études sur les religions, la littérature et la constitution sociale de l'Inde depuis les temps primitifs jusqu'aux temps brâhmaniques. Ouvrage pouvant servir d'introduction à l'étude des littératures occidentales. *Paris*, 1863, in-8, br., 476 pages. 3 fr.

La *Bhagavad Gîtâ*, ou le Chant du Bienheureux, poème indien. (Texte en lettres latines et traduction en regard.) *Paris,* 1861, in-8, br., xxii et 235 pages.   5 fr.

Histoire de la littérature grecque. Troisième édition, 1884, 2 forts volumes contenant les documents nouveaux fournis par les fouilles de Troie et par d'autres travaux récents. (Pour paraître prochainement.)

BURNOUF (Ém.) et LEUPOL (L.). Dictionnaire classique sanscrit-français, où sont coordonnés, revisés et complétés les travaux de Bopp, Wilson, Westergaard, Johnson, etc., et contenant le dévanâgari, sa transcription européenne, l'interprétation, les racines et de nombreux rapprochements philologiques. *Paris,* 1866, gr. in-8, br., de 781 pages à 2 col.   24 fr.

> Le dictionnaire de MM. Burnouf et Leupol, édité sous les auspices de Son Ex. le Ministre de l'Instruction publique, est le premier et le seul lexique *sanscrit-français* publié jusqu'à ce jour. Les mots y sont rangés, non par familles, mais par ordre alphabétique, en renvoyant toujours aux racines.

— Méthode pour étudier la langue sanscrite. Ouvrage faisant suite aux méthodes grecque et latine de J. L. Burnouf. Troisième édition. *Paris,* 1884, in-12, toile, xii et 224 pages.   5 fr.

— Selectæ e sanscriticis scriptoribus paginæ. Choix de morceaux sanscrits traduits, annotés et analysés. *Paris,* 1867, in-8, br., 230 pp.   6 fr.

> Cet ouvrage fait suite à la grammaire et au dictionnaire des mêmes auteurs.

Ouvrages sur les religions

BAISSAC (J.). De l'origine des dénominations ethniques dans la race aryane. Étude de philologie et de mythologie comparées. *Paris*, 1867, in-8, br., 104 pp. 2 fr. 50

— Satan ou le diable. Étude de philosophie religieuse. *Paris*, 1876, in-8, broché. 1 fr.

BEZOLLES (R.). *Science des Religions*. Le Baptême (chez les Grecs et les Latins). Avec une préface par É. Burnouf. *Paris*, 1875, in-8, br., 228 pages et 7 pl. 7 fr. 50

> Très intéressant travail sur les anciennes liturgies orientales ; il est divisé en plusieurs sections parmi lesquelles nous indiquerons celles intitulées : Rituel baptismal des Grecs et des Latins. — Historique du baptême. — Glossaire baptismal.

BURNOUF (Eugène). Introduction à l'Histoire du Buddhisme indien. Deuxième édition, rigoureusement conforme à l'édition originale et précédée d'une notice sur les travaux de E. Burnouf, par Barthélemy Saint-Hilaire. *Paris*, 1876, gr. in-8, br., de xxxviii et 587 pp. 20 fr.

CHABAS (F.). Le Calendrier des jours fastes et néfastes de l'année égyptienne. *Paris*, 1870, in-8, br., 137 pages. 7 fr.

> Le calendrier Sallier, espèce d'almanach éphéméride de l'ancienne Égypte, contient l'indication des souvenirs mythologiques attachés à chaque jour de l'année, ainsi que les notes des influences bonnes et mauvaises qui leur étaient attribuées, et les prescriptions de faire ou de s'abstenir de certaines choses d'après ces influences. On voit, au premier abord, que ce document est intéressant à double titre, d'une part comme étant le plus antique monument de la crédulité et de la superstition chez les peuples civilisés, et ensuite à raison des men-

tions de faits appartenant à l'histoire des mythes qui y
abondent et qui y sont rapportés à des dates détermi-
nées dans l'année.

CHARENCEY (H. de). Le mythe de Votan. Étude sur les
origines asiatiques de la civilisation américaine. *Alen-
çon*, 1871, in-8, broché.   4 fr.

CONSTANS. La Légende d'OEdipe étudiée dans l'antiquité, au moyen-âge et dans les temps modernes, en
particulier dans le *Roman de Thèbes*. Texte français du
XIIe siècle. *Paris*, 1881, un beau vol. in-8, .br., de
x-390 et xci pages, plus une planche représentant
deux sujets gravés d'après l'antique.   10 fr.

CORAN. Le Koran analysé d'après la traduction de
M. Kazimirski et les observations de plusieurs savants orientalistes, par J. LA BEAUME. *Paris*, 1876, un
volume gr. in-8, br., xxiii et 800 pages.   20 fr.

DOZY (R. P.). Essai sur l'histoire de l'Islamisme traduit
du hollandais par V. Chauvin. *Paris*, 1879, in-8, br.,
vii et 326 pages.   7 fr. 50

GARCIN DE TASSY. *Science des religions*. L'Islamisme,
d'après le Coran, l'enseignement doctrinal et la pratique. *Paris*, 1874, in-8, br., xix et 412 pages. 7 fr. 50

HARLEZ (C. de). *Avesta* ou Livre sacré des sectateurs
de Zoroastre, traduit du texte zend par C. DE HARLEZ,
professeur à l'Université de Louvain. Deuxième édition revue, corrigée et complétée. *Paris*, 1881, un
magnifique volume grand in-8, br., de ccxlviii et
671 pages, avec carte et planches.   20 fr.

HOVELACQUE (Abel). L'Avesta, Zoroastre et le Mazdéisme. *Paris*, 1880, in-8, br., de 521 pages.   10 fr.

HYMNES sanscrits, persans, égyptiens, assyriens et
chinois. — Le CHI-KING, ou Livre des vers traduit
pour la première fois en français par G. PAUTHIER.
Paris, 1872, gr. in-8, br., 325 pp.   15 fr.

Tome II de la *Bibliothèque orientale*. Cet important volume renferme des traductions des principaux livres sacrés des Orientaux faites par MM. Barthélemy Saint-Hilaire, Fauche, Em. de Rougé, F. Chabas, J. Oppert, Foucaux, etc., etc.

LABARTHE (Ch. de). La Science des religions comparées. *Paris*, 1872, in-8, br.   1 fr. 50

LEGRAND (Émile). Mythologie néo-hellénique. *Paris*, 1872, in-8, br.   1 fr. 50

LENORMANT (F.). Les sciences occultes en Asie. *Paris*, 1874-75, 2 vol. in-8, br.   11 fr. 50

LUZEL (F. M.). Légendes chrétiennes de la Basse-Bretagne. *Paris*, 1881, 2 vol. pet. in-8 écu, papier teinté, cart. et non rognés, de xi-365 et 381 pp.   15 fr.

Collection des plus intéressantes et inédite.

MORILLOT (l'abbé). Mythologie et Légendes des Esquimaux du Groenland. *Paris*, 1874, in-8, br.   3 fr. 50

MOUNICOU (le P.). Mythologie japonaise. *Paris*, 1863, in-8, br.   1 fr. 25

RIG VÉDA ou Livre des hymnes, traduit du sanscrit par A. LANGLOIS. Deuxième édition avec un index analytique par Ph. ÉD. FOUCAUX. *Paris*, 1871, gr. in-8, br., 620 pages à 2 col.   20 fr.

ROSNY (L. de). La religion des Japonais. Quelques renseignements sur le sintauïsme. *Paris*, 1881, in-8, br., 16 pages.   2 fr.

SCHOEBEL (Ch.). Recherches sur la religion première de la race indo-iranienne. Deuxième édition, revue et augmentée. *Paris*, 1872, in-8, br., 172 pages.   5 fr.

Très savante étude de mythologie comparée qui a obtenu une mention honorable de l'Institut.

— Le Bouddhisme et ses origines. Le Nirvâna : Accord de la morale avec le Nirvâna. *Paris*, 1874, in-8, br.   3 fr. 50

SCHOEBEL (Ch.). Le mythe de la femme et du serpent.
Étude sur les origines d'une évolution psychologique
primordiale. *Paris*, 1876, in-8, br., 109 pp.   4 fr.

— La Légende du Juif errant.*Paris*, 1877, in-8, br. 3 fr. 50

— L'Histoire des rois mages. *Paris*, 1878, in-8, br., 132
pages.   3 fr. 50

SIOUFFI (M. N.). Études sur la religion des Soubbas
ou Sabéens ; leurs dogmes, leurs mœurs. *Paris*, 1880,
in-8, br., xi et 211 pages.   7 fr. 50

Imprimerie de DESTENAY, à Saint-Amand (Cher)

OUVRAGES DE M. É. BURNOUF

La Ville et l'Acropole d'Athènes aux diverses époques. *Paris*, 1877, un beau vol. gr. in-8, broché, 216 pages et 21 planches.   10 fr.

Mémoires sur l'Antiquité. Temps préhistoriques et Grèce. (L'âge du bronze. — Troie. — Santorin. — Délos. — Mycènes. — Le Parthénon. — Les Courbes. — Les Propylées. — Un faubourg d'Athènes). *Paris*, 1879, in-8, br., de 339 pages et 4 planches.   7 fr. 50

La légende Athénienne. Étude de mythologie comparée. *Paris*, 1872, in-8, br., 215 pages et 3 planches.   6 fr.

Description physique de la plaine d'Athènes. Faits astronomiques. — Légende d'Athéna. — Légende de Posidôn. — Légende des Rois.

Dictionnaire classique sanscrit-français, où sont coordonnés, révisés et complétés les travaux de Bopp, Wilson, Westergaard, Johnson, etc., et contenant le dêvanâgari, sa transcription européenne, l'interprétation, les racines et de nombreux rapprochements philologiques. *Paris*, 1866, gr. in-8, br., de 781 pages à 2 col.   24 fr.

Méthode pour étudier la langue Sanscrite. Troisième édition. *Paris*, 1884, in-12, cart.   5 fr.

Selectæ e sanscriticis scriptoribus paginæ. Choix de morceaux sanscrits, annotés et analysés. *Paris*, 1867, in-8, br., 230 pages.   6 fr.

Cet ouvrage fait suite à la grammaire et au dictionnaire des mêmes auteurs.

La Bhagavad Gîtâ, ou le Chant du Bienheureux, poème indien. (Texte en lettres latines et traduction en regard). *Paris*, 1861, in-8, br., xxii et 235 pages.   5 fr.

Histoire de la Littérature grecque. Troisième édition, 2 forts volumes contenant les documents nouveaux fournis par les fouilles de Troie et par d'autres travaux récents. (Pour paraître prochainement.)

Milton Keynes UK
Ingram Content Group UK Ltd.
UKHW030136120324
439192UK00007B/581